KB209117

2017
새들녘교회 말씀

CHURCH

현대 신학과 교회 신앙의 조화

강병욱

THEOLOGY

새들녘

현대 신학과 교회 신앙의 조화

저　자 : 강병욱
펴낸이 : 은상아
교　정 : 이원자, 김선삼
펴낸곳 : 새들녘
판　본 : 1판 1쇄 (2018년 6월 18일)
출판등록 : 제2016-000116호
주　소 : 서울시 송파구 동남로 199 5층
전　화 : 010-4153-0102 / FAX : 0303-3442-7400
E-mail : sdnpress@daum.net
I S B N : 978-89-98069-06-3

2017
새들녘교회 말씀

현대 신학과 교회 신앙의 조화

일러두기

- 본 저서는 저자가 설교 시 사용하던 설교 원본으로, 설교자가 직관적으로 볼 수 있도록 문장이 나뉘어져 있으며, 의미가 함축적입니다. 저자는 이를 바탕으로 설교를 확장하여 하였던 만큼 독자들이 보기에는 설명이 다소 부족해 보이거나 의미를 파악하기 힘든 점 양해 바랍니다. 그럼에도 저자는 이 방식이 설교의 주제를 파악하는 데 있어 부족하지 않으며, 독자들에게도 독서의 효율성을 높여 주리라 기대하고 있습니다.

- 본 저서의 설교를 듣고 있던 대상은 이미 신구약성서 개론 학습을 통해 성서 역사 비평을 어느 정도 알고 있던 공동체였습니다. 따라서 설교자는 성서 역사 비평에 대한 구체적인 설명 없이 그것을 전제로 설교하고 있습니다.

- 모든 설교는 성서를, 직접적이고 오류 없이 인간에게 전달된 하나님의 말씀으로 여기지 않고, 삶과 역사를 통하여 인간이 경험한 하나님에 대한 신앙을 표현하고 고백하는 신앙 고백문으로 전제하고 있습니다.

- 구약에 있어서는 J, E, D, P의 네 가지 문서 자료설에 근거하여 본문을 분석하고 있으며, 구약 전체를 예수 그리스도를 증거하는 예언적 자료로 보는 근대 이전의 해석방식을 버리고, 구약 자신이 증거하는 메시지들과 그 메시지들의 역사적 발전 과정과 차이에 집중하고 있습니다.

- 신약에 있어서, 특히 공관복음(마가, 마태, 누가복음)에 대해서는 마가복음을 마태와 누가가 활용하여 확장했다는 마가 원자료설을 지지하는 가운데 마태와 누가가 마가복음을 어떻게 편집, 수정하며 자신의 고유한 메시지를 말하고 있는지를 주의 깊게 관찰합니다. 복음

서들 간의 차이를 극명하게 드러냄으로써 복음서 각각이 증거하는 메시지의 고유성을 강하게 부각시키는 데 중점을 둡니다.

- 신약성서의 저자들은 예수님의 십자가 사건을 해석하는 데 있어 대부분 죄사함을 위한 희생 제물, 대속적 죽음의 해석으로 치우쳐 있지만 다른 강조점을 부각시키는 차별성 또한 가지고 있습니다. 저자는 이러한 차별성을 강하게 드러냄으로써 성서 저자들의 고유한 메시지를 밝히기 위해 노력합니다.

- 인용되고 있는 성경은 대한성서공회의 「새번역」 성경입니다.

- 인용되는 「도마복음」은 저자가 영역본과 한글 번역본들을 토대로 번역한 것입니다.

목 차

머리말

필자는 신학교를 다니면서 나 자신을 신학교로 밀어 넣은 하나님의 은혜와 그 은혜의 복음이 대학이라는 학문의 전당 안에서는 서로 온전하게 소통할 수 없는 괴리를 가지고 있음을 뼈저리게 느끼며 깊게 절망했었다. 간단히 말한다면 신학교에서 배운 현대 신학의 역사 비평적 성서 해석 방법이 그간 교회에서 배우고 필자를 신학과 목회직에 헌신하게 만든 신앙의 근간을 그 뿌리에서부터 뒤흔들었던 것이다.

필자는 대학시절 이런 혼란한 상태를 극복하기 위해 신학보다는 철학 공부에 매진하였고 철학을 통해 열려지는 인문학적 진리의 감동을 통해 신앙적 혼란을 달래었지만 그 혼란을 어떻게 극복할 수 있을지에 대해서는 아직 길을 찾지 못하고 있었다.

대학을 졸업하고 대학원에 진학한 이후에는 그간 소홀하게 다루었던 신학의 문제와 정면으로 부딪칠 수밖에 없었다. 교회에서 전도사로 일하게 되면서 나와 같은 고민을 가지고 있는 청년들의 고민을 해결해 주어야 했기 때문이다. 그렇게 고민을 상담하던 중 필자는 그간 결정할 수 없었던 문제, 즉, 역사 비평적 성서 해석 방법과 교회에서 가르치는 성서 무오설에 입각한 성서 해석 방법 중 한 쪽을 선택해야 하는 결단의 문제를 찰나의 순간에 결정하게 되었다. 수년간 미뤄오던 이 결단을 성경을 들고 찾아와 성서 무오설을 지지해 주기를 바라던 청년 앞에서, 그 청년이 듣고 온 역사 비평적 해석 방법이 올바르다는 것을 마치 기다렸다는 듯이 답변했던 것이다. 그리고 그 이유를 상세히 설명해 주게 되면서 나 자신과 상담을 받는 사람들 모두가 보다 원만한 신앙적 문제의 해결에 도달하게 되는 것을 경험할 수 있었다.

필자는 이와 같은 경험을 통해 새롭게 교회 공동체를 만들게 된다면 처음부터 역사 비평적 성서 해석을 상세하게 가르치고 모든 설교를 이러한 바탕 위에 할 것을 결심했었고, 2008년 새들녘교회를 창립하면서부터 지금에 이르기까지 변함없이 이 원칙을 지켜나가고 있다.

그러나 이와 같은 설교는 역사 비평을 모르는 평신도들에게 실로 하늘이 무너지는 것과 같은 충격적인 신앙의 위기를 가져왔으며 그들을 신앙의 결단을 촉구하는 시험대 위에 올라서게 만들었다. 다행히도 합리적인 이성과 상식을 가지고 있는 분들은 필자의 설교와 학습을 통해 그들의 갈등을 어느 정도 가라앉히면서 계속적으로 현대 신학에 적응해 나갈 수 있는 의지를 세워 나갈 수 있었지만, 수십 년의 세월이 만들어 놓은 삶이자 인격이자 하나님 자체이기도 한 '믿음'의 문제를 의지만으로 일순간에 바꾼다는 것은 불가능하였기에 우리 공동체의 모든 구성원들은 계속적인 신앙의 모험을 헤쳐 나가야만 했다.

필자는 이와 같은 상황에서 현대 신학에 적응하지 못해 우리 공동체를 떠나간 이들이 많지 않다는 사실에 대해 하나님께 감사한다. 공동체 구성원들이 어쩔 수 없이 겪게 되는 이러한 갈등을 해소해 나갈 수 있는 방법이 무엇일까에 대해 필자는 많은 고민을 했었으며 그 해답은 언제나 설교라고 확신하게 되었다. 그와 같은 설교는 필자가 한 번도 듣지 못했던 것이며, 너무나 듣기를 원했던 것이었다. 그토록 갈망하던 것이기에 필자는 스스로 그러한 설교를 감행하였고 그것을 듣는 이들이 이를 통해 현대 신학의 비평적 성격이 어떻게 신앙 속으로 용해되어 나갈 수 있고, 자신이 가진 비평적 지식으로 어떻게 하나님을 찾아 나가야 할지에 대한 모범을 보여주려고 노력하였다. 그 노력의 결실이 맺히는 데는 수년의 세월이 필요했는데 이는 너무나 당연한 것이라 할 수 있다.

필자는 설교를 잘하는 사람이 아니다. 따라서 여기에 올리는 설교는 자랑거리가 아니다. 단지 현대 신학적 설교가 전무한 현실에서 이를 필요로 하는 이들에게 맛을 보게 해 주고, 설교자들에게는 이보다 더 잘 할 수 있다는 자신감을 불어넣어 주기 위해 감히 부족한 설교를 공개하는 것이다. 현대 신학을 설교에 불어넣고 싶어 하는 이들이 있다면 주저하지 말고 실행에 옮기기를 강력하게 권해 본다.

이 설교집은 2017년 전체 주일 설교를 모은 것이다. 역사 비평적 해석이 첨예하게 드러나는 과거의 설교들이 있기는 하지만 2017년의 설교를 따로 모아 출판하는 것은 이들이 일관성 있게 하나님 나라의 내면적 해석에 집중하고 있고, 이것이 필자에게 있어서 하나님 나라 개념을 바꾸는 큰 계기가 되었기 때문이다. 신학이란 현대에 있어서도 사조가 다양하고 해석이 첨예하게 대립하기 때문에 한 설교자의 해석이 독자들 모두에게 동의를 얻을 수는 없다. 필자는 필자의 설교가 제시하는 신학적 방향과 성서 해석에 대해 동의를 구하는 것은 아니다. 수년이 지나면 필자의 생각마저 또 바뀌어 있을지도 모른다. 신학적 해석의 다양성이야말로 필자가 언제나 교회에서 강조하는 것이다. 필자는 언제나 신학은 즐기는 것이며, 그 내용 자체에 너무 몰입하지 말기를 강조하고 있다. 가장 중요한 것은 예수 그리스도께서 보여주신 성령 안에서의 사랑의 삶이기 때문이다. 독자들은 너그럽게 필자의 개인적인 취향과 해석을 용인해 주기를 바란다. 만약 필자의 해석에 반대한다면, 이를 반대하며 자신은 어떻게 설교를 할 수 있을까를 고민해 본다면 이 책을 쓴 필자의 목적에 더 부합된 성과를 얻을 수 있을 것이다.

이 설교집은 새들녘교회의 후원으로 이루어졌다. 필자의 설교와 동고동락하는 우리 공동체의 모든 구성원들에게 감사의 마음을 전한다. 교회를 개척하기 전 나는 현대 신학적인 내 설교를 들을 한 사람만 있어도, 평생 한 사람 밖에 없을지라도 당시 재직하던 교회를 떠나서 개척을 하겠노라고 벼르고 있었고 새들녘교회는 그렇게 시작되었다. 아직도 마음은 변함이 없다. 한 사람이라도 듣고 싶어 한다면, 밤을 새고 고민하고 기도하며 나는 현대 신학으로 무장한 설교를 듣고 그와 함께 하나님을 찬미하며 함께 나누리라.

1. 우리 안에 태어나는 한 아들

2017년 1월 8일

이사야 9:6~7
6 한 아기가 우리를 위해 태어났다. 우리가 한 아들을 모셨다. 그는 우리의 통치자가 될 것이다. 그의 이름은 '놀라우신 조언자', '전능하신 하나님', '영존하시는 아버지', '평화의 왕'이라고 불릴 것이다.
7 그의 왕권은 점점 더 커지고 나라의 평화도 끝없이 이어질 것이다. 그가 다윗의 보좌와 왕국 위에 앉아서, 이제부터 영원히, 공평과 정의로 그 나라를 굳게 세울 것이다. 만군의 주님의 열심이 이것을 반드시 이루실 것이다.

새해가 되었고
새들녘교회가 창립된 2008년 1월 1일 이후
창립 10년차가 되었습니다.
새들녘교회와 함께해 주신 하나님과 모든 성도들께
감사의 말씀을 드립니다.

새들녘교회는 현대 신학과 교회 신앙의 조화를
중요 개혁 사항으로 삼고 있습니다.
이는 지난 2천여 년 간 이어 온
교회의 고전적 영성과
새로운 신학 사상을 조화시켜야 하는
과제를 말하는 것으로
우리 교회는 이를 현대 기독교의
가장 큰 개혁 과제로 제안하고 있습니다.

이 고전적 영성의 큰 영역을
개인의 내면적 영성이 차지하고 있습니다.

이 영성의 보물을 잃어버린다는 것은
너무나 큰 손실이 되어 버립니다.

개인적 영성은 많은 비판을 받아 왔습니다.
수도원이나 기도원으로 가는 것은
현실을 도피하는 것으로 여겨지기도 합니다.
기도를 많이 하는 것은 그 결과가 나타나지 않으면
무시를 당하기도 하고
신학이나 영성 앞에 '사회적'이라는 수식어가 붙지 않으면
시대에 도태된 것으로 여겨지기도 합니다.

구약성서 안에서 개인적 영성과 사회적 정의는
신앙의 두 축을 이루고 있습니다.
그러나 개인적 영성의 기본 태도인 감사와 찬양은
예언자들의 말씀에서는
사회적 정의, 하나님의 나라가 실현된 이후
미래에 터져 나올 것으로 나타나고 있습니다.
예언자들에게는 하나님의 심판과 정의의 실현이
더 중요한 문제였던 것입니다.
그들은 대중들의 개인적 신앙을 이용해 살아가는
부도덕한 종교 및 정치 지도자들을 정조준하여 비판했기에
정의의 문제를 더 중요하게 다루었습니다.

그에 반해 시편의 찬양과 기도에는
자신이 억압받는 부조리한 상황에 대한 탄원과 함께
회개와 감사 등 개인적 신앙에 대한 고백도
함께 나타납니다.
사회적 정의를 촉구하는 탄원과
개인적 영성을 세우려는 고민의 흔적이
시편의 기도들에 적나라하게 드러남으로써
시편은 모든 신앙인들에게 소중한 귀감을 보여주고 있습니다.

따라서 2차 세계대전 당시 히틀러에 저항하던
본 회퍼라는 신학자는
언제나 시편을 읽을 것을 권고했었습니다.

부조리한 사회 구조와 지배 계급의 부정이 일으키는
사회와 개인의 고난에 직면하여
시를 통해 강하게 저항하고 비판하면서도
동일한 시에서 감사와 회개의 고백이 함께 나타나는 것이
어떤 면에서는 이상하게 느껴질 수도 있습니다.
그러한 고난 중에 감사한다는 것은
사회의 부정과 악에 대한 굴욕적인 수용일 뿐만 아니라
사회 개혁 의지와 부정에 대한 저항 정신마저
신앙심으로 사라지게 만드는 것이 아닐까,
부정을 일삼는 무리들이 종교를 이용하는 술수에
스스로 걸려드는 것이 아닐까 하는
불안감을 만들 수도 있습니다.
그러나 이와 같이 정의와 영성의 두 축을 모두 세우는 것이
성서를 손에 쥐고 일생을 살아가는
예수 그리스도의 제자들이 이루어 내야 할
신앙의 과제인 것입니다.

그런 면에서 새들녘교회는
현대 신학의 중요성 못지않게
지난 세기 위대한 영성가들의 과업을 주시하며
개인적 영성과 영성 신학의 문제에 대해
여러분 모두가 관심을 갖기를 촉구합니다.

사9:6 한 아기가 우리를 위해 태어났다. 우리가 한 아들을 모셨다. 그는 우리의 통치자가 될 것이다. 그의 이름은 '놀라우신 조언자', '전능하신 하나님', '영존하시는 아버지', '평화의 왕'이라고 불릴 것이다.
7 그의 왕권은 점점 더 커지고 나라의 평화도 끝없이 이어질 것이다. 그

가 다윗의 보좌와 왕국 위에 앉아서, 이제부터 영원히, 공평과 정의로 그 나라를 굳게 세울 것이다. 만군의 주님의 열심이 이것을 반드시 이루실 것이다.

오늘의 본문은
이사야의 메시아 예언과 관련된 부분입니다.
이 예언은 메시아 시대의 하나님 나라에 대해
메시아의 탄생에서부터 전망하며
희망에 찬 예언으로 짧게 마무리하고 있습니다.
특징적인 것은
하나님 나라가 파국적인 심판의 도래가 아닌,
평화의 통치로서 점진적으로 성장하고 확장되어
세상의 끝까지 펼쳐지며 이루어지는 감동적인 전망을
우리에게 보여주고 있다는 것입니다.

이러한 예언자들의 시각은
분명히 정치적인 것이며,
외면적인 것이고 눈에 보이는 것,
평화, 공평, 정의의 통치에 대한 것입니다.

그런데 중세의 영성 신학자들의 시각에서는
이러한 말씀도 내면적인 영성에 대한 것으로
읽혀질 수 있었습니다.
중세 말기의 신학자 마이스터 에크하르트는
우리 영혼의 가장 깊은 곳에서
하나님의 아들이 태어난다는 사상을
가지고 있었던 것입니다.

에크하르트의 시각으로 볼 때에
이 말씀은 하나님 나라라는 정치적 형태의
외면적 변화에 대한 말씀임과 동시에

인간 영혼 내면에서 이루어질
하나님 아들의 탄생을 말해 주는 말씀이었습니다.
그러한 영성적 시각에 의하면
우리의 내면 안에 예수 그리스도,
하나님의 아들이 태어날 것입니다.
그 분의 통치가 우리를 점령하여 평화로서 넓혀지고
우리 자신 안에 공평과 정의의 나라를 세워 나갈 것입니다.

에크하르트는 다음 말씀도
우리 안에 태어날 하나님의 아들에 대한 말씀으로 해석합니다.
물론 이것은 우리 안에 임할 성령에 대한 요한의 말씀으로
에크하르트가 정확하게 해석을 하고 있는 것인데,
그것을 하나님 아들의 탄생이라는 개념으로
말한다는 것이 특징적입니다.

요16:21 여자가 해산할 때에는 근심에 잠긴다. 진통할 때가 왔기 때문이다. 그러나 아이를 낳으면, 사람이 세상에 태어났다는 기쁨 때문에, 그 고통을 더 이상 기억하지 않는다.
22 이와 같이, 지금 너희가 근심에 싸여 있지만, 내가 다시 너희를 볼 때에는, 너희의 마음이 기쁠 것이며, 그 기쁨을 너희에게서 빼앗을 사람이 없을 것이다.

우리가 내면적 영성에 관심을 가지고
마음을 기울이게 된다면
성경에 나타나는 표면적 말씀들이
내면적 영성에 적용될 수 있다는 사실을
점점 더 깨닫게 될 것입니다.
이는 역사 비평적인 성서 해석과는 반대되는 것이지만
그러한 내면적 적용이 자연스럽게 이루어진다는 것은
성경 전체가 추구하는 하나님 나라의 외면적 형태가
결국은 내면적 형태와의 동일성을 추구하고 있다는

간단하면서도 비밀스럽고 놀라운 사실에
기반하고 있기 때문입니다.
우리는 이 사실을 예수 그리스도께서
영성과 윤리, 하나님 나라의 도래를
모두 소홀히 하지 않고 다루셨다는 것에서도
발견할 수 있습니다.

우리에게 고난을 주는 외적인 영역들과
부조리하고 공정하지 못한 부정들을 발견하고
그것을 비난하며 심판을 외치는 것 못지않게,
이 고난의 시대를 살면서
우리 안에 하나님의 아들을 받아들이고 탄생하게 하며
어둠 속의 한 줄기 빛으로서 자신을 가꿔 가고
외적인 세상의 변화 이전에
자신 안에 그분의 평화의 통치를 넓혀 나가는 것이
기독교 영성의 위대한 과제이자
새들녘교회의 중요한 신앙 과제임을
다시 한 번 상기시켜 드리며
이에 모두 열심을 가지시기를 권면합니다.
오늘 본문에 나타나듯
하나님의 열심이 반드시 이를 이루실 것입니다.

2. 자신의 영성 이해

2017년 1월 14일

열왕기하 3:9~17
9 그래서 이스라엘 왕과 유다 왕과 에돔 왕이 함께 출정하였다. 그러나
그들이 길을 돌아 행군하는 이레 동안에, 군대와 함께 간 가축들이 마실
물이 바닥났다.
10 이스라엘 왕이 탄식하였다. "아, 큰일났구나! 주님께서 우리 세 왕을
모압의 손에 넘겨 주시려고 불러내신 것이 아닌가!"
11 그러나 여호사밧은 "여기에는 주님의 예언자가 없습니까? 이 일을 주
님께 물을 예언자가 없습니까?" 하고 물었다. 그 때에 이스라엘 왕의 신
하 가운데 하나가 대답하였다. "사밧의 아들 엘리사라는 사람이 여기에
있습니다. 그는 엘리야의 시중을 들던 사람입니다."
12 그러자 여호사밧이 말하였다. "그에게서 주님의 말씀을 들을 수 있을
것 같습니다." 그래서 이스라엘의 왕과 여호사밧과 에돔 왕이 그에게로
내려갔다.
13 그러나 엘리사는 이스라엘 왕에게 말하였다. "무슨 일로 나에게 오셨
습니까? 임금님의 아버지와 어머니의 예언자들에게나 가 보십시오" 하고
말하였다. 이스라엘 왕이 그에게 말하였다. "그런 말씀은 마십시오. 주님
께서 우리들 세 왕을 불러내셔서, 모압의 손에 넘겨 주시려고 하십니다."
14 그제야 엘리사는 말하였다. "내가 섬기는 만군의 주님께서 살아 계심
을 두고 맹세합니다. 내가 유다 왕 여호사밧의 체면을 생각하지 않았더라
면, 요람 임금님을 염두에 두지도 않았을 뿐만 아니라, 임금님을 쳐다보
지도 않았을 것입니다.
15 이제 나에게 거문고를 타는 사람을 데려 오십시오." 그리하여 거문고
타는 사람이 와서 거문고를 타니, 주님의 권능이 엘리사에게 내렸고,
16 엘리사는 예언을 하기 시작하였다. "주님께서 이렇게 말씀하십니다.
'이 계곡에 도랑을 많이 파라.'
17 주님께서 또 이렇게 말씀하십니다. '너는 바람이 부는 것도 보지 못하
고, 비가 내리는 것도 보지 못하겠지만, 이 계곡은 물로 가득 찰 것이며,
너희와 너희의 가축과 짐승이 마시게 될 것이다.'

신앙에 있어서 가장 중요한 것은
하나님을 아는 것 보다
자기 자신을 알아가는 것입니다.
하나님에 대한 지식이 쌓여가도
자기 자신을 모르는 인간은
결국 자신을 하나님과 구별하지 못하게 됩니다.
그러나 자기 자신을 깊이 이해하는 사람은
하나님에 대한 지식이 없을지라도
자신을 하나님으로 우상화하지는 못합니다.
그러한 상태에서 하나님을 섬기는 것이
자신을 우상화하는 사람보다 훨씬 낫다고 할 수 있습니다.

많은 사람들이 하나님을 알기 원합니다.
그리고 자신의 삶의 상황과 체험에서
하나님의 일을 깨닫기 원합니다.
그러나 가장 깊은 것은 자기 자신을 아는 것입니다.

오늘 우리가 읽은 본문의 엘리사 이야기를 보기 전에
엘리사의 스승인 엘리야의 이야기를 잠시 보겠습니다.
엘리야는 갈멜산에서 바알 선지자들과의 대결을 마친 후
천사의 도움을 받아 광야로 도피하게 됩니다.

**왕상19:9 엘리야는 거기에 있는 동굴에 이르러, 거기에서 밤을 지냈다.
그 때에 주님께서 그에게 말씀하셨다. "엘리야야, 너는 여기에서 무엇을
하고 있느냐?"
10 엘리야가 대답하였다. "나는 이제까지 주 만군의 하나님만 열정적으로
섬겼습니다. 그러나 이스라엘 자손은 주님과 맺은 언약을 버리고, 주님의
제단을 헐었으며, 주님의 예언자들을 칼로 쳐서 죽였습니다. 이제 나만
홀로 남아 있는데, 그들은 내 목숨마저도 없애려고 찾고 있습니다."
11 주님께서 말씀하셨다. "이제 곧 나 주가 지나갈 것이니, 너는 나가서,
산 위에, 주 앞에 서 있어라." 크고 강한 바람이 주님 앞에서 산을 쪼개
고, 바위를 부수었으나, 그 바람 속에 주님께서 계시지 않았다.**

12 그 바람이 지나가고 난 뒤에 지진이 일었지만, 그 지진 속에도 주님께서 계시지 않았다. 지진이 지나가고 난 뒤에 불이 났지만, 그 불 속에도 주님께서 계시지 않았다. 그 불이 난 뒤에, 부드럽고 조용한 소리가 들렸다.
13 엘리야는 그 소리를 듣고서, 외투 자락으로 얼굴을 감싸고 나가서, 동굴 어귀에 섰다. 바로 그 때에 그에게 소리가 들려 왔다. "엘리야야, 너는 여기에서 무엇을 하고 있느냐?"

갈멜산에서 바알 선지자들과
큰 싸움을 마치고 온 엘리야는
하나님과 모세가 만났던 호렙산에 이르게 됩니다.
그는 그곳에서 하나님을 보리라는 말씀을 듣고 기다립니다.
그러나 하나님 현현의 전통적인 징조들인
강한 바람과 지진, 불이 지나간 후에도
그는 하나님의 존재를 확인하지 못합니다.
그 대신 엘리야는 부드럽고 조용한 소리,
히브리어를 직역한다면 '조용히 자고 있는 바람의 소리'를 통해
하나님을 확인하게 되는데,
사실 그 음성은 처음 들었던 음성과 같았습니다.
"엘리야야, 너는 여기서 무엇을 하고 있느냐?"

하나님의 본질은 강력한 자연적 이적이나
보이는 형상에 있지 않고
인간 내면에 스쳐 지나가는 고요한 말씀에 있다는 것이
엘리야에게 임한 하나님의 가르침이었던 것입니다.

그러자 엘리야는 자신이 하나님을 열정적으로 섬겼고
이제 자신만 홀로 남아 있다는 다소 거만한 고백을 합니다.
그러나 하나님이 보시기에는
이적을 행하는 엘리야의 열심만이 하나님을 섬기는 신앙이 아니며
미세한 하나님의 소리를 지니고 있는 다른 사람들 또한
하나님을 섬기는 신앙의 사람들이었습니다.

따라서 하나님은 18절에서
칠천 명의 하나님의 사람이 있음을 가르쳐주십니다.
칠천 명이 상징적인 숫자라면
이는 완전한 하나님의 사람들이 있음을 말하는 것입니다.

이 이야기에서 보듯,
나타나는 이적과 행위를 통해 하나님을 찾는 사람은
그 열정에 비례하여 자기 자신 안에 갇히게 되는
위험성을 드러내게 됩니다.
도리어 하나님은 자신의 본질이
'조용히 자고 있는 바람의 소리' 안에 있으며
그 소리에 미세하게 반응하고 있는 신앙인들과
조용히 교류하고 있음을 보여주고 있습니다.
따라서 우리는 외적인 것이 아니라
내면적인 것에 집중하여 하나님을 알아가려는 사람이
하나님의 본질에 가까이 갈 수 있다는 것을
이 예화를 통해 깨닫게 됩니다.

그러나 많은 신앙인들이 느끼는 바이지만
자신의 내면 안에 나타나는 미세한 소리 또한
하나님의 것인지, 자기 자신의 것인지를
가려내는 것은 쉬운 일이 아닙니다.
우리의 내면은 수많은 것들이 작용하는
가장 복잡한 곳입니다.
이 복잡한 곳에서 하나님의 바람 소리를
선명하게 인식한다는 것은
실로 불가능에 가깝습니다.

내면의 깊은 곳으로 들어갈수록
우리는 의식이 가까이 가기 힘든
무의식의 에너지 상태와 만나게 되며

그곳에서 자신의 본질과 대면하게 되지만
그것조차 우리는 쉽게 파악하지 못합니다.
이를 제대로 인식하기 위해서는
전문적인 심리학적 지식이 필요할 정도입니다.
사실 자신의 본질과 만날 수만 있다면
우리 모두가 이러한 만남을 위해
심리학적 지식을 습득할 필요도 있습니다.
자신을 알기 위해 평생을 묵상하며 수련하던
과거의 수도자들에 비하면,
우리는 자신의 본질에 도달하기 위해
보다 편리한 학문적 수단을 갖고 있는 셈입니다.

그런데 이와는 또 다르게,
자신이 하나님의 영에 감동되는
일정한 패턴이 있음을 알아가는 것 또한
자기 자신과 자신의 영성을 이해하는데 있어
매우 중요한 부분이라 할 수 있습니다.

오늘 본문에 보면
엘리야의 제자인 엘리사는
자신에게 비책을 물으려고 온 왕들을 맞아
그들에게 예언을 하기 위해
음악을 사용하고 있습니다.
즉, 그는 음악을 이용하여 자신의 영감을
새롭고 풍성하게 만들고 있는 것입니다.

왕하3:15 이제 나에게 거문고를 타는 사람을 데려 오십시오." 그리하여 거문고 타는 사람이 와서 거문고를 타니, 주님의 권능이 엘리사에게 내렸고,
16 엘리사는 예언을 하기 시작하였다. "주님께서 이렇게 말씀하십니다. '이 계곡에 도랑을 많이 파라.'
17 주님께서 또 이렇게 말씀하십니다. '너는 바람이 부는 것도 보지 못하

고, 비가 내리는 것도 보지 못하겠지만, 이 계곡은 물로 가득 찰 것이며, 너희와 너희의 가축과 짐승이 마시게 될 것이다.'

우리는 누구나 하나님의 말씀을 원합니다.
그러나 하나님의 말씀을 원하는 욕망이 지나치게 되면
이미 기록된 성서를 통해
말씀을 소유하려는 우를 범하게 됩니다.
그리고 자신이 소유한 말씀의 가치를 드높이기 위해
성서를 완전하고 무오한 하나님의 말씀으로 믿고 고백하는
성서 무오설에 빠지기도 합니다.

그러나 성서의 모든 말씀은
그 안에 변하지 않는 진리가 흐름에도 불구하고
그것이 기록된 시대의 세계관과,
그 시대의 사람들을 위한 사상의 결과물이기에
장구한 세월 동안 기록된 말씀들의
역사-종교-사회적 불일치와 차이가 존재할 수밖에 없습니다.

이렇게 성서의 외면적 완전성이 깨어졌음에도 불구하고
성서의 중심 메시지인 사랑과 진리의 기준을 따라
여전히 성서를 보고, 설교를 들으며
말씀 중심적인 삶을 살아가려는 많은 이들이 있습니다.
그러나 신앙 생활, 혹은 영성 생활은
항구적인 사랑과 진리의 요소에
신앙적 열정이 더해지지 못하면
생명력을 잃어버리기 쉽습니다.

엘리사는 자신에게 다가온 새로운 의문에 답하기 위해
음악이라는 열정에 자신의 영성을 실어
신비적 예언에 도달하게 됩니다.
이러한 면은 정도의 차이가 있지만

우리에게도 계속적으로 나타나는 현상입니다.
우리가 정기적으로 예배로 모이고
적은 시간이나마 찬양과 기도와
말씀을 묵상하는 이러한 행위들은
단지 하나님을 높이는 것이 아니라,
수천 년간의 종교적 체험,
믿음을 고취시키고 영감을 새롭게 하며
자신의 신앙을 고양시키는 전통적인 방법이 녹아 있는
영성적 행위들입니다.

우리는 엘리사처럼
자신의 영감을 새롭게 할 수 있는 수단과 방법에
눈을 뜨는 것이 필요합니다.
그것이 바로 자신의 영성에 대한 이해입니다.
엘리사는 그 방법 중 가장 보편적인
음악을 이용하였습니다.
다윗 또한 스스로 수금을 타며
음악, 찬양을 이용해 하나님과 교제하였던 것으로 보입니다.

일반적으로 교회에서는 예배라는,
음악과 말씀과 기도 등을 섞은
종합 영성 고취 체험 프로그램을 통해
신앙의 열정을 유지시키고 있습니다.
확실히 그것은 횟수가 많을수록
사람들의 영성을 고양시키게 됩니다.
그것은 진리의 요소와는 다른 문제입니다.
진정한 예배, 삶의 예배라는 측면과는
다른 측면입니다.

예배의 횟수가 현저히 적은 우리 교회의 경우,
자신의 영성을 고양시키는 개인적인 방법을

찾고 알아가는 것이 매우 중요합니다.
물론 한 주에 한 번의 예배로 만족할 수도 있습니다.
그것도 많다고 생각할 수도 있습니다.
어쨌든 자신의 상황에 따라,
그리고 목적에 따라
이것을 조절할 수 있는 사람이 될 때에
엘리사와 같이 거문고를 꺼내서라도
다른 사람들을 영적으로 도와줄 수 있는
사람이 될 수 있을 것입니다.

예수께서 제자들에게
항상 깨어 기도하라고 말씀하신 것은
바로 이러한 의식의 깨어있음을
유지하라는 의미일 것입니다.

3. 예수 축복의 이중 구조

2017년 1월 22일

마태복음 5:1~10
1 예수께서 무리를 보시고, 산에 올라가 앉으시니, 제자들이 그에게 나아
왔다.
2 예수께서 입을 열어서 그들을 가르치셨다.
3 "마음이 가난한 사람은 복이 있다. 하늘 나라가 그들의 것이다.
4 슬퍼하는 사람은 복이 있다. 하나님이 그들을 위로하실 것이다.
5 온유한 사람은 복이 있다. 그들이 땅을 차지할 것이다.
6 의에 주리고 목마른 사람은 복이 있다. 그들이 배부를 것이다.
7 자비한 사람은 복이 있다. 하나님이 그들을 자비롭게 대하실 것이다.
8 마음이 깨끗한 사람은 복이 있다. 그들이 하나님을 볼 것이다.
9 평화를 이루는 사람은 복이 있다. 하나님이 그들을 자기의 자녀라고 부
르실 것이다.
10 의를 위하여 박해를 받은 사람은 복이 있다. 하늘 나라가 그들의 것
이다.

마태복음의 팔복은
예수님의 첫 설교는 아닐 것입니다.
이미 이전에 '회개하라, 하늘 나라가 가까이 왔다'(마4:17)고
외치신 것으로 나오고 있기 때문입니다.

그런데 사실 그 첫 선포의 특징을 잘 나타내 주는
예수님의 구체적인 말씀은
어디에도 잘 나타나 있지 않습니다.
이 말은 회개와 하나님의 나라에 대한 개념을 서술하는
현대적 설교 형태와 같은
구체적인 말씀이 없다는 것입니다.
그러나 그와 같은 말씀이 기록되어 있기를 바라는 우리의 요구는

개념 정의를 좋아하는 현대인의 특징 때문일 수도 있습니다.
사실 예수님의 모든 말씀은
하나님 나라와 그 구성원들의 변화,
회개를 말하고 있습니다.

예수님의 설교 모음집의 시작인
오늘의 팔복 말씀 또한 마찬가지입니다.
여기에도 하나님의 나라에 대한 이야기가 나오며,
그 복을 누릴 전제가 되는 여러 성품들에 대한 요구가
듣는 이들로 하여금 회개와 회심과
삶의 전환을 요구하고 있습니다.
명령형이 아닌 요구가 여기에서 발언되고 있습니다.

이 팔복은 형태적으로
처음과 마지막 복이
'하늘 나라가 그들의 것이다'라는 현재형으로
동일하게 끝나고 있으며
나머지 가운데 있는 복들은
미래형의 결론부를 가지고 있습니다.
그래서 이 복음은
하나님 나라의 현재성과 미래성을
잘 표현해 주고 있는 것으로 여겨지고 있습니다.
즉, 하나님의 나라는 이미 도래하였으며
그것은 구성원들의 변화된 삶을 통하여
완성되어 나갈 것이라는 점입니다.

누가복음은 이사야 61장을 읽으시고 설교하시는
예수님의 모습을 첫 말씀의 선포로 삼고 있는데
이 이사야 61장의 내용에도
팔복에 나타나는 요소들이 등장합니다.

사61:1주님께서 나에게 기름을 부으시니, 주 하나님의 영이 나에게 임하셨다. 주님께서 나를 보내셔서, 가난한 사람들에게 기쁜 소식을 전하고, 상한 마음을 싸매어 주고, 포로에게 자유를 선포하고, 갇힌 사람에게 석방을 선언하고,
2 주님의 은혜의 해와 우리 하나님의 보복의 날을 선언하고, 모든 슬퍼하는 사람들을 위로하게 하셨다.
3 시온에서 슬퍼하는 사람들에게 재 대신에 화관을 씌워 주시며, 슬픔 대신에 기쁨의 기름을 발라 주시며, 괴로운 마음 대신에 찬송이 마음에 가득 차게 하셨다. 그리하여 사람들은 그들을 가리켜, 의의 나무, 주님께서 스스로 영광을 나타내시려고 손수 심으신 나무라고 부른다.

이 말씀에서도 팔복과 같이
가난한 사람, 마음이 상한 사람,
슬퍼하는 사람에게
복음과 위로가 전해지고 있습니다.

그런데 누가복음은 마태의 팔복 병행구도 가지고 있는데
추상적인 마태와 달리 실제적인 가난과 굶주림을 다룹니다.

눅6:20 예수께서 눈을 들어 제자들을 보시고 말씀하셨다. "너희 가난한 사람들은 복이 있다. 하나님의 나라가 너희의 것이다.
21 너희 지금 굶주리는 사람들은 복이 있다. 너희가 배부르게 될 것이다. 너희 지금 슬피 우는 사람들은 복이 있다. 너희가 웃게 될 것이다."

누가복음의 가난, 굶주림, 눈물은
현실의 억압과 고통 속에 있는
힘없는 약자들을 대상으로 하고 있습니다.
이 말씀에서 돈과 식료품, 권력을 쥐고 있는 자들에 대한
예수님의 분노가 느껴집니다.

그러나 마태복음은 이러한 현실의 상태를
현저히 영성화시켜 표현했던 것입니다.

마5:3 마음이 가난한 사람은 복이 있다. 하늘 나라가 그들의 것이다.
4 슬퍼하는 사람은 복이 있다. 하나님이 그들을 위로하실 것이다.
5 온유한 사람은 복이 있다. 그들이 땅을 차지할 것이다.
6 의에 주리고 목마른 사람은 복이 있다. 그들이 배부를 것이다.
7 자비한 사람은 복이 있다. 하나님이 그들을 자비롭게 대하실 것이다.
8 마음이 깨끗한 사람은 복이 있다. 그들이 하나님을 볼 것이다.
9 평화를 이루는 사람은 복이 있다. 하나님이 그들을 자기의 자녀라고 부르실 것이다.
10 의를 위하여 박해를 받은 사람은 복이 있다. 하늘 나라가 그들의 것이다.

마태복음의 '마음이 가난한 사람'은
'가난한 사람'이라고 되어 있는 누가복음과는 달리
'마음'이라는 개념이 더해지면서
좀 더 포괄적인 뜻을 얻게 됩니다.
즉, 이 첫 축복은
다음에 이어져 나오는 다른 축복들을
전부 포괄하는 머리말 역할을 하게 됩니다.
다른 모든 축복들이 전부
마음에 대한 문제와 관련이 있기 때문입니다.
또한 마음이 가난한 이들에게
최종적이며 가장 포괄적인 개념인
'하늘 나라', '하나님의 나라',
'하나님의 통치'가 주어진다는 면에서
다른 복들을 '하나님의 나라' 안으로 끌어들이고 있습니다.

마태 공동체는 부유한 유대인 공동체로 알려져 있습니다.
만약 단순히 '가난한 사람'을 축복하게 되면
부유한 그들을 말씀에서 배제시킬 가능성이 있었습니다.
그래서 마태는 그 말씀에 '마음'을 넣어
말씀 전체에 보다 포괄적인 조건을 만들고 있습니다.
그럼으로써 아무리 부유한 자라 할지라도

이 말씀들에서 빠져나가지 못하게 만든 것입니다.

이러한 영성화로 인해
현실의 고난과 정치권력에 대한 비판적 의식은 약화되지만,
힘 있는 상류층에 있는 자들에게
그들이 무엇을 해야 할지가 제시됩니다.
즉, 그들이 당장 재산을 버리고 가난을 택하지는 못할지라도
마음의 가난은 이루어야 한다는 것입니다.
그들은 슬퍼할 줄 알아야 하고,
땅을 가지고 있는 만큼 온유할 줄 알아야 하며,
배고픔을 모를지언정
정의에 대해 갈망할 줄 알아야 하며,
자비로운 사람이 되어야 하고,
마음이 깨끗한 자, 투명하고 정직한 사람이 되어야 하며,
평화를 만들어야 하고,
정의를 위해 탄압을 두려워해서는 안 된다는 것입니다.

이러한 덕목들은 당연히
가난한 사람들에게도 요구되는 것이겠지만,
가난한 누가 공동체의 말씀은 마태와 달리
배고픈 자들에게 윤리를 요구하기보다는
미래의 소망을 함께 나누며
위로의 선포를 하고 있습니다.
마태의 이 말씀들은 지금도 억압받는 자들에게
감히 요구할 수 없는 말씀들일 것입니다.

이렇게 있는 자들에 대한
현저히 영성화된 말씀들은
예수 그리스도의 입에서 나온 것이 아니라고
생각하는 학자들이 많이 있지만,
그분의 순회 말씀 사역 가운데

실제적으로 부유한 마을 속에서
이루어진 것일 수도 있습니다.
부유한 이들에게는 윤리적 가르침이 필요하기 때문입니다.
그래서 그들의 마음의 가난과
실제적인 정의에 대한 실천 속에
하나님의 나라가 오게 되며,
다른 마음의 덕목들 또한 실현해 나갈 때에
이에 상응하는 축복이 함께할 것이라고
예수께서 말씀하셨을 수 있습니다.

우리의 현실은 항상 변합니다.
우리에게 현실적인 위로가 필요할 때도 있고
우리 마음의 변화가 요구될 때도 있습니다.
예수 그리스도의 말씀은
그 어떤 상황에서도 우리를 가만히 내버려 두지 않습니다.
그분은 있는 자들과 없는 자들에게 모두 말씀하십니다.

하나님의 나라는 모두가 평등한 상태로 시작하는 것이 아니라
없는 자들에게 위로가 주어지고
있는 자들에게 베풂이 요구되는 형태로 시작되고 있습니다.
아마도 세상 끝 날까지 이러한 현실은 바뀌지 않을 것입니다.
따라서 예수 그리스도의 현실적인 이 말씀은
세상의 종말이 오기까지 시들지 않는 말씀으로
우리와 이 세상 모든 이들의 마음을 공략할 것입니다.

예수 그리스도 앞에 있는 모든 이들이여!
위로의 말씀과 변화를 촉구하는 말씀 앞에
감사와 두려움으로 항상 서 있기를 원합니다.

4. 이사야의 묵시와 비전

2017년 2월 5일

이사야 26:1~7
1 그 날이 오면, 유다 땅에서 이런 노래를 부를 것이다. 우리의 성은 견
고하다. 주님께서 친히 성벽과 방어벽이 되셔서 우리를 구원하셨다.
2 성문들을 열어라. 믿음을 지키는 의로운 나라가 들어오게 하여라.
3 주님, 주님께 의지하는 사람들은 늘 한결같은 마음을 가진 사람들이니,
그들에게 평화에 평화를 더하여 주시기 바랍니다.
4 너희는 영원토록 주님을 의지하여라. 주 하나님만이 너희를 보호하는
영원한 반석이시다.
5 주님께서는 교만한 자들을 비천하게 만드신다. 교만한 자들이 사는 견
고한 성을 허무신다. 먼지바닥에 폭삭 주저앉게 하신다.
6 전에 억압받던 사람들이 이제는 무너진 그 성을 밟고 다닌다. 가난한
사람들이 그 성을 밟고 다닌다.
7 주님, 주님께서는 의로운 사람의 길을 곧게 트이게 하십니다. 의로우신
주님, 주님께서는 의로운 사람의 길을 평탄하게 하십니다.

2017년 연초에 우리는
이사야서를 함께 통독해 나가고 있습니다.
너무 방대해서 그 개념이 잘 잡히지 않지만
신약성서의 전 영역에 영향을 끼친
가장 중요한 예언서라 할 수 있고,
정치와 윤리, 역사 이해와 종교적 체험,
종말과 부활, 고난의 신비, 하나님 나라와 복음 등
예수 그리스도를 믿는 우리들이 가지고 있는
모든 신앙의 문제들을 다루고 있는 만큼
그 내용이 지금 다 파악되지 않는다 하여도
우리는 가장 중요한 구약의 말씀으로서
이사야서를 읽고 있는 중입니다.

이사야서를 이해할 수 있는
기본 틀을 제공한 신학자는
베른하르트 둠(Bernhard Duhm)으로
그는 1892년에 이사야 주석에서
이사야를 세 부분으로 나누었습니다.

1-39장은 포로기 이전 멸망의 선포가 담긴 제1이사야.
40~55장은 포로기의 탄원이 담겨 있는 제2이사야.
56~66장은 포로 해방 후의 비전이 담겨 있는 제3이사야.

또한, 그는 이사야 24~27장을
제1이사야에서 분리시켜
이사야 묵시록으로 독립적으로 봄으로써
결국 이사야가 네 부분으로 이루어져 있다고 주장하였습니다.
그가 제공한 이러한 분류는 지금까지
이사야서를 이해하는 데 큰 도움을 주고 있습니다.

이사야 묵시록인 24~27장은
현실의 비판이 담긴 예언이라기보다,
미래의 종말과 최후의 심판이 예고되고 있어
묵시문학으로 분류됩니다.
이 이사야 묵시록은
종말의 징후로서의 이상 기후와 지진 등의 자연 재해,
하늘의 별과 해와 달이 빛을 잃는 재앙,
영적인 악의 세력인 하늘의 군대와의 전쟁 등
묵시문학이 특징적으로 서술하는
장황한 묘사들의 단초를 보여주기 때문에,
이를 소박한 형태의 초기 묵시문학으로 분류합니다.

먼저 묵시록은 하나님의 심판으로 시작합니다.

사24:1 주님께서 땅을 텅 비게 하시며, 황폐하게 하시며, 땅의 표면을 뒤엎으시며, 그 주민을 흩으실 것이니,
2 이 일이 백성과 제사장에게 똑같이 미칠 것이며, 종과 그 주인에게, 하녀와 그 안주인에게, 사는 자와 파는 자에게, 빌려 주는 자와 빌리는 자에게, 이자를 받는 자와 이자를 내는 자에게, 똑같이 미칠 것이다.

여기에서 심판을 받는 대상들이
'억압받는 자'와 '억압하는 자'의 대구로 나타나는데,
특히, 제사장이 억압하는 자의 위치에 놓여있고
예언자들의 대표적인 비판 대상인
왕이 나타나지 않고 있다는 점에서
이 묵시록의 기록 시기가
왕이 없는 상태에서 제사장이 정치를 대표하던
바벨론 포로기 이후라는 가정을 할 수 있게 만들어 줍니다.

이제 하나님의 심판의 이유가 다음과 같이 제시됩니다.

사24:5 땅이 사람 때문에 더럽혀진다. 사람이 율법을 어기고 법령을 거슬러서, 영원한 언약을 깨뜨렸기 때문이다.
6 그러므로 땅은 저주를 받고, 거기에서 사는 사람이 형벌을 받는다. 그러므로 땅의 주민들이 불에 타서, 살아남는 자가 얼마 되지 않을 것이다.

제사장 문서 P가 구성하는 언약의 역사에는
노아, 아브라함, 모세와의 언약이 있는데
인간의 편에서 깨뜨릴 수 있는 언약은
하나님과 모세가 맺은 시내산 언약이라 할 수 있습니다.
즉, 율법을 지키는 한에서 이루어지는 하나님과의 계약입니다.
이 언약 자체는 영원한 것이지만
인간들이 언약의 조건인 율법에 불순종하면
심판이 임하게 됩니다.
불순종의 내용은 많은 예언자들이 지적했듯이
안식일 불이행, 우상숭배와 불의,

불평등, 약자에 대한 억압일 것입니다.

그런데 이러한 심판 속에서도
소수의 사람이 살아남게 됩니다.
그들은 심판을 피하게 해 주신 하나님을 찬양합니다.

> **사24:14 살아 남은 사람들은 소리를 높이고, 기뻐서 외칠 것이다. 서쪽에서는 사람들이 주님의 크신 위엄을 말하고,**
> **15 동쪽에서는 사람들이 주님께 영광을 돌릴 것이다. 바다의 모든 섬에서는 사람들이 주 이스라엘의 하나님의 이름을 찬양할 것이다.**
> **16 땅 끝에서부터 노래하는 소리 "의로우신 분께 영광을 돌리세!" 하는 찬양을 우리가 들을 것이다.**

그러나 이들의 찬양은 자신들이 살아남았다는
기쁨의 표현일 뿐이었습니다.
예언자는 남아있는 이들에게서
다시 죄악이 피어나는 것을 보게 되고,
이에 또다시 임할 심판에 대해 경고하기 시작합니다.

> **사24:16 ... 그러나 갑자기 나는 절망에 사로잡혔다. 이런 변이 있나! 이런 변이 또 어디에 있단 말인가! 나에게 재앙이 닥쳤구나! 약탈자들이 약탈한다. 약탈자들이 마구 약탈한다.**
> **17 땅에 사는 사람들아, 무서운 일과 함정과 올가미가 너를 기다리고 있다.**
> **......**
> **20 땅이 술 취한 자처럼 몹시 비틀거린다. 폭풍 속의 오두막처럼 흔들린다. 세상은 자기가 지은 죄의 무게에 짓눌릴 것이니, 쓰러져서 다시는 일어나지 못할 것이다.**

그리고 예언자는 마침내 최후의 심판을 보게 됩니다.
구약의 묵시예언가들은 땅의 세력들 배후에
하늘의 영적 세력이 있다고 생각하였습니다.
따라서 하나님의 심판은

이 두 영역에 거쳐 이루어지게 됩니다.

사24:21 그 날이 오면, 주님께서, 위로는 하늘의 군대를 벌하시고, 아래로는 땅에 있는 세상의 군왕들을 벌하실 것이다.
22 주님께서 군왕들을 죄수처럼 토굴 속에 모으시고, 오랫동안 감옥에 가두어 두셨다가 처형하실 것이다.
23 만군의 주님께서 왕이 되실 터이니, 달은 볼 낯이 없어 하고, 해는 부끄러워할 것이다. 주님께서 시온 산에 앉으셔서 예루살렘을 다스릴 것이며, 장로들은 그 영광을 볼 것이다.

심판과 함께 하나님께서 왕으로 통치하심으로
종말의 중요한 사건이 거의 마무리됩니다.
예언자는 이제 25장에서 하나님을 찬양하기 시작하는데,
여기에서 갑자기
모든 민족에 대한 구원 사상이 펼쳐져 나옵니다.

사25:6 만군의 주님께서 이 세상 모든 민족을 여기 시온 산으로 부르셔서, 풍성한 잔치를 베푸실 것이다. 기름진 것들과 오래된 포도주, 제일 좋은 살코기와 잘 익은 포도주로 잔치를 베푸실 것이다.

이러한 만인 구원 사상을 우리는
미가서에서 본 적이 있습니다.
미가 또한 이 예언을
'그 날이 오면'으로 시작합니다.

미4:1 그 날이 오면, 주님의 성전이 서 있는 주님의 산이 산들 가운데서 가장 높이 솟아서, 모든 언덕을 아래로 내려다 보며, 우뚝 설 것이다. 민족들이 구름처럼 그리로 몰려올 것이다.
2 민족마다 오면서 이르기를 "자, 가자. 우리 모두 주님의 산으로 올라가자. 야곱의 하나님이 계신 성전으로 어서 올라가자. 주님께서 우리에게 주님의 길을 가르치실 것이니, 주님께서 가르치시는 길을 따르자" 할 것이다. 율법이 시온에서 나오며, 주님의 말씀이 예루살렘에서 나온다.

미가는 심지어
다른 민족들이 각자의 신을 섬기는 것마저도
용납할 만큼 관대합니다.

미4:5 다른 모든 민족은 각기 자기 신들을 섬기고 순종할 것이다. 그러나 우리는 언제까지나, 주 우리의 하나님만을 섬기고, 그분에게만 순종할 것이다.

종말의 심판과 이러한 구원의 사상이
어떻게 조화를 이루게 되는지
예언자는 자세히 기술하지 않습니다.
다만 우리는 이러한 예언을 통해
예언자가 품고 있는 종말의 소망과 심판 이면에 있는
하나님의 은혜에 대해 더 깊이 생각해 보게 됩니다.

예언자의 종말의 소망은 아직 끝나지 않았습니다.
그는 이제 영원한 삶까지 바라보고 있습니다.
즉, 하나님께서 죽음을 멸망시키는 것입니다.

사25:7 또 주님께서 이 산에서 모든 백성이 걸친 수의를 찢어서 벗기시고, 모든 민족이 입은 수의를 벗겨서 없애실 것이다.
8 주님께서 죽음을 영원히 멸하신다. 주 하나님께서 모든 사람의 얼굴에서 눈물을 말끔히 닦아 주신다. 그의 백성이 온 세상에서 당한 수치를 없애 주신다. 이것은 주님께서 하신 말씀이다.

바울은 이를 이렇게 표현했습니다.

고전15:26 맨 마지막으로 멸망 받을 원수는 죽음입니다.

이사야가 생각하는 죽음의 멸망은
다음과 같이 묘사되어 있습니다.

사26:19 그러나 주님의 백성들 가운데서 죽은 사람들이 다시 살아날 것이며, 그들의 시체가 다시 일어날 것입니다. 무덤 속에서 잠자던 사람들이 깨어나서, 즐겁게 소리 칠 것입니다. 주님의 이슬은 생기를 불어넣는 이슬이므로, 이슬을 머금은 땅이 오래 전에 죽은 사람들을 다시 내놓을 것입니다. 땅이 죽은 자들을 다시 내놓을 것입니다.

이 예언의 본문은 복음서 중 유일하게
예수님의 십자가 사건 직후 일군의 무리들이 부활했음을 알리는
마태복음의 말씀과 유사성을 드러냅니다.

마27:50 예수께서 다시 큰 소리로 외치시고, 숨을 거두셨다.
51 그런데 보아라, 성전 휘장이 위에서 아래까지 두 폭으로 찢어졌다. 그리고 땅이 흔들리고, 바위가 갈라지고,
52 무덤이 열리고, 잠자던 많은 성도의 몸이 살아났다.
53 그리고 그들은, 예수께서 부활하신 뒤에, 무덤에서 나와, 거룩한 도성에 들어가서, 많은 사람에게 나타났다.

마태복음의 이 증언은 다른 복음서에 없는 것이지만
마태의 저자는 예수님의 죽음과 부활이
이사야의 묵시와 같이 이 세상의 죽음을 멸망시킨
종말론적 사건이라는 것을 알리기 위해
이 이야기를 증언한 것 같습니다.

그러나 이사야에게서 이 부활은
아직 종말의 최종 완성이 아닙니다.
아직 해결해야 할 심판이 남아 있기에
살아남은 백성들과 부활한 사람들이
이 심판을 피할 곳으로 가야 합니다.

사26:20 "나의 백성아! 집으로 가서, 방 안으로 들어가거라. 들어가서 문을 닫고, 나의 진노가 풀릴 때까지 잠시 숨어 있어라."
21 주님께서 그 처소에서 나오셔서 땅 위에 사는 사람들의 죄악을 벌하

실 것이니, 그 때에 땅은 그 속에 스며든 피를 드러낼 것이며, 살해당한 사람들을 더 이상 숨기지 않을 것이다.

완전한 심판은 영적인 악의 세력인
바다 괴물 리워야단을 처단함으로 완성되어집니다.

사27:1 그 날이 오면, 주님께서 좁고 예리한 큰 칼로 벌하실 것이다. 매끄러운 뱀 리워야단, 꼬불꼬불한 뱀 리워야단을 처치하실 것이다. 곧 바다의 괴물을 죽이실 것이다.

이후 이 묵시록은 종말의 전망을 끝내고
다시 현실의 문제로 돌아가게 됩니다.
여기에서 이스라엘이 겪고 있는
포로기의 고난의 의미가 서술되고,
그들이 해방을 얻을 것이라는 예언이 선포됩니다.

사27:8 주님께서 이스라엘을 포로로 보내셔서 적절히 견책하셨고, 거센 동풍이 불 때에, 거기에 좀더 거센 바람을 보내셔서 이스라엘을 쫓아내셨을 뿐이다.
9 그렇게 해서 야곱의 죄악이 사함을 얻으며, 이렇게 함으로써 죄를 용서받게 될 것이니, 곧 야곱이 이교 제단의 모든 돌을 헐어 흰 가루로 만들고, 아세라 여신상과 분향단을 다시는 세우지 않을 것이다.
……
12 너희 이스라엘 자손아. 그 날이 오면, 주님께서 유프라테스 강으로부터 이집트 강에 이르기까지, 너희를 알곡처럼 일일이 거두어들이실 것이다.
13 그 날이 오면, 큰 나팔 소리가 울릴 것이니, 앗시리아 땅에서 망할 뻔한 사람들과 이집트 땅으로 쫓겨났던 사람들이 돌아온다. 그들이 예루살렘의 거룩한 산에서 주님을 경배할 것이다.

이러한 종말에 대한 말씀들을 읽을 때
우리가 살고 있는 현실의 당면 문제들과는
별 상관이 없는 것으로 여겨지고
아무런 감흥이나 감동이 느껴지지 않을 수도 있습니다.

그러나 종말에 대한 비전은
현실의 문제 해결을 위한 강력한 힘을 제공해 주며,
현실의 고난을 이겨내고 나아가야 할
최종적인 비전의 종착지를 알려준다는 점에서
매우 중요하다고 할 수 있습니다.
만약 종말론이 없었다면
기독교 신앙은 끊임없이 반복되는 세상의 죄악 속에서
회의주의적 신앙으로 전락해 버렸을 가능성도 있습니다.

그러나 종말론은 의로운 하나님의 통치에 대한
가능성과 소망과 기대를 끊임없이 소생시키며,
의로운 자의 부활 신앙을 통해
불의와 죄악에 굴복하지 않으며
죽음을 각오하고 저항할 수 있는
힘을 제공해 주었던 것입니다.

이사야는 이러한 종말의 전망을
영적 계시로 얻은 최초의 예언자일 수 있습니다.
우리는 이와 같은 그의 글을 읽거나
혹은 다른 이들이 기록한 성경을 읽어 나가면서,
그들의 영적인 감수성과 열정과 소망을
온 몸과 마음으로 받아들일 수 있는
감화력을 키워 나가야만 하며,
그들이 숨 쉬던 하나님의 영을 동일하게 숨 쉬면서
하나님의 영이 말하고 있는
우리 현실의 당면 과제에 대해서도
동일한 예언자적 영감을 가지고 말하고 행동할 수 있는
능력을 키워 나가야 할 것입니다.

5. 고난의 종을 위한 노래

2017년 2월 12일

이사야 53:3~12
3 그는 사람들에게 멸시를 받고, 버림을 받고, 고통을 많이 겪었다. 그는
언제나 병을 앓고 있었다. 사람들이 그에게서 얼굴을 돌렸고, 그가 멸시
를 받으니, 우리도 덩달아 그를 귀하게 여기지 않았다.
4 그는 실로 우리가 받아야 할 고통을 대신 받고, 우리가 겪어야 할 슬픔
을 대신 겪었다. 그러나 우리는, 그가 징벌을 받아서 하나님에게 맞으며,
고난을 받는다고 생각하였다.
5 그러나 그가 찔린 것은 우리의 허물 때문이고, 그가 상처를 받은 것은
우리의 악함 때문이다. 그가 징계를 받음으로써 우리가 평화를 누리고,
그가 매를 맞음으로써 우리의 병이 나았다.
6 우리는 모두 양처럼 길을 잃고, 각기 제 갈 길로 흩어졌으나, 주님께서
우리 모두의 죄악을 그에게 지우셨다.
7 그는 굴욕을 당하고 고문을 당하였으나, 아무 말도 하지 않았다. 마치
도살장으로 끌려가는 어린 양처럼, 마치 털 깎는 사람 앞에서 잠잠한 암
양처럼, 끌려가기만 할 뿐, 아무 말도 하지 않았다.
8 그가 체포되어 유죄판결을 받았지만 그 세대 사람들 가운데서 어느 누
가, 그가 사람 사는 땅에서 격리된 것을 보고서, 그것이 바로 형벌을 받
아야 할 내 백성의 허물 때문이라고 생각하였느냐?
9 그는 폭력을 휘두르지도 않았고, 거짓말도 하지 않았지만, 사람들은 그에게
악한 사람과 함께 묻힐 무덤을 주었고, 죽어서 부자와 함께 들어가게 하였다.
10 주님께서 그를 상하게 하고자 하셨다. 주님께서 그를 병들게 하셨다.
그가 그의 영혼을 속건제물로 여기면, 그는 자손을 볼 것이며, 오래오래
살 것이다. 주님께서 세우신 뜻을 그가 이루어 드릴 것이다.
11 "고난을 당하고 난 뒤에, 그는 생명의 빛을 보고 만족할 것이다. 나의
의로운 종이 자기의 지식으로 많은 사람을 의롭게 할 것이다. 그는 다른
사람들이 받아야 할 형벌을 자기가 짊어질 것이다.
12 그러므로 나는 그가 존귀한 자들과 함께 자기 몫을 차지하게 하며, 강한
자들과 함께 전리품을 나누게 하겠다. 그는 죽는 데까지 자기의 영혼을 서슴
없이 내맡기고, 남들이 죄인처럼 여기는 것도 마다하지 않았다. 그는 많은 사
람의 죄를 대신 짊어졌고, 죄 지은 사람들을 살리려고 중재에 나선 것이다."

이사야 40~55장에 이르는 제2이사야서에는
소위 '종의 노래'로 알려진
4개의 노래가 있습니다.
이 또한 이사야를 네 부분으로 나누었던
베른하르트 둠이 발견한 것입니다.

첫 번째 노래는 42:1~4입니다.

> **사42:1 나의 종을 보아라. 그는 내가 붙들어 주는 사람이다. 내가 택한 사람, 내가 마음으로 기뻐하는 사람이다. 내가 그에게 나의 영을 주었으니, 그가 뭇 민족에게 공의를 베풀 것이다.**
> **2 그는 소리치거나 목소리를 높이지 않으며, 거리에서는 그 소리가 들리지 않게 할 것이다.**
> **3 그는 상한 갈대를 꺾지 않으며, 꺼져가는 등불을 끄지 않으며, 진리로 공의를 베풀 것이다.**
> **4 그는 쇠하지 않으며, 낙담하지 않으며, 끝내 세상에 공의를 세울 것이니, 먼 나라에서도 그의 가르침을 받기를 간절히 기다릴 것이다.**

여기서 종이 하나님과 특별한 관계에 있는
사람임이 표현됨으로써
이를 메시야로 해석하는 길을
열어 주게 되었습니다.
특히 1절을 보면 예수께서 세례 요한에게
세례를 받으시던 장면이 생각나게 되는데,
이는 이 노래가 복음서를 기술하는 저자들에게도
영향을 주었음을 알게 해줍니다.
또한 종의 목적이 세상에 공의를 세우는 것임이
이 노래에 세 번이나 나타나면서
종의 노래 전체의 주제를 잡아주고 있습니다.

두 번째 노래는 49:1~6절입니다.

사49:1 너희 섬들아, 내가 하는 말을 들어라. 너희 먼 곳에 사는 민족들아, 귀를 기울여라. 야훼께서 이미 모태에서부터 나를 부르셨고, 내 어머니의 태속에서부터 내 이름을 기억하셨다.
2 내 입을 날카로운 칼처럼 만드셔서, 나를 주님의 손 그늘에 숨기셨다. 나를 날카로운 화살로 만드셔서, 주님의 화살통에 감추셨다.
3 주님께서 내게 말씀하셨다. 이스라엘아, 너는 내 종이다. 네가 내 영광을 나타낼 것이다.
4 그러나 나의 생각에는, 내가 한 것이 모두 헛수고 같았고 쓸모없고 허무한 일에 내 힘을 허비한 것 같았다. 그러나 참으로 야훼께서 나를 올바로 심판하여 주셨으며, 내 야훼께서 나를 정당하게 보상하여 주셨다.
5 내가 태어나기도 전부터 야훼께서는 나를 그의 종으로 삼으셨다. 야곱을 야훼께로 돌아오게 하시고 흩어진 이스라엘을 다시 불러 모으시려고 나를 택하셨다. 그래서 나는 주님의 귀한 종이 되었고, 주님은 내 힘이 되셨다. 야훼께서 내게 말씀하신다.
6 주님께서 말씀하신다. 네가 내 종이 되어서, 야곱의 지파들을 일으키고 이스라엘 가운데 살아남은 자들을 돌아오게 하는 것은, 네게 오히려 가벼운 일이다. 땅 끝까지 나의 구원이 미치게 하려고, 내가 너를 뭇 민족의 빛으로 삼았다.

이 두 번째 노래에서는
노래를 부르는 화자가 종으로 나타납니다.
첫 번째 노래에서는 화자가 하나님으로 나타났지만
여기에서는 종 자신의 목소리가 울리면서
하나님의 선택하심에 대한
인간의 화답이 펼쳐지고 있습니다.
이 노래에서 종 자신은
자신이 택함 받은 목적이
흩어진 이스라엘을 모으고,
땅 끝까지 하나님의 구원을 미치게 하기 위하여
다른 민족들의 빛으로 삼으려는 것이라고 고백합니다.
그런데 3절에서 종이 이스라엘 민족과 동일시되면서
종이 한 개인이 아니라
이스라엘 민족 전체를 의미한다는 해석을

가능하게 하고 있습니다.
이처럼 하나님께 부름 받은 진취적인 소명의 말씀 중
4절에 종이 겪은 고난의 흔적이 암시되면서
앞으로 이어질 고난의 노래가 준비되고 있습니다.

세 번째 노래는 50:4~9입니다.

사50:4 주 야훼께서 나를 학자처럼 말할 수 있게 하셔서, 지친 사람을 말로 격려할 수 있게 하신다. 아침마다 나를 깨우쳐 주신다. 내 귀를 깨우치시어 학자처럼 알아듣게 하신다.
5 주 야훼께서 내 귀를 열어 주셨으므로, 나는 주님께 거역하지도 않았고, 등을 돌리지도 않았다.
6 나는 나를 때리는 자들에게 등을 맡겼고, 내 수염을 뽑는 자들에게 뺨을 맡겼다. 내게 침을 뱉고 나를 모욕하여도 내가 그것을 피하려고 얼굴을 가리지도 않았다.
7 주 야훼께서 나를 도우시니, 그들이 나를 모욕하여도 마음 상하지 않았고, 오히려 내가 각오하고 모든 어려움을 견디어 냈다. 내가 부끄러움을 당하지 않겠다는 것을 내가 아는 까닭은
8 나를 의롭다 하신 분이 가까이에 계시기 때문이다. 누가 감히 나와 다투겠는가! 함께 법정에 나서 보자. 나를 고소할 자가 누구냐? 나를 고발할 자가 있으면 하게 하여라.
9 주 야훼께서 나를 도와주실 것이니, 그 누가 나에게 죄가 있다 하겠느냐? 그들이 모두 옷처럼 해어지고, 좀에게 먹힐 것이다.

이 세 번째 노래에서는
'종'이라는 단어가 나오지 않습니다.
그러나 보다 심해진 고난의 표현들이 등장하면서
다음에 나올 고난의 종의 노래에
배경이 되어 주고 있습니다.
여기서 종은 극심한 고난의 상황 속에서도
하나님을 향한 변함없는 믿음과 신뢰를 보여줍니다.
특히 5절에서 '주님께 거역하지도, 등을 돌리지도 않았다'는 표현은

그런 마음이 들 정도의
극렬한 고난의 상황이 있었다는 것을 반증하고 있습니다.

만약 종이 이스라엘을 상징한다면
이 고난은 바벨론 포로기의 상황과 관련 있을 것입니다.
그러나 이스라엘이 포로기를 통해
자신들의 죄악과 하나님을 향한 신실치 못함을 깨달았다는 것이
예언자들의 증언이기 때문에
여기에서 자신의 의로움을 주장하는 '의로운 종'은
쉽게 이스라엘 자체와 연결되지 못하고
다시금 신비로운 존재로 남게 됩니다.

네 번째 노래는 52:13~53:12입니다.

사52:13 "나의 종이 매사에 형통할 것이니, 그가 받들어 높임을 받고, 크게 존경을 받게 될 것이다.
14 전에는 그의 얼굴이 남들보다 더 안 되어 보였고, 그 모습이 다른 사람들보다 더욱 상해서, 그를 보는 사람마다 모두 놀랐다.
15 이제는 그가 많은 이방 나라를 놀라게 할 것이며, 왕들은 그 앞에서 입을 다물 것이다. 왕들은 이제까지 듣지도 못한 일들을 볼 것이며, 아무도 말하여 주지 않은 일들을 볼 것이다."
53:1 우리가 들은 것을 누가 믿었느냐? 주님의 능력이 누구에게 나타났느냐?
2 그는 주님 앞에서, 마치 연한 순과 같이, 마른 땅에서 나온 싹과 같이 자라서, 그에게는 고운 모양도 없고, 훌륭한 풍채도 없으니, 우리가 보기에 흠모할 만한 아름다운 모습이 없다.
3 그는 사람들에게 멸시를 받고, 버림을 받고, 고통을 많이 겪었다. 그는 언제나 병을 앓고 있었다. 사람들이 그에게서 얼굴을 돌렸고, 그가 멸시를 받으니, 우리도 덩달아 그를 귀하게 여기지 않았다.
4 그는 실로 우리가 받아야 할 고통을 대신 받고, 우리가 겪어야 할 슬픔을 대신 겪었다. 그러나 우리는, 그가 징벌을 받아서 하나님에게 맞으며, 고난을 받는다고 생각하였다.
5 그러나 그가 찔린 것은 우리의 허물 때문이고, 그가 상처를 받은 것은

우리의 악함 때문이다. 그가 징계를 받음으로써 우리가 평화를 누리고, 그가 매를 맞음으로써 우리의 병이 나았다.
6 우리는 모두 양처럼 길을 잃고, 각기 제 갈 길로 흩어졌으나, 주님께서 우리 모두의 죄악을 그에게 지우셨다.
7 그는 굴욕을 당하고 고문을 당하였으나, 아무 말도 하지 않았다. 마치 도살장으로 끌려가는 어린 양처럼, 마치 털 깎는 사람 앞에서 잠잠한 암양처럼, 끌려가기만 할 뿐, 아무 말도 하지 않았다.
8 그가 체포되어 유죄판결을 받았지만 그 세대 사람들 가운데서 어느 누가, 그가 사람 사는 땅에서 격리된 것을 보고서, 그것이 바로 형벌을 받아야 할 내 백성의 허물 때문이라고 생각하였느냐?
9 그는 폭력을 휘두르지도 않았고, 거짓말도 하지 않았지만, 사람들은 그에게 악한 사람과 함께 묻힐 무덤을 주었고, 죽어서 부자와 함께 들어가게 하였다.
10 주님께서 그를 상하게 하고자 하셨다. 주님께서 그를 병들게 하셨다. 그가 그의 영혼을 속건제물로 여기면, 그는 자손을 볼 것이며, 오래오래 살 것이다. 주님께서 세우신 뜻을 그가 이루어 드릴 것이다.
11 "고난을 당하고 난 뒤에, 그는 생명의 빛을 보고 만족할 것이다. 나의 의로운 종이 자기의 지식으로 많은 사람을 의롭게 할 것이다. 그는 다른 사람들이 받아야 할 형벌을 자기가 짊어질 것이다.
12 그러므로 나는 그가 존귀한 자들과 함께 자기 몫을 차지하게 하며, 강한 자들과 함께 전리품을 나누게 하겠다. 그는 죽는 데까지 자기의 영혼을 서슴없이 내맡기고, 남들이 죄인처럼 여기는 것도 마다하지 않았다. 그는 많은 사람의 죄를 대신 짊어졌고, 죄 지은 사람들을 살리려고 중재에 나선 것이다."

이 노래에서 52:13-15은 화자가 하나님인데 반해
53:1-10에서는 이 고난의 종을 바라보는
'우리'라는 공동체가 화자로 등장합니다.
그리고 마지막 53:11-12에서
다시 하나님의 말씀으로 마무리됩니다.

그런데 이 노래에서 가장 특징적인 것은
한 개인의 고난이 대속적인 고난으로 서술되고 있다는 점입니다.

당시 어떤 사람의 개인적인 고난이
다른 이들의 대속을 위한 것으로 여겨지는 것은
고대 근동의 다른 문화권을 훑어보고
구약 신학의 흐름을 놓고 볼 때에도 특이한 것으로
이러한 서술은 가히 혁명적이라고 여겨지고 있습니다.

신약성서의 저자들은 이 본문 전체를
예수 그리스도에 대한 것으로 주장할 수는 없었는데,
특히 3절과 10절에 나타나는 병든 모습은
예수 그리스도의 이미지에 치명적인 것이었을 것입니다.
그래서 이 말씀들은 부분적으로 잘려서
예수 그리스도의 이미지 속으로 분산되었고
그분의 삶 전체 내용 속에 스며들게 표현되었습니다.

제2이사야가 보여주고 있는 종의 노래는
그 종이 메시야를 의미하든,
이스라엘 전체를 의미하든
고난의 의미를 대속의 문제로 끌고 갔다는 점에서
그 사상이 가지고 있는 독특성을 드러내고 있습니다.

사실 고난은 가장 해명하기 어렵고 신비로운 문제입니다.
이사야서의 중요한 고백인 다음 구절은
고난과 구원의 문제가 얼마나 어려운지를
간접적으로 표현하고 있습니다.

> **사45:15 구원자이신 이스라엘의 하나님, 진실로 주님께서는 자신을 숨기시는 하나님이십니다.**

이는 고난과 구원의 문제에 대해
사람들이 가지고 있는 지식의 한계를 나타내 줍니다.
고난 속에 있을 때, 우리는 구원의 하나님에 대해

그분이 숨어 계신다고 밖에는 느끼지 못합니다.
만약 구원을 받는 경험을 가지게 된다면
결과적으로 하나님께 영광을 돌릴 수 있겠지만
구원이 일어나기 전 고난의 상황 속에서는
그 어떠한 답도 발견할 수 없는 것입니다.

흔히 고난은 죄 값,
인간으로서는 피할 수 없는 심판으로 여겨졌습니다.
사실 모든 예언자들이 그렇게 고난의 역사를 해석했고
율법 전체가 그러한 시각으로 기록되었습니다.

그러나 전쟁과 고난이 세대를 지나 고통스럽게 이어지면서
과거 세대의 잘못으로 새로운 세대가 고통받는 것이
과연 하나님의 올바른 심판인지가 의심받게 되었습니다.
예레미야는 이에 대해 그렇지 않을 것이라 반론하였지만(렘31:29~30)
그럴수록 고난의 문제는 죄와 형벌이라는 도식으로
이해될 수 없다는 사실이 인식되었습니다.

이러한 고민이 욥기에도 반영되어 있습니다.
죄와 형벌의 도식으로 욥을 비판하던 친구들이
도리어 비판을 당하게 되는 신학적 반전이
욥기에 기록되어 있습니다.
그러나 욥기에서도
이 질문에 궁극적인 해답을 주실 하나님은
창조신학의 위대성 뒤로 숨어버리시고 맙니다.

제2이사야의 종의 노래에서
새롭게 나타나는 대속 사상에 대해,
그 대속의 노래를 부르는 화자가
종 스스로가 아니라
공동체와 하나님이라는 점이 부각되고 있습니다.

즉, 종은 고난의 상황 가운데 아무것도 의식하지 못하고 있습니다.
그러나 고난당하는 그를 바라보며 노래하는 공동체와 하나님은
그의 고난이 그의 죄 때문이 아니라
공동체 모두를 구원하기 위한 대속적인 고난이라는 의미를
부여해 주고 있습니다.
즉, 그의 개인적 고난은 사회적 의미를 얻게 됩니다.

이러한 일은 지금도 일어나고 있습니다.
수많은 전쟁과 테러의 현장에서
많은 이들의 목숨이 희생되고 있습니다.
거기서 고난받고 죽어가는 이들은
누군가가 희생되어야 할 피할 수 없는 상황에서
다른 이들의 고난과 죽음을 대신하여 죽어가고 있습니다.
사지에 몰린 군인들, 위안부 여성들도 그러했습니다.

치열한 자본주의의 경쟁 상황 속에서도
이러한 일은 계속 일어나고 있습니다.
무차별적인 냉혹한 경쟁 속에서
특별한 잘못이 없는 다수의 사람들이
경쟁에서 도태되어 경제적 고난 속에 허덕이고 있습니다.
일을 하고 싶어도 일자리를 얻지 못하고,
가지고 있던 일자리마저 경쟁으로 잃은 사람들의 고난이
다른 사람의 경제적 이익을 위한 대속적 고난이 되고 있습니다.
이 순간에도 많은 기업들이 수익성의 극대화를 위해
누군가를 배제하려 하고, 심지어 기계화하고 있습니다.

이사야의 종의 노래는 기독교에 의해 메시아적으로 해석되면서
예수 그리스도에 대한 해석으로 조각조각 분리되어
신약성서에 차용되어 왔습니다.
그러나 최근에는 이 고난받는 종의 노래의
사회학적 의미가 부각되고 있습니다.

이 세상의 부조리 속에서 고통받고 있는
모든 고난받는 이들을 위한 노래가 되어주고 있는 것입니다.
특히 고난받는 그들을 높여주고 살릴 수 있는 대상은
고난받는 그들 자신이 아니라
그들을 위해 노래를 부르고 생명을 부여해 줄,
그래서 같이 고난을 이기고 함께 살아갈 수 있는 길을 찾아야 할
공동체와 하나님이라는 것이
이 노래가 주는 메시지임이 부각되고 있습니다.

따라서 우리는 우리 주변의 고난받는 자들을 향해
언제나 마음을 열고,
우리가 받아야 할 고난의 몫을 그들이 지니고 있다는
공동체의식 속에서 그들과 함께 연대하여
생명의 길을 모색하며,
하나님이 이루어 주셔야 할 정의의 세상의 도래를 위하여
함께 노래해야 할 것입니다.

6. 제3이사야와 예수님의 비전

2017년 2월 19일

이사야 56:1~8

1 주님께서 말씀하신다. "너희는 공평을 지키며 공의를 행하여라. 나의 구원이 가까이 왔고, 나의 의가 곧 나타날 것이다."
2 공평을 지키고 공의를 철저히 지키는 사람은 복이 있다. 안식일을 지켜서 더럽히지 않는 사람, 그 어떤 악행에도 손을 대지 않는 사람은 복이 있다.
3 이방 사람이라도 주님께로 온 사람은 '주님께서 나를 당신의 백성과는 차별하신다'하고 말하지 못하게 하여라. 고자라도 '나는 마른 장작에 지나지 않는다'하고 말하지 못하게 하여라.
4 이러한 사람들에게 주님께서 이렇게 말씀하신다. "비록 고자라 하더라도, 나의 안식일을 지키고, 나를 기쁘게 하는 일을 하고, 나의 언약을 철저히 지키면,
5 그들의 이름이 나의 성전과 나의 성벽 안에서 영원히 기억되도록 하겠다. 아들딸을 두어서 이름을 남기는 것보다 더 낫게 하여 주겠다. 그들의 이름이 잊혀지지 않도록, 영원한 명성을 그들에게 주겠다."
6 주님을 섬기려고 하는 이방 사람들은, 주님의 이름을 사랑하여 주님의 종이 되어라. "안식일을 지켜 더럽히지 않고, 나의 언약을 철저히 지키는 이방 사람들은,
7 내가 그들을 나의 거룩한 산으로 인도하여, 기도하는 내 집에서 기쁨을 누리게 하겠다. 또한 그들이 내 제단 위에 바친 번제물과 희생제물들을 내가 기꺼이 받을 것이니, 나의 집은 만민이 모여 기도하는 집이라고 불릴 것이다."
8 쫓겨난 이스라엘 사람을 모으시는 주 하나님께서 말씀하신다. "내가 이미 나에게로 모아 들인 사람들 외에 또 더 모아 들이겠다."

누가복음에 의하면
예수께서는 제3이사야에 속하는
이사야 61장, 해방의 선포를
자신의 첫 설교로 택하신 것으로 나타납니다.(사61:1~2)

눅4:16 예수께서는, 자기가 자라나신 나사렛에 오셔서, 늘 하시던 대로 안식일에 회당에 들어가셨다. 그는 성경을 읽으려고 일어서서
17 예언자 이사야의 두루마리를 건네 받아서, 그것을 펴시어, 이런 말씀이 있는 데를 찾으셨다.
18 "주님의 영이 내게 내리셨다. 주님께서 내게 기름을 부으셔서, 가난한 사람에게 기쁜 소식을 전하게 하셨다. 주님께서 나를 보내셔서, 포로 된 사람들에게 해방을 선포하고, 눈먼 사람들에게 눈 뜸을 선포하고, 억눌린 사람들을 풀어 주고,
19 주님의 은혜의 해를 선포하게 하셨다."
20 예수께서 두루마리를 말아서, 시중드는 사람에게 되돌려주시고, 앉으셨다. 회당에 있는 모든 사람의 눈은 예수께로 쏠렸다.
21 예수께서 그들에게 말씀하셨다. "이 성경 말씀이 너희가 듣는 가운데서 오늘 이루어졌다."

여기에서 예수께서는 자신을 주님의 영이 내린
이사야 61장의 선포자와 동일시하십니다.
바벨론 포로기의 해방에 대한 이사야 61장의 선포는
이미 역사상으로 이루어진 선포이지만
다시금 로마의 지배 가운데
하나님의 나라를 기다리던 유대인들은
예수께서 이 말씀의 주체로서 자신을 선포하셨을 때에
엄청난 충격을 받았을 것입니다.
어떤 사람은 경악을 했을 것이고
어떤 사람은 기대를 가지게 되었을 것이며,
또 예수님의 과거를 알던 사람은
의심과 의혹에 빠져 들어갔을 것입니다.
어쨌든 이사야 61장은
예수께서 자신의 사역과 자신의 정체성에 대해
의미를 부여받은 말씀이었다는 것이
그 날의 설교를 통해 드러났습니다.

이렇게 제3이사야,

이사야 55~66장의 바벨론 포로기 말기의 말씀들은
미래에 대한 비전의 말씀들로 가득 차 있고,
그에 따라 예수님과 신약성서의 저자들에게
복음의 완성에 대한 비전을 보여 주었습니다.

오늘 읽은 본문 또한
예수께서 가지고 계셨던
예루살렘 성전에 대한 생각에
영향을 끼친 말씀으로 보입니다.

사56:6 주님을 섬기려고 하는 이방 사람들은, 주님의 이름을 사랑하여 주님의 종이 되어라. "안식일을 지켜 더럽히지 않고, 나의 언약을 철저히 지키는 이방 사람들은,
7 내가 그들을 나의 거룩한 산으로 인도하여, 기도하는 내 집에서 기쁨을 누리게 하겠다. 또한 그들이 내 제단 위에 바친 번제물과 희생제물들을 내가 기꺼이 받을 것이니, 나의 집은 만민이 모여 기도하는 집이라고 불릴 것이다."

예수께서는 이 말씀을
성전 난동 사건 때에 인용하셨습니다.

막11:15 예수께서 성전에 들어가셔서, 성전 뜰에서 팔고 사고 하는 사람들을 내쫓으시면서 돈을 바꾸어 주는 사람들의 상과 비둘기를 파는 사람들의 의자를 둘러엎으시고,
16 성전 뜰을 가로질러 물건을 나르는 것을 금하셨다.
17 예수께서는 가르치시면서, 그들에게 말씀하셨다. "기록한 바 '내 집은 만민이 기도하는 집이라고 불릴 것이다' 하지 않았느냐? 그런데 너희는 그 곳을 '강도들의 소굴'로 만들어 버렸다."

예수께서는 이 말씀을 통해
당시 성전 구획 중 이방인의 뜰에서
성전세와 환전, 제물 거래 등이 이루어져

이방인들이 내몰리고 있는 상황에 대해
강력한 비판을 하신 것으로 보입니다.

그런데 예수께서 인용하신 이사야 말씀을 계속 보면
이방인에 대한 우호적인 말씀 다음에
놀랍게도 이방인에 대한 유대인 중심주의,
이방 세력에 대한 폭력적 심판 등의 메시지가
계속하여 등장하는 것을 알 수 있습니다.
따라서 이사야서에 나오는
이방인들에 대한 아름다운 비전의 말씀들이
궁극적으로 목표하는 바에
우리는 실망을 감출 수 없습니다.

사60:10 이방 자손이 너의 성벽을 쌓으며, 그들의 왕들이 너를 섬길 것이다. "비록 내가 진노하여 너를 쳤으나, 이제 내가 은혜를 베풀어서 너를 불쌍히 여기겠다."
11 너의 성문은 언제나 열려 있어서, 밤낮으로 닫히지 않을 것이다. 이방 나라의 재물이 이 문을 지나 너에게로 오며, 이방 왕들이 사로잡혀서 너에게로 끌려올 것이다.
12 너를 섬기지 않는 민족과 나라는 망하고, 그런 이방 나라들은 반드시 황폐해질 것이다.
13 "레바논의 자랑인 잣나무와 소나무와 회양목이 함께 너에게로 올 것이다. 그 나무가 나의 성전 터를 아름답게 꾸밀 것이니, 이렇게 하여서 내가 나의 발 둘 곳을 영화롭게 하겠다."
14 너를 괴롭히던 자들의 자손이 몸을 굽히고 너에게 나아오며, 너를 멸시하던 자들이 모두 너의 발 아래에 엎드려서, 너를 '주님의 도성'이라고 부르고, '이스라엘의 거룩하신 분의 시온'이라고 부를 것이다.

예수께서 첫 설교의 본문으로 삼으셨던
이사야 61장에서도
예수께서 읽으신 본문 이후에는
이방인들에 대한 유대인들의 우월성이 나타납니다.

사61:5 낯선 사람들이 나서서 너희 양 떼를 먹이며, 다른 나라 사람들이 와서 너희의 농부와 포도원지기가 될 것이다.
6 사람들은 너희를 '주님의 제사장'이라고 부를 것이며, '우리 하나님의 봉사자'라고 일컬을 것이다. 열방의 재물이 너희 것이 되어 너희가 마음껏 쓸 것이고, 그들의 부귀영화가 바로 너의 것임을 너희가 자랑할 것이다.

제3이사야 전체에서 공평과 공의에 대한 강조가
계속적으로 나타나지만
결론적으로 그것은 유대민족을 위한 가치로만 기능하며
이방인들은 종국에 가서는
심판의 대상으로 몰리게 됩니다.

사63:3 나는 혼자서 포도주 틀을 밟듯이 민족들을 짓밟았다. 민족들 가운데서 나를 도와 함께 일한 자가 아무도 없었다. 내가 분내어 민족들을 짓밟았고, 내가 격하여 그들을 짓밟았다. 그들의 피가 내 옷에 튀어 내 옷이 온통 피로 물들었다.
4 복수할 날이 다가왔고, 구원의 해가 이르렀다는 생각이 들었으나,
5 아무리 살펴보아도 나를 도와서 나와 함께 일할 사람이 없었다. 나를 거들어 주는 사람이 없다니, 놀라운 일이었다. 그러나 분노가 나를 강하게 하였고, 나 혼자서 승리를 쟁취하였다.
6 내가 분노하여 민족들을 짓밟았으며, 내가 진노하여 그들이 취하여 비틀거리게 하였고, 그들의 피가 땅에 쏟아지게 하였다.

한편으로는 하나님께서 이방인들을 모으면서도
그들을 강력한 심판으로 대하시고
이스라엘에게 재물과 부를 공급해 주는
대상으로 삼으시는 것으로 묘사하는
제3이사야의 서술에 대해,
예수께서는 그 어떠한 동의도 보이지 않으셨습니다.
그분은 제3이사야의 본문들 중에서
주님의 영이 임한 구원의 사건과
예루살렘 성전이 이방인들의 기도의 장소가 되는

예언만을 받아들이셨던 것입니다.

그리고 결정적으로,
예루살렘의 평화를 말하는
다음과 같은 말씀에 대해 부정하심으로써
유대인들의 마음에 분노를 일으키셨습니다.

> **사66:12 주님께서 이렇게 말씀하신다. "내가 예루살렘에 평화가 강물처럼 넘치게 하며, 뭇 나라의 부귀영화가 시냇물처럼 넘쳐서 흘러 오게 하겠다." 너희는 예루살렘의 젖을 빨며, 그 팔에 안기고, 그 무릎 위에서 귀여움을 받을 것이다.**
> **13 "어머니가 그 자식을 위로하듯이, 내가 너희를 위로할 것이니, 너희가 예루살렘에서 위로를 받을 것이다."**

이같은 제3이사야의
절정에 다다른 비전의 말씀과 달리,
예수께서는 예루살렘으로 가시면서
그곳의 멸망을 예언하시며 눈물을 흘리셨던 것입니다.

> **눅19:41 예수께서 예루살렘 가까이에 오셔서, 그 도성을 보시고 우시었다.**
> **42 그리고 이렇게 말씀하셨다. "오늘 너도 평화에 이르게 하는 일을 알았더라면, 좋을 터인데! 그러나 지금 너는 그 일을 보지 못하는구나.**
> **43 그 날들이 너에게 닥치리니, 너의 원수들이 토성을 쌓고, 너를 에워싸고, 너를 사면에서 죄어들어서,**
> **44 너와 네 안에 있는 네 자녀들을 짓밟고, 네 안에 돌 한 개도 다른 돌 위에 얹혀 있지 못하게 할 것이다. 이것은 하나님께서 너를 찾아오신 때를, 네가 알지 못했기 때문이다."**

예수께서 예언자들이 말한 메시아라면
분명 예루살렘에 평화를 가져올 자여야 하지만,
그의 선포에 예루살렘의 심판이 있다는 것은
그가 예루살렘에 부정적이었던

과거의 예언자 정도의 인물로서
여겨지도록 만들었을 것입니다.
즉, 그는 모든 예언자들이 그러했듯
적당한 선에서 사라져 줘야 할 자였던 것입니다.
그래서 민족의 지도자들은 그의 죽음을 도모했습니다.

아사야 외의 구약의 위대한 다른 예언자들도
예루살렘과 이방 민족의
영원한 평화를 도모하지만
그 예언이 지속적으로 발전되기 보다는
이방 민족의 심판과 파멸의 예언으로 치우치게 됩니다.

그러나 우리는 예수 그리스도의 메시지에서
이러한 치우침을 발견할 수 없습니다.
도리어 우리는 그 생애의 마지막에서
예루살렘에 대한 멸망의 예고를 하시고
이방인들이 성전에서 기도할 것을 애타게 바라시던
그분을 만나게 됩니다.
그분은 제3이사야의 메시지를
매우 비판적으로 받아들이시고
그 속에 내재하고 있는 유대 자민족 중심주의를
강력하게 반대하셨던 것입니다.

우리 또한 예수 그리스도의 마음을 품고
성경 곳곳에 내재하고 있는
인간의 욕망, 공동체의 이기적인 욕망들을
분별하여 가려내고 버림으로써
하나님의 사랑을 밝히 드러내도록 해야겠습니다.

7. 하나님 이해

2017년 2월 26일

욥기 1:1~12
1:1 우스라는 곳에 욥이라는 사람이 살고 있었다. 그는 흠이 없고 정직하
였으며, 하나님을 경외하며 악을 멀리하는 사람이었다.
2 그에게는 아들 일곱과 딸 셋이 있고,
3 양이 칠천 마리, 낙타가 삼천 마리, 겨릿소가 오백 쌍, 암나귀가 오백
마리나 있고, 종도 아주 많이 있었다. 그는 동방에서 으뜸가는 부자였다.
4 그의 아들들은 저마다 생일이 되면, 돌아가면서 저희 집에서 잔치를 베
풀고, 세 누이들도 오라고 해서 함께 음식을 먹곤 하였다.
5 잔치가 끝난 다음날이면, 욥은 으레 아침에 일찍 일어나서, 자식들을
생각하면서, 그들을 깨끗하게 하려고, 자식의 수대로 일일이 번제를 드렸
다. 자식 가운데서 어느 하나라도, 알지 못하는 사이에라도 하나님을 저
주하고 죄를 지었을 수도 있다고 생각하여, 잔치가 끝나고 난 뒤에는 늘
그렇게 하였다. 욥은 모든 일에 늘 이렇게 신중하였다.
6 하루는 하나님의 아들들이 와서 주님 앞에 섰는데, 사탄도 그들과 함께
서 있었다.
7 주님께서 사탄에게 "어디를 갔다가 오는 길이냐?" 하고 물으셨다. 사탄
은 주님께 "땅을 이리저리 돌아다니다가 오는 길입니다" 하고 대답하였다.
8 주님께서 사탄에게 말씀하셨다. "너는 내 종 욥을 잘 살펴 보았느냐?
이 세상에는 그 사람만큼 흠이 없고 정직한 사람, 그렇게 하나님을 경외
하며 악을 멀리하는 사람은 없다."
9 그러자 사탄이 주님께 아뢰었다. "욥이, 아무것도 바라는 것이 없이 하
나님을 경외하겠습니까?
10 주님께서, 그와 그의 집과 그가 가진 모든 것을 울타리로 감싸 주시
고, 그가 하는 일이면 무엇에나 복을 주셔서, 그의 소유를 온 땅에 넘치
게 하지 않으셨습니까?
11 이제라도 주님께서 손을 드셔서, 그가 가진 모든 것을 치시면, 그는
주님 앞에서 주님을 저주할 것입니다."
12 주님께서 사탄에게 말씀하셨다. "그가 가진 모든 것을 다 네게 맡겨
보겠다. 다만, 그의 몸에는 손을 대지 말아라!" 그 때에 사탄이 주님 앞에
서 물러갔다.

우리는 다음 주부터
새들녘 필독서를 함께 공부해 나가려 합니다.
분명 우리의 머리를 깨뜨리고
사상의 확장과 함께
신앙의 새로운 국면을 만들어 나가리라고 확신하는 바입니다.
왜냐하면 우리가 읽으려는 책의 저자들은
하나님과 성경을 이해하기 위해 일생을 투신했고,
또한 이에 걸맞은 최대의 걸작을
만들어 냈던 사람들이기 때문입니다.

성경에서도 이러한 집념의 흔적을 볼 수 있습니다.
바로 욥기를 통해서 입니다.
욥기의 저자는 인간의 가장 큰 문제인
고난과 하나님과의 관계의 문제를 해명하기 위해
욥이 느꼈던 처절한 고통만큼
그 자신이 처절하게 고민했습니다.
그는 자신의 이러한 고민을
욥이라는 인물을 통해 전개하려 합니다.

> **욥1:1 우스라는 곳에 욥이라는 사람이 살고 있었다. 그는 흠이 없고 정직하였으며, 하나님을 경외하며 악을 멀리하는 사람이었다.**
> **2 그에게는 아들 일곱과 딸 셋이 있고,**
> **3 양이 칠천 마리, 낙타가 삼천 마리, 겨릿소가 오백 쌍, 암나귀가 오백 마리나 있고, 종도 아주 많이 있었다. 그는 동방에서 으뜸가는 부자였다.**

먼저 욥이라는 인물이 등장합니다.
그는 동방의 의인입니다.
그는 흠이 없고 정직하였으며,
하나님을 경외하며 악을 멀리하는 사람으로 평가되어집니다.

잠언에는 이런 말씀이 있습니다.

잠2:1 아이들아, 내 말을 받아들이고, 내 명령을 마음 속 깊이 간직하여라.
2 지혜에 네 귀를 기울이고, 명철에 네 마음을 두어라.
3 슬기를 외쳐 부르고, 명철을 얻으려고 소리를 높여라.
4 은을 구하듯 그것을 구하고, 보화를 찾듯 그것을 찾아라.
5 그렇게 하면, 너는 주님을 경외하는 길을 깨달을 것이며, 하나님을 아
는 지식을 터득할 것이다.
6 주님께서 지혜를 주시고, 주님께서 친히 지식과 명철을 주시기 때문이다.
7 정직한 사람에게는 분별하는 지혜를 마련하여 주시고, 흠 없이 사는 사
람에게는 방패가 되어 주신다.

잠언의 지혜,
곧 하나님을 경외하면 복을 받는다는 것은
구약의 율법이 지향하는 바와 동일하며
그 지혜는 욥의 삶에서 실제적으로 이루어져
그가 부유한 축복의 삶을 살도록 해 주었습니다.

그러나 그의 유복한 삶에
타격을 주는 일이 생기게 되었는데,
이는 일반적인 구약의 지혜로서는
감히 상상도 할 수 없는 일이었으며
율법이 가르치는 축복의 법칙을 깨뜨리는 것이었습니다.

고난의 문제에 대한
욥기의 전체적인 이야기 구조는
당대에 이미 전해 내려오던 소재가 있었고
원래는 상당히 간단한 것이었다고 여겨지고 있습니다.
즉, 고난의 문제를 해결하기 위해
'사탄'이라는 악의 존재가 등장하는 것입니다.
대적자라는 의미가 있는 사탄은
이스라엘에서는 바벨론 포로기 이후에 받아들여진
신학적으로는 혁명에 가까운 새로운 개념입니다.

욥1:6 하루는 하나님의 아들들이 와서 주님 앞에 섰는데, 사탄도 그들과 함께 서 있었다.
7 주님께서 사탄에게 "어디를 갔다가 오는 길이냐?" 하고 물으셨다. 사탄은 주님께 "땅을 이리저리 돌아다니다가 오는 길입니다" 하고 대답하였다.
8 주님께서 사탄에게 말씀하셨다. "너는 내 종 욥을 잘 살펴 보았느냐? 이 세상에는 그 사람만큼 흠이 없고 정직한 사람, 그렇게 하나님을 경외하며 악을 멀리하는 사람은 없다."
9 그러자 사탄이 주님께 아뢰었다. "욥이, 아무것도 바라는 것이 없이 하나님을 경외하겠습니까?

우리는 사탄이라는 개념이 도입된 예를
다윗의 사건을 통해 볼 수 있습니다.
다윗이 인구 조사를 하게 된 배경에 대한 해석에 있어
포로기 이후 역사서인 역대기는
그 이전 역사서인 사무엘하와는 완전히 다르게
그 배후를 사탄으로 규정했던 것입니다.

삼하24:1 여호와께서 다시 이스라엘을 향하여 진노하사 그들을 치시려고 다윗을 격동시키사 가서 이스라엘과 유다의 인구를 조사하라 하신지라.

대상21:1 사탄이 이스라엘을 치려고 일어나서, 다윗을 부추겨, 이스라엘의 인구를 조사하게 하였다.

이 일로 인해 전염병으로 7만 명이 죽게 되는데
바벨론 포로기 이후 역사가는
이 처참한 사건의 원인을 하나님이 아니라
악의 존재인 사탄에게 돌리고 있습니다.

이처럼 욥기의 전체적인 이야기도
사탄에게 그 원인이 돌려지면서 시작되고 있습니다.
즉, 욥의 고난은 장난기 가득한 하나님의 변덕 때문이 아니라
사탄의 발언으로 인한 시험의 과정이라는 것입니다.

결국 하나님은 순종적인 욥의 고백과 함께
이 고난을 도리어 더 큰 축복으로 갚으시게 되는데,
이처럼 짧고 교훈적인 이야기가
원래의 이야기일 것으로 여겨지고 있습니다.

욥은 고난 속에서 이렇게 고백합니다.

> **욥1:21 모태에서 빈 손으로 태어났으니, 죽을 때에도 빈 손으로 돌아갈 것입니다. 주신 분도 주님이시요, 가져가신 분도 주님이시니, 주님의 이름을 찬양할 뿐입니다.**
>
> **욥2:10 우리가 누리는 복도 하나님께로부터 받았는데, 어찌 재앙이라고 해서 못 받는다 하겠소?**

그래서 원래의 이야기는
하나님을 경외하고 정직하게 사는 자는
복을 누리며 살게 될 것이며,
혹 그런 완전한 사람이 고난을 받게 되더라도
이는 사탄이 주는 시험의 과정 때문이니
조금만 참으면 더 큰 복을 누리게 될 것이라는
구조상 간단하고 짧은 이야기였을 것으로 추정됩니다.
즉, 잠언이 강조하듯
하나님을 경외하라는 옛 지혜의 내용에
사탄이라는 존재의 시험이 추가된 정도의
내용이었던 것으로 여겨집니다.

그러나 욥기의 저자는
이 간단한 이야기를 확장하여
욥의 친구들과의 논쟁,
욥의 엄청난 고민과 번민,
반항심, 독설, 자기 변론을 넣음으로써

사실상 사탄의 존재를 사라지게 하고
하나님과 인간의 문제에 우리를 집중시키며
이 고난의 현장에서 우리가 어떻게 하나님을 이해하고
섬길 수 있을지를 고민하게 만듭니다.

과거에도 그랬지만
오늘날에 있어서도 더욱
하나님을 알고 이해하는 것은
어려운 일입니다.
하나님에 대해 알고자 하는 문제는
단지 신에 대한 지식의 문제가 아니라
우리의 기도, 우리의 예배,
우리의 삶의 행위를 결정짓는 문제이기 때문에
현실적으로 중요합니다.

우리는 하나님을 향한 지식의 대부분을
우리의 형제요, 가족이며, 스승이시고
하나님의 아들이신
예수 그리스도께 의존하고 있습니다.
그분은 하나님을 우리의 아버지로 소개하셨고
사랑과 의와 화평이 그분이 원하시는 것임을 알려주셨습니다.

그러나 그분의 마지막 말씀인
'엘리엘리라마사박다니',
'나의 하나님 나의 하나님
어찌하여 나를 버리셨나이까?'라는 외침은
죽음을 편히 받아들이지 못하는
삶의 고난에 대한 질문이자
이해할 수 없는 하나님에 대한 질문이었습니다.

예수께서는 하나님에 대해

'은밀한 중에 보시는 아버지'라는 표현을 자주 쓰셨습니다.
'은밀함'이란 하나님에 대한
우리의 의식과 지각의 한계를 의미하며,
'보신다'는 것은 그분에게 우리가 드러났음을 의미합니다.
우리가 그분에게 도달하지는 못해도
그분은 우리를 아신다는 것입니다.

그러나 고난의 십자가에서는
예수께서도 질문을 던지셨습니다.
고난의 현장에서는
은밀함이 답답함이 되었고,
의인의 고난을 지켜만 보시는 하나님은
보시는 분이 아니라, 버리시는 분으로 느껴진 것입니다.

예수 그리스도께서는 자신이 품었던 의문을 통해
오늘날 세상의 고통받는 모든 이들을 위하여
우리가 답을 찾아보도록 이끌고 계십니다.
과연 우리가 적절한 하나님에 대한 이해에
도달할 수 있게 될까요?
우리는 이 문제에 대해
계속적인 걸음을 함께하고 있습니다.

호세아 예언자의 말씀이
이러한 우리에게 자극이 되어 주기를 바랍니다.

호6:6 내가 바라는 것은 변함없는 사랑이지, 제사가 아니다. 불살라 바치는 제사보다는 너희가 나 하나님을 알기를 더 바란다.

8. 엘리후가 말하는 고난

2017년 3월 5일

욥기 32:1~5
32:1 욥이 끝내 자기가 옳다고 주장하므로, 이 세 사람은 욥을 설득하려
고 하던 노력을 그만두었다.
2 욥이 이렇게 자기가 옳다고 주장하면서 모든 잘못을 하나님께 돌리므
로, 옆에 서서 듣기만 하던 엘리후라는 사람은, 듣다 못하여 분을 더 이
상 참지 못하고 화를 냈다. 엘리후는 람 족속에 속하는 부스 사람 바라겔
의 아들이다.
3 엘리후는 또 욥의 세 친구에게도 화를 냈다. 그 세 친구는 욥을 정죄하
려고만 했지, 욥이 하는 말에 변변한 대답을 하지 못하였기 때문이다.
4 그들 가운데서 엘리후가 가장 젊은 사람이므로, 그는 다른 사람들이 말
을 끝낼 때까지 기다려야만 하였다.
5 그런데 그 세 사람이 모두 욥에게 대답을 제대로 하지 못하였으므로,
그는 화가 났다.

우리는 삶 속에서
어려운 일에 당면하게 될 때
하나님께 질문을 가지게 됩니다.
사실 행복한 일들만 가득할 때는
그 삶을 즐기느라 하나님께 질문하지 않습니다.
그 삶이 하나님이 내려주시는,
어쩌면 하나님을 믿는 자가 누릴
당연한 은혜로 여기기에
질문이 생기지 않게 됩니다.
질문을 한다는 것은 그 상황에 대한
의심과 반대를 내포하기 때문에
우리의 질문은 자연스럽게
삶 속에서 고난을 당할 때 나타나게 되는 것입니다.

욥은 자신이 겪고 있는 고난,
즉 재산을 잃고, 자녀들을 잃고
자신의 건강마저 잃어버린 상황 속에서
하나님께 끊임없이 질문하며 대항했습니다.
자신이 완전무결한 사람은 아닐지언정
이러한 심판을 받을 만한 잘못은 하지 않았으며
하나님의 심판대 앞에 선다면
무죄를 선고받을 만큼은 의롭다고 주장한 것입니다.
그러면서 그는 하나님께 자신과 대화할 것을 요구했습니다.
나타나서 이 일에 대해 해명해 주실 것을 요구했습니다.

욥이 처한 상황은 극단적인 상황 설정에 속해 있지만
그보다 적은 고난 속에 있는 우리들에게도
이따금 일어날 수 있는 하나님에 대한 질문을
욥이 대신하여 해 주고 있습니다.

욥의 친구들이 욥을 대하는 방식은
욥에게 잘못을 시인하고 뉘우치라는
정죄의 방식만을 택하고 있었습니다.
그 말들이 구구절절 옳다 하더라도
그들이 욥의 삶을 평가하는 시각은
욥의 현재 모습만을 보고 있으며
그의 과거의 선행과
지금의 상황이 말하고 있는
전체적인 하나님의 뜻을
파악하지 못하고 있었습니다.

이 때 갑자기 등장한 새로운 인물,
젊은 세대에 속한 새로운 지혜의 단계를 뜻하는 인물,
엘리후가 등장하게 됩니다.

욥32:1 욥이 끝내 자기가 옳다고 주장하므로, 이 세 사람은 욥을 설득하려고 하던 노력을 그만두었다.
2 욥이 이렇게 자기가 옳다고 주장하면서 모든 잘못을 하나님께 돌리므로, 옆에 서서 듣기만 하던 엘리후라는 사람은, 듣다 못하여 분을 더 이상 참지 못하고 화를 냈다. 엘리후는 람 족속에 속하는 부스 사람 바라겔의 아들이다.
3 엘리후는 또 욥의 세 친구에게도 화를 냈다. 그 세 친구는 욥을 정죄하려고만 했지, 욥이 하는 말에 변변한 대답을 하지 못하였기 때문이다.

엘리후는 이 후
하나님의 말씀으로 나아가게 되는
중간 단계를 책임지고 있습니다.
그의 발언을 통해 자연스럽게
하나님이 등장하게 되는 것입니다.

오늘은 엘리후의 증언을 통해
구약의 지혜문학이 숙고하고 있는
삶의 의문에 대한 새로운 해답이
우리의 삶에도 적용 가능한지 살펴보려 합니다.

엘리후가 첫 번째로 다루는 것은
하나님이 도무지 대답하지 않으신다는 욥의 비난입니다.

욥33:13 그런데 어찌하여 어른께서는, 하나님께 불평을 하면서 대드시는 겁니까? 어른께서 하시는 모든 불평에 일일이 대답을 하지 않으신다고 해서, 하나님께 원망을 할 수 있습니까?
14 사실은 하나님이 말씀을 하시고 또 하신다고 하더라도, 사람이 그 말씀에 주의를 기울이지 못할 뿐입니다.
15 사람이 꿈을 꿀 때에, 밤의 환상을 볼 때에, 또는 깊은 잠에 빠질 때에, 침실에서 잠을 잘 때에,
16 바로 그 때에, 하나님은 사람들의 귀를 여시고, 말씀을 듣게 하십니다. 사람들은 거기에서 경고를 받고, 두려워합니다.
17 하나님은 사람들이 죄를 짓지 않도록 하십니다. 교만하지 않도록 하십니다.

18 하나님은 사람의 생명을 파멸에 빠지지 않도록 지켜 주시며, 사람의 목숨을 사망에서 건져 주십니다.
19 하나님은 사람에게 질병을 보내셔서 잘못을 고쳐 주기도 하시고, 사람의 육체를 고통스럽게 해서라도 잘못을 고쳐 주기도 하십니다.

엘리후는 이 답변을 통해
하나님께서 꿈이나 환상을 통해서도 말씀하시지만,
들리는 말씀을 통하지 않고서도
질병이라는 고난의 방식으로
사람에게 깨우침을 주신다고 말하고 있습니다.
즉, 고난은 비언어적인 말씀,
소리 나지 않는 하나님의 교육적인 회초리인 것입니다.

고난에 대한 이러한 해석은
순종과 축복, 불순종과 저주라는
율법의 인과응보 사상을 넘어서서,
저주를 축복을 향한 도구로 사용하는
하나님의 은혜를 말하고 있다는 점에서
간단하면서도 새로운 지혜입니다.
사실 이스라엘에는 모세의 40년 광야생활과
이스라엘의 40년간의 출애굽 광야생활을
연단과 교육으로 해석하는 사상이 있었으나
율법 제정 이후에는 그 중요성이 부각되지 않은 것 같습니다.
따라서 욥의 고난을
단순히 심판으로 말하고 있는 욥의 친구들이나
자신의 고난을 심판으로 받아들이고
하나님이 대답하지 않으신다는 욥의 불만은
그의 삶 자체를 통해 말씀하시고 교육하시는 하나님을
오해하고 있다는 것이 엘리후의 주장입니다.

게다가 이러한 교육적인 조치는

두 번, 세 번이나 계속 이어질 수도 있다고 말합니다.

욥33:29 이 모두가 하나님이 하시는 일입니다. 하나님이 사람에게 두 번, 세 번, 이렇게 되풀이하시는 것은,
30 사람의 생명을 무덤에서 다시 끌어내셔서 생명의 빛을 보게 하시려는 것입니다.

우리가 엘리후의 답변을 확장해서 생각해 본다면
세상에서 일어나는 모든 고난,
그리고 모든 사건들이
비언어적인 하나님의 가르침이라고 생각해 볼 수 있습니다.
또한 더 확장하여 조직신학자 판넨베르크가 말한
'역사로서의 계시'에 대해서도 생각해 볼 수 있습니다.

따라서 우리가 삶을, 고난을, 역사적 사건을
이러한 하나님의 가르침으로 대하고자 한다면,
예언자들이 역사적 상황을 자신의 기준에 따라
즉시 언어적으로 표현하려는 욕구를 자제하고,
하나님의 뜻을 찾고 구하면서
하나님의 말씀으로서 구체화하여 메시지로 선포했던 것처럼,
우리 또한 하나님의 영으로부터 오는 지혜를 통하여
올바른 메시지를 발견할 수 있는 자들이 되어야 할 것입니다.

엘리후가 두 번째로 다루는 것은
하나님이 자신을 부당하게 다루신다는 욥의 발언입니다.

욥34:5 욥 어른은 이렇게 주장하십니다. "나는 옳게 살았는데도, 하나님은 나의 옳음을 옳게 여기지 않으신다."

엘리후는 하나님이 돌보시지 않고서는
그 어떤 생명도 존재할 수 없음을 근거로 들어

욥의 주장에 응수합니다.
그 무엇도 이렇게 돌볼 의무를 하나님께 지울 수 없지만,
그럼에도 불구하고 하나님이 늘 그렇게 돌보신다면
그 어떤 이유로도 하나님을 불의하다고 할 수는 없다는 것입니다.

욥34:13 어느 누가 하나님께 땅을 주관하는 전권을 주기라도 하였습니까? 어느 누가 하나님께 세상의 모든 것을 맡기기라도 하였습니까?
14 만일 하나님이 결심하시고, 생명을 주는 영을 거두어 가시면,
15 육체를 가진 모든 것은 일시에 죽어, 모두 흙으로 돌아가고 맙니다.

게다가 하나님은 가장 강한 자들,
왕이라도 심판하시는 유일하신 분입니다.
그분은 그들의 악을 조사할 필요도 없이 아시기에
즉시 심판하시기도 하는 분이십니다.
그런 분이 자신에게 침묵하고 계신다 하여
어떻게 불의하다고 할 수 있겠냐며
엘리후는 하나님을 변호합니다.

욥34:24 하나님은 집권자를 바꾸실 때에도, 일을 미리 조사하지 않으십니다.
25 하나님은 그들이 한 일을 너무나도 잘 아시기 때문입니다. 하나님이 그들을 하룻밤에 다 뒤엎으시니, 그들이 일시에 쓰러집니다....
28 그래서 가난한 사람들의 하소연이 하나님께 다다르고, 살기 어려운 사람들의 부르짖음이 그분께 들리는 것입니다.
29 그러나 하나님이 침묵하신다고 하여, 누가 감히 하나님을 비난할 수 있겠습니까? 하나님이 숨으신다고 하여, 누가 그분을 비판할 수 있겠습니까?
30 경건하지 못한 사람을 왕으로 삼아서 고집 센 민족과 백성을 다스리게 하신들, 누가 하나님께 항의할 수 있겠습니까?

불의한 자들에 대한 심판,
특히 부정한 권력자들과 통치자들에 대한
심판이 이루어지는 것을 볼 때,

하나님께서 한없이 침묵하시는 것은 아니라는
엘리후의 논법이 타당한지는 의심스럽습니다.
우리나라의 현 상황 속에서 볼 때,
박정희-박근혜로 이어지는
부패한 세력들의 심판이 진행 중이긴 하지만
여전히 수많은 옛 친일 세력은
권력과 부를 누리며 심판을 피해가고 있기 때문입니다.
따라서 하나님께서 한없는 침묵을 깨고
반드시 심판을 이루시는 분으로 해석할 수 있을지
우리는 의문을 가질 수밖에 없습니다.

사실 이러한 의심과 이에 대한 실망은
원래 죽음 이후의 내세 사상이 없었던
이스라엘의 신앙에
'종말'과 '심판을 위한 부활'이라는
더 이상 피할 수 없는 심판의 사상이 마련됨으로써
해소될 수 있었습니다.
고통받던 의인들이 악에 대한 최후의 판결을 소망하며
그나마 위로를 얻을 수 있었던 것입니다.
그러나 종말과 심판을 위한 부활 사상은
현세의 악에 대한 처리를 미래로 연기하여
하나님의 공의로운 통치가 이 땅에 이루어지지 않는 것에 대해
불만을 갖지 못하게 만드는 신학적인 교묘함이 있습니다.

어쨌든 엘리후는 하나님이 반드시
현세에 공의를 완전하게 세우셔야 할 의무가 없음을 말함으로써
불만이 있는 욥과 독자들의 마음을 진정시키려 하고 있습니다.

엘리후가 세 번째로 다루는 것은
자신이 지은 죄가 하나님께 무슨 영향을 끼치겠냐는
욥의 발언입니다.

욥35:2 욥 어른은 '하나님께서도 나를 옳다고 하실 것이다' 하고 말씀하셨지만,
3 또 하나님께 "내가 죄를 짓는다고 하여, 그것이 하나님께 무슨 영향이라도 미칩니까? 또 제가 죄를 짓지 않는다고 하여, 내가 얻는 이익이 무엇입니까?" 하고 물으시는데, 그것도 옳지 못합니다.

욥의 질문은 허무주의적인 형태를 띠고 있지만
자신의 질문에 대해 하나님께서
적극적인 반응을 해주실 것으로 기대했을 것입니다.
그리고 이 세상에서 의롭게 살고자 하는 모든 이들은
사실 이 질문에 대해 하나님께서
적극적인 의사를 보여주실 것으로 기대합니다.

엘리후는 이러한 기대 자체를 부인하기 보다는
하나님이 세상의 의와 악에 무관심한 것처럼 쉽게 말하는
욥의 발언이 잘못된 것임을 주장합니다.
그는 우리의 의로운 행위나 죄악이
사람들에게나 유익이 되고 해가 될 뿐이라는
욥의 견해를 긍정하지만,
하나님의 침묵은 단지 무관심 때문이 아니라고 말합니다.
이와 달리 하나님은 은밀하게 악인들을 보고 계시며
그들의 기도와 요구에 응답하지 않으심으로써
그들에게 벌을 내리고 계심을 주장합니다.
여기에는 욥에 대한 하나님의 침묵이
욥의 악 때문일 것이라는 비판이 깔려 있습니다.

욥35:12 그들이 거만하고 악하므로, 하나님께 "도와주십시오" 하고 부르짖어도, 하나님은 들은 체도 않으십니다.
13 전능하신 하나님은 악한 자들을 보지도 않으시고, 그들의 호소를 들어주지도 않으시므로, 그 악한 자들의 울부짖음에는 아무런 힘이 없습니다.

따라서 엘리후는

욥이 진실로 의롭다면
하나님께서 그 소송을 들어주실 테니
참고 기다리라고 욥에게 조언합니다.

욥35:14 욥 어른은 하나님을 볼 수 없다고 말씀하셨습니다. 그러나 참고 기다리십시오. 어른께서 걸어 놓은 소송장이 하나님 앞에 놓여 있습니다.
15 어른은, 하나님이 벌을 내리지 않으시고, 사람의 죄에도 별로 관심이 없다고 생각하십니다.
16 그러나 명심하십시오. 어른께서 말씀을 계속하시는 것은, 쓸데없는 일입니다. 어른은 자기가 하는 말이 무엇인지도 모르시는 것이 분명합니다.

하나님의 침묵은 사람들에게 많은 의구심을 일으킵니다.
최근에는 일본 작가 엔도 슈사쿠의
'침묵'이라는 소설이 영화화되었습니다.
일본에서 선교하는 선교사들과 기독교인들을 향한
엄청난 박해 상황에 관한 영화입니다.
그 영화 또한 박해 상황 속에서
침묵하시는 하나님에 대한 의구심을 표현하고 있습니다.

하나님의 침묵은 과연 그의 존재의 허구를 드러내는 것인지,
그가 세상의 의로움과 악함에 아무 관심이 없음을 말하는 것인지,
인간의 악함 때문인지, 인간을 교육하기 위함인지,
욥기는 이러한 질문에 대해 여전히 해답을 찾고 있습니다.

이제 엘리후는
최대한 하나님을 변호하려 합니다.
엘리후는 하나님께서 의로운 자를 보호하고
악인을 심판하시는 분이라는 것을
다시금 강조합니다.
그리고 고난을 당하는 것은
하나님이 가르침을 주시기 위함이라는 것을 재차 강조합니다.

욥36:4 내가 하는 이 말에는 거짓이 전혀 없습니다. 건전한 지식을 가진 사람이 지금 욥 어른과 더불어 말하고 있습니다.
6 악한 사람을 살려 두지 않으시고, 고난받는 사람들의 권리를 옹호하십니다.
8 그러나 의로운 사람이라도 하나님께 복종하지 않으면, 쇠사슬에 묶이게 하시고, 고통의 줄에 얽매여서 벗어나지 못하게 하십니다. 그러는 동안에
9 하나님은 그들에게 그들이 한 일을 밝히시며, 그들이 교만하게 지은 죄를 알리십니다.
15 그러나 사람이 받는 고통은, 하나님이 사람을 가르치시는 기회이기도 합니다. 사람이 고통을 받을 때에 하나님은 그 사람의 귀를 열어서 경고를 듣게 하십니다.

또한 인간의 힘으로 이해할 수 없는
하나님의 위대함을 주장합니다.

욥36:25 온 인류가 하나님이 하신 일을 보았습니다. 사람은 멀리서 하나님이 하신 일을 봅니다.
26 그렇습니다! 하나님은 위대하셔서, 우리의 지식으로는 그분을 알 수 없고, 그분의 햇수가 얼마인지도 감히 헤아려 알 길이 없습니다.

결론적으로 엘리후는 하나님은 공의로운 분이시니
그분을 경외하는 것이 가장 좋은 길임을 조언하고
자신의 말을 마칩니다.

욥37:23 하나님의 권능이 가장 크시니, 우리가 전능하신 그분께 가까이 나아갈 수 없습니다. 사람을 대하실 때에, 의롭게 대하시고, 정의롭게 대하여 주십니다.
24 그러므로 사람이 하나님을 경외해야 하는 것은 당연합니다. 하나님은 스스로 지혜롭다고 하는 사람을 무시하십니다.

이 발언 이후 마침내 하나님께서 등장하시어
자연 세계를 세심하게 창조하고 관리하시는
자신의 능력에 대해 서술하십니다.

그리고 결국 욥은 그 위엄에 탄복하며
다음과 같이 고백합니다.

욥42:4 주님께서 말씀하셨습니다. "들어라. 내가 말하겠다. 내가 물을 터이니, 내게 대답하여라" 하셨습니다.
5 주님이 어떤 분이시라는 것을, 지금까지는 제가 귀로만 들었습니다. 그러나 이제는 제가 제 눈으로 주님을 뵙습니다.
6 그러므로 저는 제 주장을 거두어들이고, 티끌과 잿더미 위에 앉아서 회개합니다.

지금까지 욥은 하나님께 들으라고 대들면서
자신이 먼저 말을 하고, 자신이 먼저 물으며,
하나님께 왜 대답하지 않으시냐고 외쳤었습니다.
그러나 마지막 고백에서 욥은
침묵하시는 하나님께 불평하던
자신의 모습을 회개하고
하나님의 말씀이 올 때까지
오히려 자신이 침묵했어야 함을 깨닫게 됩니다.
그는 침묵을 통해 하나님의 가르침을 기다리고
그분이 먼저 말씀하셔야만,
비로소 자신이 말할 수 있는 자격을 얻게 됨을
깨닫게 된 것 같습니다.

욥기는 결국은 하나님을 경외하는 것이
지혜의 근본임을 말한다는 점에서
잠언과 같은 결론을 공유하고 있습니다.
옛 지혜와 다른 점이 있다면
그것은 인간의 고난이 반드시
개인의 불의함 때문은 아니며
하나님의 가르침의 과정일 수 있다는 것입니다.

실로 고난이 없는 자는
하나님을 새롭게 인식하기 힘듭니다.
어떤 면에서 우리는 고난을 통해서만
하나님께 가까이 나아갈 수 있습니다.
그래서 우리는 세상이 주는 고난 속에서 하나님을 찾으며
스스로 고난을 지신 자, 예수 그리스도를 통해서
십자가의 삶을 추구하고 있는 것입니다.

9. 마가의 섬김과 누가의 자유

2017년 3월 12일

마가복음 10:42~45
42 그래서 예수께서는 그들을 곁에 불러 놓고, 그들에게 말씀하셨다.
"너희가 아는 대로, 이방 사람들을 다스린다고 자처하는 사람들은, 백성들을 마구 내리누르고, 고관들은 백성들에게 세도를 부린다.
43 그러나 너희끼리는 그렇게 해서는 안 된다. 너희 가운데서 누구든지 위대하게 되고자 하는 사람은 너희를 섬기는 사람이 되어야 하고,
44 너희 가운데서 누구든지 으뜸이 되고자 하는 사람은 모든 사람의 종이 되어야 한다.
45 인자는 섬김을 받으러 온 것이 아니라 섬기러 왔으며, 많은 사람을 구원하기 위하여 치를 몸값으로 자기 목숨을 내주러 왔다."

3월 10일 금요일
우리나라에 어두운 권세를 행사하던
거대한 세력의 기둥 중 하나가 무너져 내렸습니다.
지난 주 보았던 욥기의 엘리후의 말처럼
이 세상의 권력자를 심판하는 일을 행하시는 하나님을 볼 때
하나님이 마냥 침묵하시는 것은 아니라는 그의 주장이
이렇게 시기적절하게 진실로서 느껴지던 때는 없던 것 같습니다.

해마다 사순절이나 크리스마스가 되면
저는 마가복음 10장 45절의 말씀을 설교합니다.
이 말씀은 예수의 오심에 대하여
매우 직접적인 설명을 해주고 있기 때문입니다.

금년 사순절에 이 말씀이 더욱 가슴 깊게 다가오는 것은
이번 대통령 탄핵 심판 선고 때문입니다.
부정한 지도자를 파면시킨 이번 선고로 인해
저는 마가복음 10장 45절 배경을 이루는

전반부 말씀에 더 마음이 갔으며,
예수께서 이 말씀을 하신 배경에 비추어 볼 때
이 말씀의 정치적 의미가 더 부각됨을 느끼게 되었습니다.

막10:42 그래서 예수께서는 그들을 곁에 불러 놓고, 그들에게 말씀하셨다. "너희가 아는 대로, 이방 사람들을 다스린다고 자처하는 사람들은, 백성들을 마구 내리누르고, 고관들은 백성들에게 세도를 부린다.
43 그러나 너희끼리는 그렇게 해서는 안 된다. 너희 가운데서 누구든지 위대하게 되고자 하는 사람은 너희를 섬기는 사람이 되어야 하고,
44 너희 가운데서 누구든지 으뜸이 되고자 하는 사람은 모든 사람의 종이 되어야 한다.
45 인자는 섬김을 받으러 온 것이 아니라 섬기러 왔으며, 많은 사람을 구원하기 위하여 치를 몸값으로 자기 목숨을 내주러 왔다.

여기에서 45절의 말씀은
예수 그리스도의 대속적 죽음의 해석에
중요한 기반을 마련해 주고 있는 말씀입니다.
자신의 죽음의 의미를 구원과 관련하여 명확하게 설명한
유일한 말씀이라고 볼 수도 있습니다.

그러나 진보적인 학자들은 이 말씀을
예수님 자신의 말씀으로 여기지 않습니다.
특히, '인자', 다니엘 7:13에 나타나는
종말의 심판자인 '인자와 같은 이'를
예수님의 명칭으로 사용하는 것은
예수님 자신의 말씀에서 나온 것이 아니라
예수님을 종말에 나타날 통치자로 설명하기 위한
성서 저자들의 신학적 첨가로 여겨지고 있습니다.
예수님의 대속적 십자가 죽음의 표현 또한
예수께서 다른 곳에서는 일절 언급하지 않아
그 진위가 의심되는 대표적인 말씀입니다.
이는 초대교회의 대표적인 십자가 사건 해석인

대속적 제물로서의 십자가 해석을
반영하고 있다는 것입니다.

따라서 오늘 읽은 마가의 본문을
마태복음은 거의 그대로 받아들여 사용하지만,
누가복음의 저자는 원래 자신의 복음서에서
마가복음의 말씀을 거의 모두 사용하면서도
이 말씀은 조금도 받아들이지 않았습니다.
이는 이 말씀이 품고 있는 십자가의 대속적 해석에 대한
누가 저자의 입장이 매우 회의적인 것이었음을
드러내 준다고 하겠습니다.

그러나 이 말씀의 배경이 되는
현실 정치에 대한 예수님의 비판적 발언은
그분이 선포한 복음의 말씀들 가운데서도
매우 진귀하고 소중한 것으로서,
이 말씀으로 인해 이 세상 속에
정치인들에 대한 섬김의 의무가 서서히 자리잡아
오늘에 이르게 되었다고도 볼 수 있습니다.

누가복음은 앞에서 본 마가의 본문을 담고 있지 않아
그 말씀의 정치적 성격을 전달하지 못하고 있지만,
누가 특유의 신학적 관점으로
예수 그리스도의 첫 선포에 다음과 같은 말씀을 배치해
자유와 해방이라는 주제를 담아내고 있습니다.

눅4:18 "주님의 영이 내게 내리셨다. 주님께서 내게 기름을 부으셔서, 가난한 사람에게 기쁜 소식을 전하게 하셨다. 주님께서 나를 보내셔서, 포로 된 사람들에게 해방을 선포하고, 눈먼 사람들에게 눈 뜸을 선포하고, 억눌린 사람들을 풀어 주고,
19 주님의 은혜의 해를 선포하게 하셨다."

20 예수께서 두루마리를 말아서, 시중드는 사람에게 되돌려주시고, 앉으셨다. 회당에 있는 모든 사람의 눈은 예수께로 쏠렸다.
21 예수께서 그들에게 말씀하셨다. "이 성경 말씀이 너희가 듣는 가운데서 오늘 이루어졌다."

이 말씀의 자유와 해방이
비록 신앙적인 것으로 강조가 되어 왔을지라도,
이 말씀이 품고 있는 정치적인 성격은
세상을 변혁시키는 내적인 원동력이 되어 왔습니다.

오늘 읽은 말씀들에서
마가는 종과 섬기는 자가 되어야 함을 말하고,
누가는 자유와 해방을 말한다는 점에서
'종'과 '자유'라는 개념들의 충돌을 빚고 있는 듯 보이지만
사실은 내적인 조화를 이루고 있습니다.
예수께서 하신 이 말씀들은 모두
지도자들의 변화를 의도하고 있기 때문입니다.

즉, 지도자들은, 정치인들은, 권력자들은
섬김의 자세를 가져야 합니다.
그들은 자발적으로 종이 되어야 합니다.
지도자들은 자신이 받은 자유의 권한을
종의 책임으로 묶어야 합니다.
이렇게 스스로 종이 됨으로써 섬기는 자가 되지 않는 한
지도자라 칭할 수 없다는 것이 예수님의 생각입니다.

또한 지도자들은
억눌린 자들을 해방시키고 그들에게 자유를 주어야 합니다.
사실 이보다 더 큰 복음은 없습니다.
포로된 자에게 해방을, 눈 먼 자에게 눈 뜸을,
억눌린 자에게 자유를 선포한다는

이 말씀의 정치적 성격으로 인해
'눈 먼 자들'에 대한 말씀은
장님을 다시 보게 만드는 예수님의 이적을 의미하는 것이 아니라
억압과 공포의 통치를 일삼았던 암흑의 사상을 가진 자들에게
진리, 곧 자유와 해방의 진리가 빛으로 주어져야 함을,
그들의 억압과 폭력에 의해 암흑의 삶을 살아가고 있는 이들에게
생명과 평화와 자유의 빛이 비춰져야 함을
말하는 것으로 해석되어야 합니다.
바로 이 일을 위해 예수 그리스도께서 오셨다는 것입니다.

따라서 마가복음의 섬김과
누가복음의 자유는
이 세상의 메시아이자, 종말의 하나님의 통치를 이루실
예수 그리스도의 비전을 선포함과 동시에,
그 나라가 이루어지기까지 그리스도인이 싸워야 할
이 세상의 암흑의 통치자들의 눈을 뜨게 만들어 줄
가장 중요한 예수 그리스도의 사상임을
드러내 주고 있습니다.

며칠 전 있었던 악한 통치자에 대한 심판이
우리나라의 새로운 지도자로 하여금
섬김과 자유의 실천을 이루게 만들
밑거름이 되기를 바랍니다.
또한 모든 그리스도인들은
예수 그리스도의 섬김과 자유의 사상이
이 세상에 선포되어야 할 복음의 핵심이자
예수님께서 이 세상에 뿌리내리기를 바라는
자신의 가장 중요한 사상으로 생각하셨던 것임을,
그리고 이를 위해 어두운 세상을 눈뜨게 하기 위하여
기꺼이 십자가를 지셨음을 상기하고
사순절, 십자가 묵상을 더욱 깊이 해 나가시기 바랍니다.

10. 주님의 집을 향한 열정

2017년 3월 19일

요한복음 2:13~22
2:13 유대 사람의 유월절이 가까워져서, 예수께서 예루살렘으로 올라가셨다.
14 그는 성전 뜰에서, 소와 양과 비둘기를 파는 사람들과 돈 바꾸어 주는 사람들이 앉아 있는 것을 보시고,
15 노끈으로 채찍을 만들어 양과 소와 함께 그들을 모두 성전에서 내쫓으시고, 돈 바꾸어 주는 사람들의 돈을 쏟아 버리시고, 상을 둘러 엎으셨다.
16 비둘기 파는 사람들에게는 "이것을 걷어치워라. 내 아버지의 집을 장사하는 집으로 만들지 말아라" 하고 말씀하셨다.
17 제자들은 '주님의 집을 생각하는 열정이 나를 삼킬 것이다' 하고 기록한 성경 말씀을 기억하였다.
18 유대 사람들이 예수께 물었다. "당신이 이런 일을 하다니, 무슨 표징을 우리에게 보여 주겠소?"
19 예수께서 그들에게 말씀하셨다. "이 성전을 허물어라. 그러면 내가 사흘 만에 다시 세우겠다."
20 그러자 유대 사람들이 말하였다. "이 성전을 짓는 데에 마흔여섯 해나 걸렸는데, 이것을 사흘 만에 세우겠다구요?"
21 그러나 예수께서 성전이라고 하신 것은 자기 몸을 두고 하신 말씀이었다.
22 제자들은, 예수께서 죽은 사람들 가운데서 살아나신 뒤에야, 그가 말씀하신 것을 기억하고서, 성경 말씀과 예수께서 하신 말씀을 믿게 되었다.

예수께서 성전에서 난동을 부리시는 사건은
예수님을 죽음으로 몰고 간 사건으로
이해되고 있습니다.
성전 중심적인 유대인들의 신앙에
치명적인 상처를 입힌 사건이기 때문입니다.
따라서 십자가를 지겠다는 단호한 결심이 없었다면
성전으로 발길을 옮기시지 못하셨을 것입니다.

어쩌면 예수께서는 자신의 난동과 함께
하나님의 나라가 올 것이라고,
그렇게 기다리던 종말이 이루어질 것이라고
생각하고 계셨을 수도 있습니다.
그렇지 않다면 예언서에 나타나는 나귀 행차를
굳이 행하실 이유가 없었을 것입니다.
분명히 모든 복음서에 의하면
나귀 행차는 예수님 자신이 기획한 것으로 나오는데,
그 기획은 나귀 행차 후 평화의 통치가 시작되는
다음의 종말 예언을 표명하고 있기 때문입니다.

슥9:9 도성 시온아, 크게 기뻐하여라. 도성 예루살렘아, 환성을 올려라. 네 왕이 네게로 오신다. 그는 공의로우신 왕, 구원을 베푸시는 왕이시다. 그는 온순하셔서, 나귀 곧 나귀 새끼인 어린 나귀를 타고 오신다.
10 내가 에브라임에서 병거를 없애고, 예루살렘에서 군마를 없애며, 전쟁할 때에 쓰는 활도 꺾으려 한다. 그 왕은 이방 민족들에게 평화를 선포할 것이며, 그의 다스림이 이 바다에서 저 바다까지, 유프라테스 강에서 땅 끝까지 이를 것이다.

마태복음과 요한복음의 해설자는
나귀사건을 이 스가랴 예언과 연관시키면서
예수께서 종말의 메시야로서 스스로 등장하시고자 했던
의도를 드러내려 했습니다.

그러나 마가복음과 누가복음은
이 사건을 예언과 연관시키지 않습니다.
아마도 마가와 누가는
예수께서 끝까지 자신을
메시아로서 드러내려 하시지 않았다고
생각하는 것 같습니다.

예수께서 성전에 들어가서 난동을 부리시는 사건은

이 나귀사건 바로 다음에 나타난다는 점에서
나귀사건의 기획과 연속선상에 있습니다.
사람들이 나귀에 예수님을 억지로 앉힌 게 아니듯
성전에 들어가서 난동을 피우는 것도
예수님 스스로의 기획에 따라 이루어졌습니다.
이 행위의 과격함으로 인해
하나님 아버지의 승인으로 곧 그 나라가 도래하지 않는다면
죽음을 피할 수 없는 상황이 될 것이 뻔했습니다.
사실 예수님은 그 자리에서 죽을 수도 있었습니다.
그분은 죽음을 각오하시고
종말의 메시야의 권위로서 이를 행하셨던 것입니다.

그런데 사실상 성전 난동 이후에도
종말의 기미는 보이지 않았습니다.
예수님의 생명을 노리는 분위기가 증대하는 가운데
제자들의 종말에 대한 기다림과
그 시기에 대한 의문 또한 증폭되었습니다.
그들에게 이는 죽느냐, 사느냐의 문제였을 것입니다.

이러한 의문 속에서
모든 공관복음에 나타나는 다음과 같은 말씀은
예수께서 자신의 세대 안에
종말이 올 것이라 확신하고 계셨다는 사실을 알려 줍니다.

막13:30 내가 진정으로 너희에게 말한다. 이 세대가 끝나기 전에, 이 모든 일이 다 일어날 것이다.
31 하늘과 땅은 없어질지라도, 나의 말은 절대로 없어지지 않을 것이다. (마24:34~35, 눅21:32~33)

그러나 마가는 종말의 정확한 시기에 대해서는
예수께서도 알 수 없으셨다는

유보적인 표현도 기록해주고 있습니다.

막13:32 그러나 그 날과 그 때는 아무도 모른다. 하늘의 천사들도 모르고, 아들도 모르고, 오직 아버지만 아신다.

하루하루가 급변하는 정세 속에서 불안해하는 제자들에게
이러한 예수님의 발언은 약간의 실망을 주었을 수도 있으며,
독자들에게도 어느 정도 유감스러운 발언이기에
누가와 요한복음에서는 삭제되었습니다.

이 세대 안에 일어날 일이라면
먼저 종말의 사건들이 진행되는 것을 보면서
최후에 성전에 들어가는 게
분명 죽음을 면할 수 있는 길일 텐데
어떤 의도로, 무슨 확신으로
죽음과 바꿀만한 사건을 스스로 시작하셨는지
우리로서는 알 수가 없습니다.
어쩌면 누가와 요한이 외면한 마가복음의 이 말씀은
자신이 감행한 성전 난동과
곧이어 오기를 바라던 종말의 타이밍이 맞지 않았음을
스스로 인정하시는 말씀일 수도 있습니다.

예수님을 십자가의 길로 안내하게 된
이 성전 사건을 감행하셨던 예수님의 의도를
그 시점의 중요성에서 추측해 보는 것과는 별도로
그 내용에 있어 무엇을 원하셨는지에 대해서도
복음서들의 시각이 다릅니다.

막11:15 그리고 그들은 예루살렘에 들어갔다. 예수께서 성전에 들어가셔서, 성전 뜰에서 팔고 사고 하는 사람들을 내쫓으시면서 돈을 바꾸어 주는 사람들의 상과 비둘기를 파는 사람들의 의자를 둘러엎으시고,

16 성전 뜰을 가로질러 물건을 나르는 것을 금하셨다.
17 예수께서는 가르치시면서, 그들에게 말씀하셨다. "기록한 바 '내 집은 만민이 기도하는 집이라고 불릴 것이다' 하지 않았느냐? 그런데 너희는 그 곳을 '강도들의 소굴'로 만들어 버렸다."

마가의 기록과 달리
누가복음은 가장 완화된 표현을 쓰는데
상과 의자를 둘러엎으시는 장면을 빼고
장사하는 사람들을 내쫓으셨다는 기록만을 남깁니다.

마가복음은 공관복음서 중 가장 강한 표현을 사용합니다.
16절의 '성전 뜰을 가로지르는 물건'은
제사에 필요한 물건들이므로
성전 제사를 방해한 것으로 볼 수 있기 때문입니다.
그렇다면 마가에 있어서는
성전 외부의 거래 행태, 이방인의 소외됨에 대한 분개라는
공관복음 공통의 내용과는 별도로
제사에 대한 거부,
즉 성전 고유의 기능에 대한 거부가 나타나므로
예수님의 행위는 치명적인 신성 모독에
해당하게 되는 것입니다.

그러나 신학자들이 이 사건을 중요하게 생각하는 것과는 달리
공관복음의 이 사건 기록은
내용 자체가 두세 구절로 매우 짧습니다.
이 사건의 중요성을 파악하고
내용을 풍성히 전하는 것은
특이하게도 비역사적이라고 여겨지는 요한복음입니다.
요한복음은 대부분의 내용이 신학적인데
요한복음이 이 내용을 길게 전하고 있다는 사실은
요한이 이 사건의 신학적인 중요성을 간파했고

사건의 시점을 바꿔서라도
그 중요성을 특별하게 드러내야겠다고 의도했다는 점을
우리에게 알려주고 있습니다.

요한복음은 그 전체 구성이 사건과 해석으로 되어있는데
이 성전 사건 또한 사건과 해석의 두 부분으로 나뉩니다.

요2:13 유대 사람의 유월절이 가까워져서, 예수께서 예루살렘으로 올라가셨다.
14 그는 성전 뜰에서, 소와 양과 비둘기를 파는 사람들과 돈 바꾸어 주는 사람들이 앉아 있는 것을 보시고,
15 노끈으로 채찍을 만들어 양과 소와 함께 그들을 모두 성전에서 내쫓으시고, 돈 바꾸어 주는 사람들의 돈을 쏟아 버리시고, 상을 둘러 엎으셨다.
16 비둘기 파는 사람들에게는 "이것을 걷어치워라. 내 아버지의 집을 장사하는 집으로 만들지 말아라" 하고 말씀하셨다.
17 제자들은 '주님의 집을 생각하는 열정이 나를 삼킬 것이다' 하고 기록한 성경 말씀을 기억하였다.

요한복음에서 이 사건은
예수님의 사역 초기,
물을 포도주로 만든 사건 다음에 나타납니다.
사역 후반부라는 공관복음의 보도를 뒤엎고
제일 앞으로 돌리고 있다는 것 자체가 충격적입니다.
즉, 요한 자신은 예수님의 행적을 중요성에 따라,
혹은 주제별로 정리하겠다는 의도를 보여줍니다.

요한복음의 사건 전개와 예수님의 말씀도
공관복음과 차이가 납니다.
그분은 양과 소까지 내쫓으시기 위해
채찍을 만들어 사용하십니다.
이는 마가가 성전 안에서
물건의 이동을 방해하던 것에서 더 나아가

근본적으로 제사에 사용되는 짐승 자체를 몰아내기 때문에
성전 제사 기능의 완전한 거부를 암시합니다.

요한은 예수님의 말씀을 공관복음과 달리
'만민의 기도하는 집'이라는 이사야 예언을 인용하지 않고
'장사하는 집으로 만들지 말라'는
자신만의 고유 발언을 기록합니다.
이는 이사야의 예언이 '기도하는 집'을 말하면서도
구약적 신앙에 의해 제사를 용인하고 있어
제물을 몰아내 버린 제사 철폐 주제와
맞지 않기 때문인 것으로 여겨집니다.

> **사56:7 내가 그들을 나의 거룩한 산으로 인도하여, 기도하는 내 집에서 기쁨을 누리게 하겠다. 또한 그들이 내 제단 위에 바친 번제물과 희생제물들을 내가 기꺼이 받을 것이니, 나의 집은 만민이 모여 기도하는 집이라고 불릴 것이다.**

때문에 요한은 이 말씀을 제시하지 않고
시편의 말씀을 의미심장하게 사용하고 있습니다.

> **시69:9 주님의 집에 쏟은 내 열정이 내 안에서 불처럼 타고 있습니다. 그러나 주님을 모욕하는 자들의 모욕이 나에게로 쏟아집니다.**

제물을 제거하고,
제사를 위한 행정 기능들을 마비시키는 것이
주님의 집에 쏟는 열정과 무슨 관계가 있는 것입니까?
공관복음처럼 성전을 개혁하려는 의지가 보인다면
차라리 이 말씀이 적용되기 쉬울 것입니다.
그러나 요한은 철저하게 성전의 기능을 방해하고 있기 때문에
이를 성전을 향한 열정이라 말하기가 부자연스럽습니다.
따라서 요한은 다른 의미의 성전을 생각하는 것 같습니다.

요2:21 그러나 예수께서 성전이라고 하신 것은 자기 몸을 두고 하신 말씀이었다.

즉, 요한이 생각하고 있는 주님의 집은
예루살렘의 성전이 아니라
아버지와 하나가 되어 계신
예수 자신으로 나타나게 됩니다.
주님의 집이 예루살렘 성전이 아니라
아버지와 하나이신 예수 그리스도 자신이기에
예루살렘 성전을 무효화 시키려는 것이
곧 성전 된 자신에 대한 열정이라고
요한은 해석하고 있는 것입니다.

공관복음에서 말하듯이
이방인을 소외시키고 강도의 굴혈이 되었다는
예수님의 성전에 대한 비판 의식이
이 사건을 일으키고 예수님을 죽음에 이르게 했다면,
그래서 예수께서 성전 자체는 여전히 유효한 것으로
여기고 계신다고 해석한다면
이는 요한 자신의 신학적 입장으로서는
절대로 받아들일 수 없는 해석이었을 것입니다.
이러한 해석으로 인해 예수님의 제자들은
예수께서 결국은 파괴될 것이라 예언하셨던
예루살렘과 그 성전을
예수님의 부활과 성령 강림 사건 이후에도
여전히 떠나지 못하고 맴돌고 있었던 것입니다.

따라서 요한에게 있어 성전, 하나님의 집, 아버지의 집이란
아버지 안에서 그분과 하나이신
예수 그리스도 자신이기 때문에,
요한은 공관복음에서 사람들이

예수님을 모함할 때만 사용하던 다음의 말씀을
전혀 의심 없이 진정한 예수님의 말씀으로 기록합니다.

막14:58 "우리가 이 사람이 말하는 것을 들었는데 '내가 사람의 손으로 지은 이 성전을 허물고, 손으로 짓지 않은 다른 성전을 사흘만에 세우겠다' 하였습니다."

요2:18 유대 사람들이 예수께 물었다. "당신이 이런 일을 하다니, 무슨 표징을 우리에게 보여 주겠소?"
19 예수께서 그들에게 말씀하셨다. "이 성전을 허물어라. 그러면 내가 사흘 만에 다시 세우겠다."
20 그러자 유대 사람들이 말하였다. "이 성전을 짓는 데에 마흔여섯 해나 걸렸는데, 이것을 사흘 만에 세우겠다구요?"
21 그러나 예수께서 성전이라고 하신 것은 자기 몸을 두고 하신 말씀이었다.

결국 요한의 이러한 신학적 입장은
요한계시록에게까지 영향을 미치게 됩니다.

계21:22 나는 그 안에서 성전을 볼 수 없었습니다. 그것은 전능하신 주 하나님과 어린 양이 그 도성의 성전이시기 때문입니다.

요한계시록의 표현도 의미심장합니다.
우리는 새예루살렘 자체를 성전이라고 볼 수도 있습니다.
그래서 새예루살렘이라는 성전에서
모두가 하나님과 예수 그리스와 함께 지낸다고 생각하는 것이
더 자연스럽게 생각되어집니다.
그러나 계시록은 전능하신 주 하나님과 어린 양이
성전 자체인 것을 말함으로써
거룩함의 본질이 건축물에 있지 않고
신성한 존재 자체에 근거함을 강조하고 있습니다.

따라서 저는 바울이 우리 몸의 성전 됨을 말하는 것과
요한의 표현은 약간 다르다는 것을 생각하게 됩니다.

고전6:19 여러분의 몸은 여러분 안에 계신 성령의 성전이라는 것을 알지 못합니까?

종말이 오기 전 우리는 성령을 모신다는 의미에서
요한의 주님의 몸과 같이 '성전'일 수 있습니다.
그러나 종말이 오면 우리는 예수 그리스도를 대면하기에
그분의 보혜사, 대리자였던 성령을 모시는 것이
더 이상 의미를 가질 수 없게 됩니다.
그러면 그 때는 더 이상 성령을 모시지 않기에
성전이 아니게 됩니다.
따라서 요한복음과 요한계시록은
성전이라는 개념을 사용하는 데 있어
바울보다 더 신중한 접근을 하고 있습니다.
우리가 성령을 모시는 성전이 되었다가
종말에는 성전이 아니게 된다고 말하기도 이상하지 않습니까?
따라서 요한은 진정한 성전은
예수님이라는 견해를 고수함으로써
하나님의 거룩한 영역으로 보존하려 하고 있습니다.

그러나 성전이라는 개념은
하나님 자신만의 영역이 아니라
신과 사람과의 만남을 위해 만들어진 공간적 개념입니다.
따라서 요한의 예수께서 말씀하시는 바
3일 만에 다시 세워진 성전, 예수는
아버지와 하나이시면서
아버지와 자신을 성령을 통해 우리와 만나게 해 주시는
성전의 기능을 수행하시는 분이라는 뜻이 내포되어 있습니다.
따라서 요한에 의하면

3일 만에 부활하신 새로운 성전인 예수는
사도행전의 증언처럼 오순절까지 기다리게 만들지 않고,
부활의 몸으로 오시자마자
제자들에게 성령을 불어넣어 주시고
다음의 말씀을 현실이 되게 하십니다.

> **요14:20 그 날에 너희는, 내가 내 아버지 안에 있고, 너희가 내 안에 있으며, 또 내가 너희 안에 있음을 알게 될 것이다.**

요한은 결론적으로
예수께서 이 말씀의 현실화를 위해,
그리고 이 말씀을 이루시기 위한 열정으로
예루살렘 성전에 들어가셔서
난동을 피운 것으로 설명하고 있는 것입니다.
또한 이 말씀을 이루기 위해서는
새로운 몸, 새로운 성전이 되는 과정인
죽음을 향한 관문을 통과해야 하므로
이는 죽음을 향한 열정이라고도 볼 수 있습니다.
그래서 그분은 예루살렘 성전에서
죽음을 향한 행위를 온 열정을 다하여 수행하셨습니다.

이제는 예수님의 주님의 집을 향한 열정,
그 열정이 바로 우리의 열정이 되어야 하겠습니다.
채찍을 들고 소와 양과 상인들을 몰아내던 열정,
그리고 성전을, 자신의 몸을 헐어버리라고 외치시던
그 열정이 우리의 열정이 되어
성령과 우리가 하나 됨을 방해하는
모든 것들을 몰아낼 수 있는
열정으로 나타나야 하겠습니다.

11. 아바(Abba)

2017년 3월 26일

마가복음 11:17~25
17 예수께서는 가르치시면서, 그들에게 말씀하셨다. "기록한 바 '내 집은 만민이 기도하는 집이라고 불릴 것이다' 하지 않았느냐? 그런데 너희는 그 곳을 '강도들의 소굴'로 만들어 버렸다."
18 대제사장들과 율법학자들이 이 말씀을 듣고서는, 어떻게 예수를 없애 버릴까 하고 방도를 찾고 있었다. 그들은 예수를 두려워하고 있었던 것이다. 무리가 다 예수의 가르침에 놀라고 있었기 때문이다.
19 저녁때가 되면, 예수와 제자들은 으레 성 밖으로 나갔다.
20 이른 아침에 그들이 지나가다가, 그 무화과나무가 뿌리째 말라 버린 것을 보았다.
21 그래서 베드로가 전날 일이 생각나서 예수께 말하였다. "랍비님, 저것 좀 보십시오, 선생님이 저주하신 저 무화과나무가 말라 버렸습니다."
22 예수께서는 그들에게 말씀하셨다. "하나님을 믿어라.
23 내가 진정으로 너희에게 말한다. 누구든지 이 산더러 '번쩍 들려서 바다에 빠져라' 하고 말하고, 마음에 의심하지 않고 말한 대로 될 것을 믿으면, 그대로 이루어질 것이다.
24 그러므로 나는 너희에게 말한다. 너희가 기도하면서 구하는 것은 무엇이든지, 이미 그것을 받은 줄로 믿어라. 그리하면, 너희에게 그대로 이루어질 것이다.
25 너희가 서서 기도할 때에, 어떤 사람과 서로 등진 일이 있으면, 용서하여라. 그래야, 하늘에 계신 너희 아버지께서도 너희의 잘못을 용서해 주실 것이다."

지난 시간에 우리는
성전에서 난동을 부리신
예수님에 대해 나누었습니다.
오늘은 본문의 25절에 나오는
예수님과 아버지의 관계에 대해 생각해 봅니다.

예수님을 죽음으로 몰아간
그분의 복음과 그분의 행동의 근원은
근본적으로 하나님에 대한
그분의 견해의 산물입니다.
물론 그분의 생각과 그분의 행동이
일치한다고 볼 때 가능한 생각이며,
어쩌면 너무나 일치했기 때문에
그분은 죽을 수밖에 없었던 것일지도 모릅니다.
만약 그렇다면 동일한 하나님을 믿으면서도
죽음에 이르지 않고 있는 우리들이야말로
하나님을 아직 생각으로만 섬기는 자들일 것입니다.

예수께서 하나님을 부르는 특징적인 사실은
하나님을 '아바'로 부르셨다는 것입니다.
아버지에 해당하는 당대의 아람어 단어는
'아브', '압'이며,
'아바'라는 단어는 '아빠'라는 아이들의 애칭입니다.
그러나 이 단어는 성장한 자녀들이 계속 사용했고,
특히 노인이나 랍비, 선생님들을 친근히 대할 때도 사용한 만큼
단지 어린이들이 아빠를 부를 때 사용한 단어가 아닌,
특별한 애정을 표시할 때 사용하던 호칭이었습니다.
따라서 '아바'는 '아빠'만을 지칭하지 않기에
이를 번역하는데 있어 어려움이 있습니다.

다음 말씀은 이런 맥락의 대표적인 사례로 여겨지고 있습니다.

마23:8 그러나 너희는 랍비라는 호칭을 듣지 말아라. 너희의 선생은 한 분뿐이요, 너희는 모두 형제자매들이다.
9 또 너희는 땅에서 아무도 너희의 아버지라고 부르지 말아라. 너희의 아버지는 하늘에 계신 분, 한 분뿐이시다.

9절에 나오는 헬라어 '아버지'가 '아바'의 번역이라 본다면
'아바'는 랍비를 부르던 칭호도 되었기 때문에
부친을 '아바'라 부르지 말라는 의미가 아니라,
아무도 '아바', 즉 '랍비'로 부르지 말라는 뜻이 됩니다.
즉, 이 세상에서 아무도 랍비, 즉 아바로 부르지 말고
오직 하나님만을 진정한 아바, 랍비로 부르라는 말씀이 됩니다.

아무튼 예수님의 특별함은 이 단어를
하나님께 사용한 거의 유일한 모범이시라는 것입니다.
유대교의 전 문헌과 탈무드를 보아도
하나님을 아바로 부르며 기도하는 흔적은 단 1곳,
그것도 어린이가 하나님을 아바로 부른 것을 표현한 것 외에는
없는 것으로 알려져 있습니다.

따라서 이 호칭을 하나님께 사용하고 있는 예수님이
유대인들에게 아주 달갑게 여겨졌을 리는 없지만
아주 불가능한 호칭은 아니었기에
이 호칭 자체로 트집을 잡을 수는 없었을 것입니다.

하나님을 아바로 부르는 명칭은 거슬렸을지라도
하나님의 아버지 개념 자체는
예수님만의 특별함은 아니었습니다.
이미 구약에 몇몇 표현이 있었기 때문입니다.

출4:22 너는 바로에게 말하여라. '나 주가 이렇게 말한다. 이스라엘은 나의 맏아들이다.
23 내가 너에게 나의 아들을 놓아 보내어 나를 예배하게 하라고 하였건만, 너는 그를 놓아 보내지 않았다. 그러므로 이제 내가 너의 맏아들을 죽게 하겠다.'

시89:26 그는 나를 일컬어 '주님은 나의 아버지, 나의 하나님, 내 구원의 반석입니다' 하고 말할 것이다.

렘31:9 그들이 눈물을 흘리면서 돌아올 것이며, 그들이 간구할 때에 내가 그들을 인도하겠다. 그들이 넘어지지 않게 평탄한 길로 인도하여, 물이 많은 시냇가로 가게 하겠다. 나는 이스라엘의 아버지이고, 에브라임은 나의 맏아들이기 때문이다."

사63:16 주님께서는 우리의 아버지이십니다. 아브라함은 우리를 모르고, 이스라엘은 우리를 인정하지 않는다 하여도, 오직 주 하나님은 우리의 아버지이십니다. 옛적부터 주님의 이름은 '우리의 속량자'이십니다.

희년1:24 그들은 내 계명들을 따르리니 나는 그들의 아버지가 되고 그들은 나의 자식들이 되리라

그리고 특별히 왕은 하나님의 아들로 인정됩니다.
왕의 즉위식 찬양인 시편 2편에 이렇게 노래합니다.

시2:6 "내가 나의 거룩한 산 시온 산에 '나의 왕'을 세웠다" 하신다.
7 "나 이제 주님께서 내리신 칙령을 선포한다. 주님께서 나에게 이르시기를 '너는 내 아들, 내가 오늘 너를 낳았다.'"

따라서 예수님의 특이성은 주로 예언자적 표현으로서
하나님을 이스라엘 민족의 아버지로 부르기 위해 사용하던
'아브'라는 표현을
보다 친근한 표현인 '아바'로,
특히 기도 시에 항상 불렀다는 것입니다.
신약성서에 헬라어 '아버지'로 기록되어 있는 말씀 중
어느 정도가 예수께서 아람어 '아바'를 사용하신 것에 대한
번역인지는 확실히 알 수가 없습니다.
그러나 빈도수가 중요한 것이 아니라
'아바'가 하나님과 자녀의 친근한 관계를 나타내는 표현이라 할 때
우리는 예수님의 말씀 중 '아버지'로 기록된 것을
'아바'에 대한 표현으로 받아들여도 상관없을 것입니다.
그렇게 예수님의 '아버지' 표현을 '아바'라고 생각하고

그 의미를 좀 더 따라가 보려 합니다.

우선 예수께서는 하나님을 아바로 부를 수 있는 자녀의 자격이
이스라엘, 즉 선택된 민족에 속해 있다고 주어지는 것이 아니라
원수 사랑의 조건을 통과한 자라야 가능한 것으로 말씀하십니다.
그 이유는 아바의 사랑이
악인들에게도 해를 비추시고
불의한 이들에게도 비를 내려 주시듯
그의 자녀들도 원수를 사랑하고
사랑하지 못할 자를 사랑해야 하는
과업을 얻기 때문입니다.

마5:44 그러나 나는 너희에게 말한다. 너희 원수를 사랑하고, 너희를 박해하는 사람을 위하여 기도하여라.
45 그래야만 너희가 하늘에 계신 너희 아버지의 자녀가 될 것이다. 아버지께서는, 악한 사람에게나 선한 사람에게나 똑같이 해를 떠오르게 하시고, 의로운 사람에게나 불의한 사람에게나 똑같이 비를 내려주신다.

이와 같은 아바의 사랑이 드러나면서
율법의 가장 중요한 구절 중 하나가 변모합니다.

마5:48 그러므로 하늘에 계신 너희 아버지께서 완전하신 것 같이, 너희도 완전하여라.

이 말씀은 다음 말씀의 변용입니다.

레20:26 나 주가 거룩하니, 너희도 나에게 거룩한 사람이 되어야 한다. 나는 너희를 뭇 백성 가운데서 골라서, 나의 백성이 되게 하였다.
27 혼백을 불러내는 사람이나 마법을 쓰는 사람은, 남자이든지 여자이든지, 모두 돌로 쳐서 반드시 사형시켜야 한다. 그들은 자기 죄값으로 죽는 것이다.

루돌프 오토가 거룩이라는 개념을
윤리적인 것과 구별하여
그 두려운 속성을 강조하려 했던 노력을
위의 레위기 말씀에서 볼 수 있습니다.
레위기는 이스라엘의 거룩함을 지키기 위해
주술적 종교들에 대한 탄압과 살인을 명하고 있습니다.
여기에서 우리는 사랑과 도덕을 앞서는
거룩함의 강조를 보게 됩니다.

반대로 예수께서는 거룩이라는 개념에서
윤리적인 것을 살려내기 위해
거룩의 개념이 주를 이루고 있는
레위기의 말씀 형태를 따와서
도덕, 윤리적인 '완전'이라는 개념으로 거룩의 개념을
덮어버리는 것을 볼 수 있습니다.

심지어 예수께서는 공관복음에서
하나님을 부르는 자신의 모든 호칭에
우리가 자주 사용하는 '거룩한'이라는 수식어조차
사용하지 않으셨습니다.
우리에게 알려진 바로는 '주의 기도'에서 유일하게
'이름이 거룩히 여김을 받으시오며'라는 표현을 한 것으로 전해지지만
예수님 자신이 거룩의 칭호를 하나님께 사용하지 않으시면서
'거룩히 여김을 받으시오며'라는 기도를 했다는 것은
이 표현이 단지 말로 거룩의 호칭을 붙이라는 것,
혹은 찬양의 노래로 거룩한 이름을 부르라는 것이
아니라는 점을 깨닫게 만듭니다.

따라서 예수께서 말씀하시는 아바 하나님에 대한 생각이
당대의 구약적 하나님 개념과 왜 충돌할 수밖에 없었는지,
그리고 예수께서 비난을 받으시면서 행하셨던

모든 특별한 행위들이 왜 일어날 수밖에 없었는지가
다음과 같이 설명되어질 수 있습니다.

유대인들은 거룩함을 유지하기 위해
소위 부정하다는 사람들,
죄인들, 세리와 창녀들,
병든 자, 소경과 저는 자, 문둥병자들을 멀리하고,
이방인들, 사마리아인과 기타 타국인들과의 거리를 유지했으며,
안식일을 거룩히 지키기 위해
몸의 움직임을 과도히 제어하기까지 했습니다.
또한 가장 거룩한 곳인 성전에서의
철저한 제의 행위와 절기 의식에
모든 노력을 기울였습니다.

그러나 예수님의 아바는
사랑으로 완전하신 분, 원수를 사랑하시는 분,
죄인들과 불의한 이들에게도 공평하게 해와 비를 내리시는 분,
인간을 위해 쉼 없이 일하시는 분,
성전이 아닌 하늘에서 온 세상을 다스리시는 분이시기에,
예수께서는 아바를 따라
병든 자를 찾아가 치료하시고,
이방인들, 여성들을 피하지 않으시고,
안식일이라고 선행을 마다하지 않으시며,
급기야는 성전을 파괴하라고 난동을 부리셨던 것입니다.
즉, 예수께서는 완전한 선함과 사랑을 위해
거룩이라는 구별의 요소를 버리셨습니다.

'성스러움'에서 '사랑'으로의 전환.
'거룩한 자, 야훼'에서 '사랑스러운 자, 아바'로의 전환.
'하나님을 위한 하나님'에서
'인간을 위한 하나님'으로의 전환.

이 모든 사실이
거룩한 성 예루살렘,
하나님의 도성 시온을 지키며
그 성스러움을 유지하기 위해
예수 그리스도를 죽일 수밖에 없었던
유대 지도자들의 고충을 이해할 수 있게 해 줍니다.
아마도 그들의 유일한 고민은
이처럼 세속화된 자 예수에게서
거룩한 신성의 신비가
말씀과 치유로 뻗어나가고 있다는 사실,
그것이 하나님이 함께하시는 것이 아닐까라는
두려운 의문이었을 것입니다.

우리 또한 예수님의 가르침을 따라
하나님을 아바라 부르고 있습니다.
그분이 아바를 부르실 때 느끼던
사랑의 하나님과 사랑의 말씀이 우리를 지배하도록
우리 또한 예수님의 아바에 대한 이해에
도달하도록 노력해야 하겠습니다.

12. 하나님 아들의 소명

2017년 4월 2일

마가복음 12:1~12
12:1 예수께서 그들에게 비유로 말씀하기 시작하셨다. "어떤 사람이 포도
원을 일구어서, 울타리를 치고, 포도즙을 짜는 확을 파고, 망대를 세웠다.
그리고 그것을 농부들에게 세로 주고, 멀리 떠났다.
2 때가 되어서, 주인은 농부들에게서 포도원 소출의 얼마를 받으려고 한
종을 농부들에게 보냈다.
3 그런데 그들은 그 종을 잡아서 때리고, 빈 손으로 돌려보냈다.
4 주인이 다시 다른 종을 농부들에게 보냈다. 그랬더니 그들은 그 종의
머리를 때리고, 그를 능욕하였다.
5 주인이 또 다른 종을 농부들에게 보냈더니, 그들은 그 종을 죽였다. 그
래서 또 다른 종을 많이 보냈는데, 더러는 때리고, 더러는 죽였다.
6 이제 그 주인에게는 단 한 사람, 곧 사랑하는 아들이 남아 있었다. 마
지막으로 그 아들을 그들에게 보내며 말하기를 '그들이 내 아들이야 존중
하겠지' 하였다.
7 그러나 그 농부들은 서로 말하였다. '이 사람은 상속자다. 그를 죽여
버리자. 그러면 유산은 우리의 차지가 될 것이다.'
8 그러면서, 그들은 그를 잡아서 죽이고, 포도원 바깥에다가 내던졌다.
9 그러니, 포도원 주인이 어떻게 하겠느냐? 그는 와서 농부들을 죽이고,
포도원을 다른 사람들에게 줄 것이다.
10 너희는 성경에서 이런 말씀도 읽어 보지 못하였느냐? '집을 짓는 사
람이 버린 돌이 집 모퉁이의 머릿돌이 되었다.
11 이것은 주님께서 하신 일이요, 우리 눈에는 놀랍게 보인다.'"
12 그들은 이 비유가 자기들을 겨냥하여 하신 말씀인 줄 알아차리고, 예
수를 잡으려고 하였다. 그러나 그들은 무리를 두려워하여, 예수를 그대로
두고 떠나갔다.

예수께서 성전에서 난동을 부리신 이후
그분의 권한 문제가 대두되었습니다.
한 마디로 '네가 뭔데 여기서 이런 짓을 하느냐?'라는 것입니다.

그 때 예수께서는 스스로 답변을 안 하시고
그들에게 질문으로 응수하셨습니다.
"요한의 세례가 하늘에서 온 것이냐 사람에게서 온 것이냐?"
그들은 이 질문에 답변을 하지 못했습니다.
하늘에서 왔다고 대답하면
어찌하여 그를 믿지 않았냐 할 것이고
사람에게서 왔다 하면
요한을 참 선지자로 알고 있는 대중들에게
항의를 당할 것이 걱정되었습니다.

여기서 알 수 있는 것은
이스라엘의 종교 지도자들이
세례 요한의 회개 운동에
부정적인 반응을 보이고 있었다는 사실입니다.
예수님과의 이 대화가 없었다면
그들이 요한에 대해 어떤 생각을 가지고 있었는지에 대해
알 수 없었을 것입니다.

요한의 물 세례를 통한 회개 운동은
사실 유대 전통에 없던 것으로
율법을 넘어서고 있었습니다.
마가는 세례 요한에 대해 이렇게 기록했습니다.

막1:4 세례자 요한이 광야에 나타나서, 죄를 용서받게 하는 회개의 세례를 선포하였다.

세례로 죄를 용서받을 수 있다면
율법이 명하고 있는 속죄 제사,
예루살렘 성전에서의 속죄제가 무슨 소용이 있습니까?

복음서에는 바리새인들이나 율법 교사들이

요한에 대해 어떤 생각을 가졌는지가
요한의 활동 기간 중에는 나타나지 않지만,
추측컨대 요한이 죽은 이유 또한
그들의 요한에 대한 태도의 반영일 수도 있습니다.
즉, 그들은 요한의 회개 운동 방식에 대해
반대하고 있었던 것입니다.
지도자들의 반대를 업고 있었기에
헤롯이 그를 쉽게 처형할 수 있었을 것입니다.

예수님의 성전 난동 사건도
요한의 세례 운동과 동일선상에서 볼 수 있습니다.
요한이 물세례로 죄 사함을 받을 수 있다고 말한 것이
간접적으로 성전의 속죄 제사를 무효화하고 있듯이
예수께서도 성전 난동 사건을 통해
제사들을 폐기하고 있었던 것입니다.

따라서 이 난동을 일으킨 권한의 문제는
예수께서 생각하시기에
요한의 권한과도 관련이 있습니다.
따라서 예수께서는 요한의 문제를 꺼내어
그들에게 응수하시면서
자신의 권한이 요한의 권한에 속해 있다는 것을 말씀하고 계시며
그들이 대중의 눈치를 보며
이에 대해 반응하지 못하는 것을 비판하고 계십니다.
만약 예수께서 자신의 권위를 주장하신다 해도
그들은 요한에 대해 그랬던 것처럼
눈치를 보며 아무 반응을 보이지 못 할 것입니다.

예수께서는 그들에게
오늘 우리가 읽은 본문의 비유로 말씀하십니다.

막12:1 예수께서 그들에게 비유로 말씀하기 시작하셨다. "어떤 사람이 포도원을 일구어서, 울타리를 치고, 포도즙을 짜는 확을 파고, 망대를 세웠다. 그리고 그것을 농부들에게 세로 주고, 멀리 떠났다.

하나님과 이스라엘의 관계가
포도원을 중심으로 설명됩니다.
포도원에 대한 묘사 중
포도주를 수확하는 시설이 나타난다는 점에서
소출에 대한 결산의 강조점이 부각됩니다.
어떤 의미에서든 이스라엘과 하나님의 관계는
계약에 의존하고 있는 것입니다.

막12:2 때가 되어서, 주인은 농부들에게서 포도원 소출의 얼마를 받으려고 한 종을 농부들에게 보냈다.
3 그런데 그들은 그 종을 잡아서 때리고, 빈 손으로 돌려보냈다.
4 주인이 다시 다른 종을 농부들에게 보냈다. 그랬더니 그들은 그 종의 머리를 때리고, 그를 능욕하였다.
5 주인이 또 다른 종을 농부들에게 보냈더니, 그들은 그 종을 죽였다. 그래서 또 다른 종을 많이 보냈는데, 더러는 때리고, 더러는 죽였다.

계약을 통해 정해진 소출액의 일정 부분을 받기 위해
주인은 종들을 파견하였지만
농부들의 반란과 거부가 끊이지 않았습니다.
여기서 파견된 종들은 하나님의 대리인들이었던
예언자들을 가리키고 있습니다.
그러나 이스라엘은 끊임없이 파송된 예언자들을
핍박하고 살해했을 뿐
계약을 준수할 의지를 보여주지 못했습니다.
이에 주인은 자신의 아들을 보낼 계획을 세웁니다.

막12:6 이제 그 주인에게는 단 한 사람, 곧 사랑하는 아들이 남아 있었다. 마지막으로 그 아들을 그들에게 보내며 말하기를 '그들이 내 아들이

야 존중하겠지' 하였다.
7 그러나 그 농부들은 서로 말하였다. '이 사람은 상속자다. 그를 죽여
버리자. 그러면 유산은 우리의 차지가 될 것이다.'
8 그러면서, 그들은 그를 잡아서 죽이고, 포도원 바깥에다가 내던졌다.
9 그러니, 포도원 주인이 어떻게 하겠느냐? 그는 와서 농부들을 죽이고,
포도원을 다른 사람들에게 줄 것이다.

예수께서 자신의 하나님 아들 됨의 소명을
분명하게 밝힌 비유라는 점에서
이 비유는 가치가 높습니다.
이전까지 예수께서는 하나님을 아버지로 불렀지만
그것이 무엇을 의미하는지는 말하지 않으셨습니다.
그러나 이 비유를 통해 예수께서는
하나님의 아들로서 자신의 소명이
구약의 예언자들과 동일선상에 있음을 말하고 계십니다.
즉, 계약으로 정해진 포도원의 소출을 취하는 것입니다.
이것이 비유하는 것은 이스라엘에 맡겨진
하나님의 말씀에 순종하는 삶입니다.

이 비유가 아들의 소명을
죄 사함이나 대속적 죽음에 있지 않다고 보는 점이 중요합니다.
이 비유에 따르면 아들의 죽음은
이스라엘의 불순종에 기인한 것이지
대속을 위한 죽음, 속죄를 위한 죽음이 아닙니다.
예수님의 죽음을 속죄를 위한 제사로 보는
신약성서 저자들 대부분의 해석과 편집이
이 비유를 손상시키지 않았다는 점에서
이 비유는 예수님의 진정한 말씀으로 여겨질 수 있습니다.

그러나 이 비유에서
아들의 죽음 자체가 소명이 아님에도 불구하고

이 비유를 말하고 있는 하나님의 아들 예수는
자신이 곧 죽게 될 것을 말하고 계십니다.
즉, 그분은 임박한 죽음에 직면하고 계시다는 것을 느끼며
이 죽음으로 말미암아
종말의 심판이 올 것을 예고하고 계십니다.

성전에서의 난동 사건이 촉발시킨
예수님의 권한에 대한 질문이
세례 요한의 권한 문제와 엮어지면서
과거 예언자들의 죽음처럼
자신도 그 권한의 희생양이 될 것임을 말하는
이 비유의 분위기는 암울하기 짝이 없으며
자신의 죽음의 의미를 조목조목 자세히 말하는
예수님의 태도에서 비장한 각오가 느껴집니다.

또한 하나님이 파송한 종들과 그 아들을
죽일 수밖에 없는 포도원 농부들의 악한 행동이
인류가 피할 수 없는,
우리조차 피할 수 없는 악을 상징한다는 점에서
인간의 본질이 어떠한가에 대해
깊이 반성하게 만들어 줍니다.

그러나 예수께서는 한 가지 희망의 빛을 보시는데
다음 말씀을 통해서 자신의 소망을 피력하십니다.

막12:10 너희는 성경에서 이런 말씀도 읽어 보지 못하였느냐? '집을 짓는 사람이 버린 돌이 집 모퉁이의 머릿돌이 되었다.
11 이것은 주님께서 하신 일이요, 우리 눈에는 놀랍게 보인다.'"
12 그들은 이 비유가 자기들을 겨냥하여 하신 말씀인 줄 알아차리고, 예수를 잡으려고 하였다. 그러나 그들은 무리를 두려워하여, 예수를 그대로 두고 떠나갔다.

10절의 말씀은
시편 118편 22~23절의 말씀을 그대로 인용한 것으로
이 시편은 구원에 대한 감사의 시입니다.
이 구절은 신약 서신들에서
예수님의 부활을 의미하는 예언으로 받아들여졌습니다.
예수님 또한 자신의 죽음과
최후의 종말을 언급하고 있으시기 때문에
구약 종말론의 필수 요소인 부활을 생각하고 있다는 점을
부정할 필요는 없습니다.

이 전체 비유에서
주인의 종들과 아들을 죽인 농부들이
반드시 예수님과 대화를 하고 있는
대제사장과 율법학자와 장로들로 지적되고 있지는 않습니다.
그러나 그들이 이스라엘의 최고 권력층인 만큼
예언자들을 죽였던 권한을 행사할 수 있었던,
그리고 이제는 예수를 죽이려는 음모를 꾸미며
자신들의 권한을 사용하려는 존재라는 점에서
그들 스스로 이 비유의 비판대상인
농부로 적시되고 있다는 것을 느끼며 분노하고 있습니다.

이렇게 이 비유는
그들이 예수의 권한을 문제로 삼아 시작되었다가
자신들의 권한을 남용하고 있다는 비판으로 끝나게 됩니다.

이 비유를 통해
우리 삶에 정당한 열매를 원하시는 하나님의 요구와
이 열매를 거두기 위해 오셨으나
인간들의 거부로 인해 죽음으로 내몰리신
예수 그리스도의 고난에 대한 묵상이
더 심화되기를 원합니다.

13. 누가가 본 예수 십자가와 죽음

2017년 4월 9일

누가복음 23:39~48
39 예수와 함께 달려 있는 죄수 가운데 하나도 그를 모독하며 말하였다.
"너는 그리스도가 아니냐? 너와 우리를 구원하여라."
40 그러나 다른 하나는 그를 꾸짖으며 말하였다. "똑같은 처형을 받고 있는 주제에, 너는 하나님이 두렵지도 않으냐?
41 우리야 우리가 저지른 일 때문에 그에 마땅한 벌을 받고 있으니 당연하지만, 이분은 아무것도 잘못한 일이 없다." 그리고 나서 그는 예수께 말하였다.
42 "예수님, 주님이 주님의 나라에 들어가실 때에, 나를 기억해 주십시오."
43 예수께서 그에게 말씀하셨다. "내가 진정으로 네게 말한다. 너는 오늘 나와 함께 낙원에 있을 것이다."
44 어느덧 낮 열두 시쯤 되었는데, 어둠이 온 땅을 덮어서, 오후 세 시까지 계속되었다.
45 해는 빛을 잃고, 성전의 휘장은 한가운데가 찢어졌다.
46 예수께서 큰 소리로 부르짖어 말씀하셨다. "아버지, 내 영혼을 아버지 손에 맡깁니다." 이 말씀을 하시고, 그는 숨을 거두셨다.
47 그런데 백부장은 그 일어난 일을 보고, 하나님께 영광을 돌리며 말하였다. "이 사람은 참으로 의로운 사람이었다."
48 구경하러 모여든 무리도 그 일어난 일을 보고, 모두 가슴을 치면서 돌아갔다.

예수 그리스도의 고난과 죽음을 기념하는
고난 주간이 되었습니다.
세상에는 수많은 고귀한 희생과 죽음이 있었지만
예수 그리스도의 희생과 죽음을 기념하는 공동체가
바로 우리이고, 그것이 우리의 정체성이기에
우리는 이 기간에 이르러
그리스도인 됨의 가장 내면적인 본질에 다다르게 됩니다.
그래서 우리는 그분의 죽음에 대해

다시 한번 묵상하며
우리의 삶의 의미를 되짚어 볼 필요가 있습니다.
오늘 저는 그 의미를
누가복음을 통해 살펴보려고 합니다.

모든 복음서가 저마다의 특성이 있듯
누가복음도 자신만의 강한 특성을 드러내고 있습니다.
특별히 예수님의 죽음에 대한 해석에 있어
누가복음은 요한복음 못지않은
독립성과 특수성을 나타냅니다.

누가복음은 예수님의 죽음을
속죄, 죄 사함을 위한 제사로 보지 않으려 한다는 점에서
요한복음이 나아갈 방향을 미리 제시해 주고 있습니다.

우리가 공관복음서의 예수님 말씀을 살펴보면
그 전체 말씀 중에 속죄, 대속을 의미하는 말씀으로
단 두 말씀을 찾을 수 있는데
이는 마가와 마태의 병행 구절로 남아 있습니다.

막10:45 인자는 섬김을 받으러 온 것이 아니라 섬기러 왔으며, 많은 사람을 구원하기 위하여 치를 몸값으로 자기 목숨을 내주러 왔다.
마20: 28 인자는 섬김을 받으러 온 것이 아니라 섬기러 왔으며, 많은 사람을 위하여 자기 목숨을 몸값으로 치러 주려고 왔다.

막14:24 그리고 예수께서 말씀하셨다. 이것은 많은 사람을 위하여 흘리는 나의 피, 곧 언약의 피다.
마26:28 이것은 죄를 사하여 주려고 많은 사람을 위하여 흘리는 나의 피, 곧 언약의 피다.

그러나 누가복음은 놀랍게도
첫 번째 말씀을 우리에게 전달하지 않고 있으며

두 번째 만찬의 말씀은
다음과 같이 수정된 형태로 알려주고 있습니다.

> **눅22:20 그리고 저녁을 먹은 뒤에, 잔을 그와 같이 하시고서 말씀하셨다. "이 잔은 너희를 위하여 흘리는 내 피로 세우는 새 언약이다."**

마가와 마태의 '이것'은 포도주를 가리켜
예수 그리스도의 피 자체에 관심을 가지게 하며,
그 피가 '많은 사람'을 위한 것이라는 설명을 통해
이사야 53장의 종의 노래에 나오는
'많은 사람'을 위한 대속적 희생을 의미하는 것으로
표현되고 있습니다.

반면에 누가는 '이것'이 아니라 '이 잔'을
'새 언약'과 연관시키면서
그것이 '많은 사람'을 위한 것이 아니라
'너희'를 위하여 흘리는 내 피로 세우는 '새 언약'이라 명합니다.
즉, 누가는 언약을 위해 흘리는 피라는 점에서는 긍정하나
많은 사람을 위한 대속적 희생이라는 의미를
갖지 못하게 하려 애쓰고 있습니다.

누가의 관점에서 우리는
예수님의 희생과 죄 사함에 대한 성경의 표현이,
그리고 그 고백이 어떤 의미가 있는 것인가
다시 고민해 볼 필요가 있습니다.
요한복음을 제외한 신약성서 대부분의 증언이
예수님의 십자가의 피로
우리 죄가 사해졌다고 고백하고 있지만
누가는 그 관점을 피하기 위해 애쓰기 때문입니다.

성경은 그 첫 시작부터 인간이 죄인인 것을 다루고

죄 때문에 죽음이 시작된 것으로 보고 있습니다.
죄의 현실이란 피할 수 없는 것이고
죄의식은 인간의 가장 깊은 내면의 상처이기 때문에
죄 사함의 선포는 우리의 내면에 치유와 자유와 생명을 주는
복음이 될 수밖에 없습니다.
따라서 어떤 성서의 저자가 그것을 제거하려 했다면
분명 그 이유가 있을 것입니다.
누가는 분명 죄 사함의 복음이 가지고 있는
자체적인 문제에 대해 나름의 의견이 있었을 것이며
무엇보다 자신이 가지고 있는 예수님의 어록 속에서
죄 사함에 대한 직접적인 내용을 발견할 수 없다는 사실에
고무되었을 것입니다.

예수님의 십자가 현장을 표현하는 데 있어서도
누가는 다른 이들과 다른 점이 있습니다.

먼저, 예수님은 성전에 대해 부정적인 분이 아니십니다.

막15:29 지나가는 사람들이 머리를 흔들면서, 예수를 모욕하며 말하였다.
"아하! 성전을 허물고 사흘만에 짓겠다던 사람아,
30 자기나 구원하여 십자가에서 내려오려무나!"

마가에 따르면,
십자가 아래에 있던 사람들이
예수께서 성전을 허물고 사흘 만에 지을 것이라 했던 발언을
문제 삼으며 그분을 모욕하는 것으로 나타납니다.
그러나 이 장면이 누가에는 나타나지 않는데,
이는 누가가 사도행전을 이어서 저술하면서
마가-마태복음처럼 제자들이 갈릴리로 돌아가
갈릴리에서부터 복음 사역을 시작한 것이 아니라,
예루살렘에 남아 성전 중심으로 활동한 것으로

묘사하는 것과 관련이 있는 듯합니다.
즉, 누가는 예수께서 성전을 부정하셨다면
성전 중심으로 활동하는 제자들의 복음 사역은
이루어질 수 없었을 것으로 전제하고
그러한 말씀을 했다고 욕하는 사람들의 이야기조차
부정하고 있는 것입니다.

또한 누가는 예수님이 의로운 분이라는 것을 강조합니다.

> **막15:32 "이스라엘의 왕 그리스도는 지금 십자가에서 내려와 봐라. 그래서 우리로 하여금 보고 믿게 하여라!" 예수와 함께 십자가에 달린 두 사람도 그를 욕하였다.**

> **눅23:39 예수와 함께 달려 있는 죄수 가운데 하나도 그를 모독하며 말하였다. "너는 그리스도가 아니냐? 너와 우리를 구원하여라."**
> **40 그러나 다른 하나는 그를 꾸짖으며 말하였다. "똑같은 처형을 받고 있는 주제에, 너는 하나님이 두렵지도 않으냐?**
> **41 우리야 우리가 저지른 일 때문에 그에 마땅한 벌을 받고 있으니 당연하지만, 이분은 아무것도 잘못한 일이 없다."**

마가에 의하면 예수님의 양 옆에 달린 죄인 두 명이
모두 예수님을 욕하는 것으로 기술됩니다.
그러나 누가에 의하면 죄인 중 한 명은
예수님의 무죄를 주장하고 있습니다.
비록 작은 목소리지만 이를 통해 누가는
예수님의 무고함을 강조하고 있습니다.
지금껏 아무도 예수님을 변호한 사람이 없었지만
누가는 강도를 통해 변호함으로써
그의 무고함을 강조하며
혹여 그의 죽음을 당연한 것으로 여길 수 있는
오해의 소지를 없애려 하고 있습니다.

막15:33 낮 열두 시가 되었을 때에, 어둠이 온 땅을 덮어서, 오후 세 시까지 계속되었다.

눅 23:44 어느덧 낮 열두 시쯤 되었는데, 어둠이 온 땅을 덮어서, 오후 세 시까지 계속되었다.
45 해는 빛을 잃고, 성전의 휘장은 한가운데가 찢어졌다.

마가와 누가 둘 다
어둠이 세 시간 동안 진행된 것을 말하나
누가는 그 이유로 해가 빛을 잃었기 때문이라는 설명을 덧붙입니다.
이는 사도행전 2장의 오순절 성령 사건에 대한 베드로의 설교에서
"주의 크고 영화로운 날이 이르기 전에
해가 변하여 어둡게 되고"라는 요엘2:31이 사용되듯
예수님의 십자가 고난을 통해 이미
종말의 징조가 시작되고 있음을 알리려는 의도로 보여집니다.

그러면서 누가는 예수님이 돌아가시기 전
성전 휘장의 한 가운데가 찢어진 것으로 보고하는데
마가에 있어 이 사건은 예수님의 죽음 뒤에 일어납니다.

누가에 있어 휘장이 찢어지는 사건이
종말의 시작을 알리는 해의 어두움 뒤에
곧바로 이어진다는 것은
성전 휘장의 찢어짐이 해의 어두워짐과 함께
종말의 시작을 알리는 사건이며
이는 아직 성전 기능이 끝난 것은 아니라는
성전 기능에 대한 보호적 시각이라고 여겨지고 있습니다.
그러나 마가에 있어서는
예수님의 죽음 뒤에
극적으로 성전의 휘장이 갈라짐으로써
성전의 기능이 마감된 것으로 여겨지게 만듭니다.

막15:34 세 시에 예수께서 큰소리로 부르짖으셨다. "엘로이 엘로이 레마 사박다니?" 그것은 번역하면 "나의 하나님, 나의 하나님, 어찌하여 나를 버리셨습니까?" 하는 뜻이다.

눅23:46 예수께서 큰 소리로 부르짖어 말씀하셨다. "아버지, 내 영혼을 아버지 손에 맡깁니다." 이 말씀을 하시고, 그는 숨을 거두셨다.

마가복음의 외침은 시편22:2이며
누가복음의 외침은 시편31:6입니다.

마가복음에는 버려짐의 주제가 있습니다.
마가의 예수님은 가족과 고향, 심지어 제자들,
마지막으로 이 외침에서 하나님으로부터 버려지는
점층적인 버려짐의 주제가 펼쳐집니다.

그러나 누가에는 이러한 버려짐이 없습니다.
예수님의 제자들은 그를 보호하기 위해 노력했고
도망갔다는 보도가 없으며
십자가 처형 시에도 몇몇은 남아 있었던 것으로 여겨집니다.
따라서 마가의 외침을 누가는 사용하지 않았습니다.
대신 누가는 자신의 복음서 전체에서
예수님을 하나님의 뜻을 행하는 자로 묘사했듯이
자신의 생명을 하나님께 의탁하는
시편 31편의 말씀으로 마무리하고 있습니다.

막15:39 예수를 마주 보고 서 있는 백부장이, 예수께서 이와 같이 숨을 거두시는 것을 보고서 말하였다. "참으로 이분은 하나님의 아들이셨다."

눅23:47 그런데 백부장은 그 일어난 일을 보고, 하나님께 영광을 돌리며 말하였다. "이 사람은 참으로 의로운 사람이었다."
48 구경하러 모여든 무리도 그 일어난 일을 보고, 모두 가슴을 치면서 돌아갔다.

예수께서 운명하셨습니다.
마가의 백부장은 이를 지켜본 후
그분이 하나님의 아들이었다고 고백하고 있으며
누가의 백부장은 그분이 의인이었다고 고백하고 있습니다.

마가복음에는 예수님의 탄생과 유아기 때의 사건들이 없어
예수님의 정체에 대해 미리 규정하고 있지 않았고
수시로 예수님의 정체를 숨기는 사건들이 있었기에
마지막에 나타나는 백부장의 '하나님의 아들' 고백은
그분의 정체를 나타내는 최후의 고백 역할을 하고 있습니다.

누가에 있어서는 하나님의 아들 됨이
동정녀 탄생과 유아시절의 사건을 통해
이미 알려져 있기 때문에
다른 접근을 한 것으로 보입니다.
즉, 예수님을 의로운 사람, 무죄한 사람으로 고백함으로써
그의 죽음을 하나님의 뜻에 순종했던
고난받은 의인의 죽음으로 표현하고자 하는 것입니다.
따라서 학자들은 누가가 예수님의 죽음을
고난받는 종의 순교로 표현하려 했다고 생각하고 있으며
그것이 우리가 따라야 할 모범임을
제시해 주고 있다고 여기고 있습니다.
즉, 십자가를 대속의 사건으로 해석하지 않고
우리가 따라야 할 신앙의 모범으로 해석하고 있다는 것입니다.

누가가 강조하듯이
예수 그리스도의 말씀과 삶은
언제나 우리들에게 모범이 되어 오고 있습니다.
자신의 의로움과 진리를 통해
고난의 길을 걸어가셨던 주님의 삶이
우리 삶을 지배하는 가장 중요한 모범이 되기를 소망합니다.

14. 내가 떠나가는 것이

2017년 4월 16일

요한복음 16:7
그러나, 내가 너희에게 진실을 말하는데, 내가 떠나가는 것이 너희에게 유익하다. 내가 떠나가지 않으면, 보혜사가 너희에게 오시지 않을 것이다. 그러나 내가 가면, 보혜사를 너희에게 보내주겠다.

예수께서 부활하셨다는 소식이
예루살렘을 강타한지 2천여 년의 세월이 흘렀고,
이제 그 소식이 세계 방방곳곳으로 전해져
현재에 이르고 있습니다.
비록 그 소식의 유대 종말론적 배경을 아는 사람들은
극소수에 지나지 않겠으나
예수님의 부활은 다양한 의미로 받아들여지면서
어두운 사망이 지배하는 세상에
소망의 불빛이 되어주고 있습니다.
특히 이번 부활절이 우리나라의 가장 어두운 현실을 보여주는
세월호 사건 추모일과 겹치는 이때에
부활은 다양한 상징으로
슬픔과 분노로 가득 찬 사람들의 어두운 마음에
한 줄기 소망의 빛을 심어 주게 됩니다.

예수께서 부활하시는 장면은
아무도 본 사람이 없습니다.
복음서 저자들은 예수님의 부활장면을
상상으로라도 기술할 수 있었을 테지만
아무도 그 순간에 대한 묘사를 하지 않음으로써
그 비밀스러운 순간에 대한 무지를 인정하고
함부로 넘어서는 월권을 저지르지 않고 있습니다.

그런데 복음서 저자들이
글을 이어나가기 시작하는 부분부터
서로 맞지 않는 이야기들이 이어지면서
부활 이야기는 비밀스러움에서
의심스러움으로 바뀌어 나갑니다.

막16:8 그들은 뛰쳐 나와서, 무덤에서 도망하였다. 그들은 벌벌 떨며 넋을 잃었던 것이다. 그들은 무서워서, 아무에게도 아무 말도 못하였다.

마가복음 16장 8절로 끝나는 원마가복음은
부활 이후의 이야기를 서술하지 않음으로써
독자들이 이미 알고 있는 증언에 기대고 있습니다.

마28:16 열한 제자가 갈릴리로 가서, 예수께서 일러주신 산에 이르렀다.
17 그들은 예수를 뵙고, 절을 하였다. 그러나 의심하는 사람들도 있었다.
18 예수께서 다가와서, 그들에게 말씀하셨다. "나는 하늘과 땅의 모든 권세를 받았다.
19 그러므로 너희는 가서, 모든 민족을 제자로 삼아서, 아버지와 아들과 성령의 이름으로 세례를 주고,
20 내가 너희에게 명령한 모든 것을 그들에게 가르쳐 지키게 하여라. 보아라, 내가 세상 끝 날까지 항상 너희와 함께 있을 것이다."

마태복음은 단지 한 말씀만을 남기시는
갈릴리에서의 장면을 기록합니다.
그러나 그 말씀은 성부, 성자, 성령의 세례라는
비교적 초대교회 후기의 예식 선언문을 반영하기에
그 진위를 의심받고 있습니다.

행1:3 예수께서 고난을 받으신 뒤에, 자기가 살아 계심을 여러 가지 증거로 드러내셨습니다. 그는 사십 일 동안 그들에게 여러 차례 나타나시고, 하나님 나라에 관한 일들을 말씀하셨습니다.

누가는 비교적 긴 부활 이야기를 전하지만
사도행전 1:3절의 40일간 여러 차례 나타나셔서
하나님 나라에 관한 일들을 말씀하셨다는 기록에 걸맞는
자세한 메시지를 전하고 있지 않으며,
부활하신 주님이 나타나신 장소가
갈릴리인 마가, 마태와는 달리
주님의 출현을 예루살렘으로 기록하고 있어
더욱더 혼선을 일으키고 있습니다.

요20:21 예수께서 다시 그들에게 말씀하셨다. "너희에게 평화가 있기를 빈다. 아버지께서 나를 보내신 것 같이, 나도 너희를 보낸다."
22 이렇게 말씀하신 다음에, 그들에게 숨을 불어넣으시고 말씀하셨다. " 성령을 받아라.

요한복음은 이 지리적 차이를 극복하기 위해
예루살렘과 갈릴리, 두 곳에서 나타난 주님의 이야기를
가장 긴 형태로 전하고 있으나
누가-사도행전과 달리
성령을 받기 위한 준비기간이 필요 없이
곧바로 성령을 주시는 분으로 기록하고 있어
누가-사도행전의 전체 구조를 깨뜨려 버립니다.

따라서 우리는 복음서들의 기록이
사실상 부활 이전의 예수님의 기록보다
부활 이후의 기록에서 더 많은 차이를 보이고 있음에
당혹감을 느끼게 됩니다.
모두가 부활의 주님을 말하고 있음에도 불구하고
다 달리 말하고 있는 것입니다.

이 문제에 대해 저는
부활 사건에 대한 의구심보다는

부활하신 주님을 만난 제자들이
성경에 기록되지 않은 복잡한 상황에 직면했었다고
생각해 보게 됩니다.

즉, 성경에는 가롯 유다를 제외한 11명의 제자들이
계속 몰려다닌 것으로 나타나고 있지만
제자들이 갈라졌을 수도 있는 것입니다.
구체적인 이야기로 전해지지 않지만
베드로가 가장 먼저 부활한 주님을 만났다는 이야기가
누가복음과 바울 서신에 기록되어 있습니다.(눅24:34, 고전15:5)
또 누가복음에서 엠마오로 가다 주님을 만나는
두 제자의 이야기가 독립적으로 전해지고 있습니다.
사도행전의 예루살렘 교회에는
당연히 열 한명의 사도가 있을 것으로 생각되지만
사실 예루살렘에서 활동 중인
예수님의 직계 제자들의 이름이
베드로와 요한 이외에는 거의 나타나지 않습니다.
우리가 모르는 복잡한 상황들이 있었던 것 같습니다.

사실 이미 제자들은 예수님의 공생애 시절에
권능을 받아 전도여행을 다니기도 했습니다.
그들이 모두 성령 받기를 간구하며
예루살렘에 모여 있다는 것은 누가의 신학적 설정에
불과한 것일 수 있습니다.
따라서 요한복음에서 그들은 즉시 성령을 받으며
마가복음의 후기 첨가에서는
부활한 주님을 만나자마자 권능을 부여 받습니다.

막16:15 또 예수께서 그들에게 말씀하셨다. "너희는 온 세상에 나가서, 만민에게 복음을 전파하여라.
16 믿고 세례를 받는 사람은 구원을 얻을 것이요, 믿지 않는 사람은 정

죄를 받을 것이다.
17 믿는 사람들에게는 이런 표징들이 따를 터인데, 곧 그들은 내 이름으로 귀신을 쫓아내며, 새 방언으로 말하며,
18 손으로 뱀을 집어들며, 독약을 마실지라도 절대로 해를 입지 않으며, 아픈 사람들에게 손을 얹으면 나을 것이다."

또한 마태복음에서는 부활한 주님이 곧바로
그들을 세상으로 파송합니다.
따라서 예전에 그랬듯
그들은 부활한 주님을 만나자마자
2인 1조의 유랑을 떠났을 수도 있습니다.
따라서 누가-사도행전의 오순절 성령사건은
보다 많은 일반인들이 성령을 체험한 사건으로
누가의 신학에 큰 영향을 주었던 것이지
성령수여의 첫 사건이라 볼 수는 없을 것 같습니다.
누가는 구약의 제사장 문서가
언약을 단계별로 나누듯
성령이 수여되는 역사적인 구별점을
생각하는 것 같습니다.

이런 관점에서 볼 때
누가의 신학에 문제의식을 느끼고
이러한 비판의식을 보다 신학화시킨 것이
요한복음입니다.
요한에 의하면 예수님의 부활과 승천, 성령의 오심
심지어 그분의 재림과 종말까지가
동일한 관점으로 다루어집니다.
요한의 관점에서 이는 같은 사건이며
한 사건으로 모두가 동일한 체험을 합니다.
이 모든 것이 저는
다음 말씀 가운데 있다고 생각합니다.

“내가 떠나가는 것이 너희에게 유익하다.”(요16:7)

예수님의 몸의 부활은
그의 존재가 스올로 사라지지 않았다는 것의 증명입니다.
그러나 그 몸이 이 세상에 남아있을 수 없는 몸이라면
그가 몸으로 부활했다는 것은
구약의 종말론적 기대를
일시적이나마 실현시켰다는 것 이외에
아무런 의미가 없습니다.
우리가 실제로 바라는 것은
단지 그의 몸이 아니라 그의 살아있는 말씀과 능력,
곧 그의 영적 현실이기 때문입니다.
만약 그분의 몸이 지금까지 보존되어 있더라도
마치 식물인간과 같이 숨만 쉬고 있다면
그 몸은 성선의 한 공간을 차시하녀
경외의 대상은 될지언정
세상을 변화시킬 능력이 되지는 못할 것입니다.
우리가 진정 바라는 것은
그분의 정신, 그분의 영,
그분의 살아있는 권능과 말씀입니다.

“내가 떠나가는 것이 너희에게 유익하다”는 의미가
바로 그것입니다.

요16:17 그러나, 내가 너희에게 진실을 말하는데, 내가 떠나가는 것이 너희에게 유익하다. 내가 떠나가지 않으면, 보혜사가 너희에게 오시지 않을 것이다. 그러나 내가 가면, 보혜사를 너희에게 보내주겠다.

요한은 그래서
그분의 부활의 가장 큰 의미가
우리가 성령을 소유하는 것에 있다고 생각하고 있습니다.

성령이 우리에게 오신다는 것은
예수께서 죽으셨으나 비존재로 사라지지 않으시고
살아 계시다는 존재로서의 부활의 증거이며
아버지께로 가서 성령을 보내셨다는 승천의 표시이며
가장 실제적으로 우리 가운데 오셨다는 재림의 표시이자
따라서 종말의 표시가 됩니다.
이렇게 그분의 부활과 승천과 재림은
요한에게 있어 성령의 오심으로
한 번에 완성되어집니다.

따라서 우리가 마태와 마가와 요한의 의미를 따른다면
누가-사도행전이 말하고 있는
성령강림주일을 따로 지키지 않고
그분이 부활하신 날에
이 모든 것을 기념해야 할 필요가 있습니다.
부활하신 그분을 만난 제자들이
곧바로 성령과 권능을 부여받고
세상으로의 파송을 명령받았던 것처럼
우리 또한 그분의 거룩한 영을 모시고
험한 세상으로 나아갈
가장 실제적인 능력을 소유하게 되는 것,
그래서 오늘 본문의 말씀처럼
그분이 떠나가신 것의 참된 유익이
우리 안에 실제적으로 실현되도록 해야 할 것입니다.

이런 의미에서 오늘 우리는
성찬을 요한복음이 의미하는 바에 따라
진행하려 합니다.
요한복음은 빵과 포도주의 의미를
성령에 연결시키고 있습니다.

요6:53 예수께서 그들에게 말씀하셨다. "내가 진정으로 진정으로 너희에게 말한다. 너희가 인자의 살을 먹지 아니하고, 또 인자의 피를 마시지 아니하면, 너희 속에는 생명이 없다.
54 내 살을 먹고, 내 피를 마시는 사람은 영원한 생명을 가지고 있고, 마지막 날에 내가 그를 살릴 것이다.
55 내 살은 참 양식이요, 내 피는 참 음료이다.
56 내 살을 먹고, 내 피를 마시는 사람은 내 안에 있고, 나도 그 사람 안에 있다.
57 살아 계신 아버지께서 나를 보내셨고, 내가 아버지 때문에 사는 것과 같이, 나를 먹는 사람도 나 때문에 살 것이다.
58 이것은 하늘에서 내려온 빵이다. 이것은 너희의 조상이 먹고서도 죽은 그런 것과는 같지 아니하다. 이 빵을 먹는 사람은 영원히 살 것이다."

찬송가 185장 '이 기쁜 소식을' 찬양하고
모두가 동그랗게 빵과 포도주를 중심으로 서서
후렴을 반복하여 찬양하면서
두세 분씩 앞으로 나와 빵과 포도주를 받으십시오.
나머지 분들은
나 자신과 우리 모두에게 성령이 임하기를 축복하며
후렴을 계속 찬양하거나 기도해 주시기를 바랍니다.

15. 위로의 부활

2017년 4월 24일

데살로니가전서 4:13~18
13 형제자매 여러분, 우리는 여러분이 잠든 사람의 문제를 모르고 지내는
것을 원하지 않습니다. 여러분은 소망을 가지지 못한 다른 사람들과 같이
슬퍼하지 않아야 할 것입니다.
14 우리는 예수께서 죽으셨다가 살아나신 것을 믿습니다. 이와 같이 하나
님께서 예수 안에서 잠든 사람들도 예수와 함께 데리고 오실 것입니다.
15 우리는 주님의 말씀으로 여러분에게 이것을 말합니다. 주님께서 오실
때까지 살아 남아 있는 우리가, 이미 잠든 사람들보다 결코 앞서지 못할
것입니다.
16 주님께서 호령과 천사장의 소리와 하나님의 나팔 소리와 함께 친히
하늘로부터 내려오실 것이니, 그리스도 안에서 죽은 사람들이 먼저 일어
나고,
17 그 다음에 살아 남아 있는 우리가 그들과 함께 구름 속으로 이끌려
올라가서, 공중에서 주님을 영접할 것입니다. 이리하여 우리가 항상 주님
과 함께 있을 것입니다.
18 그러므로 여러분은 이런 말로 서로 위로하십시오.

예수께서 부활하셨다는 소식에 의해
하나님의 통치에 대한 복음이 빠른 속도로 번져나가며
악하고 더러운 이 세상의 종말이
죽은 자가 살아나는 초월적인 이적과 함께
곧 임할 것이라는 기대가
교회가 세워짐과 함께 무르익어 갔습니다.
그 기대감은 복음이 전해지는 속도에 비례해 증대되었고
종말의 시기는 코앞에 닥친 것으로 인식되었습니다.

예수 그리스도의 사랑의 메시지와 함께
평화의 통치에 대한 그리움은

종말이 신속하게 이루어기를 갈망하게 만들었습니다.
또한 사도 바울의 범민족주의적 복음의 확장으로 인해
교회는 유대교를 넘어 더 큰 세력으로 확대되면서
로마의 종교들과 경쟁하게 되었고
종말론이 로마의 통치에 대한 해방이라는
정치적 이념으로 작용함과 함께
처참한 박해의 역사 또한 시작 되었습니다.

로마의 박해와 이로 인해 죽어가는 이들의 등장은
살아 있는 동안 예수 그리스도를 믿어
하나님의 통치의 나라에 들어갈 것을 기대하던 이들에게
큰 실망감을 주었을 뿐만 아니라
예수를 믿고 죽은 자들이
종말의 때에 어떻게 될 것인가에 대한 의문을 낳았습니다.

이러한 의문들이 일어날 초기에
이미 바울은 자신의 첫 편지로 여겨지는
데살로니가전서에서 재림과 부활에 대한 관심에
깊이 사로잡혀 있음을 보여주고 있습니다.
적어도 여기에서는 바울 자신 또한
재림이 신속히 일어날 것이라는 기대감에
매우 고무되어 있었음이 드러납니다.(살전5:1~8)
또한 주 예수 그리스도를 믿다 죽어간 이들이
주님의 재림 시에 어떻게 될 것인가에 대한 의문들에도
답변을 해 주어야겠다 생각하고
그 문제를 서술해 나가고 있습니다.(살전4:13~18)

유대인이 아닌 이방인들에게는
사실 부활이라는 문제가
그리 중요하지 않을 수도 있습니다.
대부분의 이방인들이

육체와 분리되는 영혼이라는 것을 믿었고
영혼이 존속하는 사후 세계를 믿고 있었습니다.
이들에게는 예수 그리스도에 대한 믿음이
사후 세계에 대한 행복을 보장해 줄 수만 있다면
지금 이 세계에 대한 고통은 참을 만한 것이며
이 땅에서의 부활이, 또는 하나님의 통치가
굳이 없다 하더라도 아무 상관이 없었습니다.
이것이 사실 우리 기독교인들도 오랫동안 믿고 있던
천국에 대한 소망이라는
이방인 그리스도교 신앙이기도 합니다.

그러나 예수 그리스도의 부활은
그것을 처음 전하던 유대인들에게
한 개인의 문제를 의미하지 않았습니다.
그것은 우주적 차원의 격변을 가져오고
이 세계에 대한 종말을 예고하는 전조로 의식되었고
사후세계가 희미하던 유대인들에게는
죽은 이들에게 새로운 생명의 기회를 부여해 주는
놀라운 세계가 열릴 시작점으로 인식되었습니다.
영혼이 육체와 따로 분리되는
사후 세계가 희미한 유대인들에게
몸의 부활은 여전히 이 땅의 세계가 필요했고
이 세계에서 영원히 살아갈 이들을 위해
하나님의 의로운 통치가 제공될 것이 소망되었습니다.
그것이 복음이었습니다.

이러한 사상적 차이는
지금도 마찬가지지만 당시에도
일반인들에게 쉽게 인식되지 못했고
단지 예수 그리스도께서 빨리 오셔서
새로운 통치를 이루어 주시기만을 바랄 뿐이었습니다.

사실 유대 종말론에 의하면
메시아가 나타나 단번에 유대 민족을 부활시켜
그의 의로운 통치 안에 들어오게 합니다.
그런데 예수라는 존재에 의해 부활의 의미가 모호해졌습니다.
메시아라는 존재가 죽는다는 사실도 있을 수 없는 일이지만
전체 민족이 아니라 오로지 그만이 부활했다는 것이
종말의 참된 부활을 말하는 것인지
기존의 부활의 의미마저 혼란스럽게 만들었습니다.

아무튼 예수님의 부활 직후, 이를 믿고 인정하는 사람들은
이제 부활의 주체는 메시아이며
그가 곧 다시 오시면 그를 믿는 모든 사람들이
하나님의 통치에 참여할 것이라는 기대를 가지게 되었습니다.
유대 묵시문학적 기대와 달리
부활이 예수 그리스도에 의해 단독적으로 일어나게 됨으로써
전 인류의 부활에 대한 기대가 애매모호해진 상황에서
예수를 믿고 기다리던 자들은
곧 있을 재림과 함께 하나님의 통치에 들어가게 될 것이라
믿게 되었던 것입니다.

그러나 곧 이러한 기대에도 문제가 있다는 것이 드러났습니다.
예수님의 재림이 늦어지면서
예수님의 통치를 기다리던 믿는 자들이
하나 둘 씩 죽어가게 되었던 것입니다.
그렇다면 아쉽게도 지금 죽은 자들은
메시아적 통치에는 참여할 수 없는 것인가?

바울은 이에 또 새로운 사상을 설파합니다.
예수를 믿다가 죽은 자들의 부활입니다.
그들이 반드시 부활할 것이라는 주장입니다.
부활은 메시아에만 속한 문제가 아니며

그렇다고 유대인들이 생각하는 유대민족의 부활이나
전 인류의 부활이 아니라
예수를 믿던 자들의 부활이 있을 거라는 사실입니다.
그것이 우리가 오늘 읽은 본문의 내용입니다.

살전4:13 형제자매 여러분, 우리는 여러분이 잠든 사람의 문제를 모르고 지내는 것을 원하지 않습니다. 여러분은 소망을 가지지 못한 다른 사람들과 같이 슬퍼하지 않아야 할 것입니다.
14 우리는 예수께서 죽으셨다가 살아나신 것을 믿습니다. 이와 같이 하나님께서 예수 안에서 잠든 사람들도 예수와 함께 데리고 오실 것입니다.
15 우리는 주님의 말씀으로 여러분에게 이것을 말합니다. 주님께서 오실 때까지 살아 남아 있는 우리가, 이미 잠든 사람들보다 결코 앞서지 못할 것입니다.
16 주님께서 호령과 천사장의 소리와 하나님의 나팔 소리와 함께 친히 하늘로부터 내려오실 것이니, 그리스도 안에서 죽은 사람들이 먼저 일어나고,
17 그 다음에 살아 남아 있는 우리가 그들과 함께 구름 속으로 이끌려 올라가서, 공중에서 주님을 영접할 것입니다. 이리하여 우리가 항상 주님과 함께 있을 것입니다.
18 그러므로 여러분은 이런 말로 서로 위로하십시오.

적어도 이 본문에 의하면
바울은 그리스도인 이외에 다른 이들의 부활을
아직은 생각하고 있지 않은 것 같습니다.
그리고 이 본문의 마지막에서 말하듯이
바울의 이 사상은 '위로'를 목표로 하고 있습니다.
예수를 믿고 죽어간 이들에 대해 슬퍼하는 사람들을
위로하기 위해 바울은 이 편지를 쓰고 있는 것입니다.

16-17절은 가장 난해하고
여러 사상들을 잉태한 구절입니다.
16절에 의하면 주님은 하늘에서 내려오시는데

17절은 부활한 이들이 그를 영접하러 올라갈 것으로 말합니다.
그래서 내려오는 자와 올라가는 자가 공중에서 만나게 됩니다.
이 이상한 표현은 아무런 설명 없이 모호하게 마무리되며
사람들의 호기심과 상상력을 자극시킵니다.
그들의 만남은 공중에서 멈출 것인가?
아니면 그들은 땅에 내려올 것인가?

이 구절을 고대 개선장군을 맞이하는
환영식으로 해석해야 한다는 주장이 힘을 얻고 있습니다.
승리를 이루고 온 장군을 백성들이 성 밖으로 나가 맞이하며
같이 성 안으로 들어오는 축하 행렬을 의미한다는 것입니다.
이에 따르면 다시 오시는 예수님을 맞이하기 위해
죽음에서 부활한 이들과 예수를 믿는 이들이 공중으로 나아갑니다.
특히 공중은 악마들이 권세를 잡고 있던 곳이라는 생각이 있었기에
그곳에서의 만남은 예수 그리스도의 승리를 확고히 합니다.
바울은 이 공중에서 말을 멈추지만 환영식의 끝은 결국
승리한 장군과 함께 성안으로 들어가는 것이라는 점에서
예수 그리스도와 이를 따르던 무리들이
다시 땅으로 내려올 것이 암시된다고 하겠습니다.

저는 바울의 이 서신을 보면서
그리고 새로운 문제에 직면해
새로운 사상이 생겨나는 것을 보면서
그 사상의 사실 관계보다는
그 목적이 위로라는 것에 마음이 가게 됩니다.
복음은 위로입니다.
복음을 맡은 자들은 우리의 삶으로
위로를 줘야 합니다.
우리가 가진 모든 예수와 성경의 이야기는
위로를 위한 것이 분명하기 때문입니다.

16. 용서

2017년 5월 7일

마태복음 18:23~35
23 그러므로, 하늘 나라는 마치 자기 종들과 셈을 가리려고 하는 어떤
왕과 같다.
24 왕이 셈을 가리기 시작하니, 만 달란트 빚진 종 하나가 왕 앞에 끌려
왔다.
25 그런데 그는 빚을 갚을 돈이 없으므로, 주인은 그 종에게, 자신과 그 아
내와 자녀들과 그 밖에 그가 가진 것을 모두 팔아서 갚으라고 명령하였다.
26 그랬더니 종이 그 앞에 무릎을 꿇고, '참아 주십시오. 다 갚겠습니다'
하고 애원하였다.
27 주인은 그 종을 가엾게 여겨서, 그를 놓아주고, 빚을 없애 주었다.
28 그러나 그 종은 나가서, 자기에게 백 데나리온 빚진 동료 하나를 만
나자, 붙들어서 멱살을 잡고 말하기를 '내게 빚진 것을 갚아라' 하였다.
29 그 동료는 엎드려 간청하였다. '참아 주게. 내가 갚겠네.'
30 그러나 그는 들어주려 하지 않고, 가서 그 동료를 감옥에 집어넣고,
빚진 돈을 갚을 때까지 갇혀 있게 하였다.
31 다른 종들이 이 광경을 보고, 매우 딱하게 여겨서, 가서 주인에게 그
일을 다 일렀다.
32 그러자 주인이 그 종을 불러다 놓고 말하였다. '이 악한 종아, 네가
애원하기에, 나는 너에게 그 빚을 다 없애 주었다.
33 내가 너를 불쌍히 여긴 것처럼, 너도 네 동료를 불쌍히 여겼어야 할
것이 아니냐?'
34 주인이 노하여, 그를 형무소 관리에게 넘겨주고, 빚진 것을 다 갚을
때까지 가두어 두게 하였다.
35 너희가 각각 진심으로 자기 형제자매를 용서해 주지 않으면, 나의 하
늘 아버지께서도 너희에게 그와 같이 하실 것이다.

인간이 죄인이라는 정체성을 갖는 것.
그것은 성경에서 하나님을 발견한 사람들이 전해 준
근본적인 기독교 신앙의 유산입니다.

하나님이 위대하고 누멘적이고 거룩하게 느껴질수록
성경 속 신앙인들은 처절하게
자신의 죄의식과 죄책감에 괴로워했습니다.
분명 죄의식과 죄책감이 없고
자신의 내면의 목소리를 감지할 수 없던 사람들은
하나님을 믿는 신앙에 이르지 못했을 것입니다.
죄에 대한 의식이 깨어나는 곳,
회개에 대한 감각이 풍성한 곳,
그곳에서 하나님에 대한 인식과 믿음이
은혜로서 꽃 피어나게 되는 것이
성경의 하나님 경험이었습니다.
바울이 로마서 5장 20절에서 말한 바,
"죄가 많은 곳에 은혜"가 넘친다는 생각이
공식처럼 성경의 원리가 되고 있습니다.

죄에 대한 깊은 수치심과
이를 극복하고자 하는 열망은
예수 그리스도의 십자가 죽음을
죄를 사함받기 위한 속죄제 희생제사의
제물로서의 죽음으로 해석하기에 이르렀고
신약성서 대부분의 저자들의 생각과
초대 교회 해석의 거의 전부,
현대 교회 대부분의 신앙에
지금도 강력한 영향을 끼치고 있습니다.

그러나 20세기 중반에 루돌프 불트만은
요한복음이 이러한 사상적 노선에서
완전히 일탈해 있음을 주장하였고
죄사함이라는 구원의 방식이
인간과 하나님의 관계를 해석하는
유일한 수단이 아니라는 것을 알려주었습니다.

하나님의 사랑은 인간을 죄와 상관 없이
그대로 받아주시기 때문입니다.

요한의 이러한 생각이 심화될수록
죄사함이 구원에 반드시 필요한 요소가
아니라는 생각이 강화되고,
이는 죄를 고백하고 죄사함을 얻는
기존의 신앙 행위에 의문을 품게 만듭니다.
굳이 그렇게 하지 않더라도
예수를 믿는 믿음과 사랑 안에서
이미 우리가 구원에 들어가 있음을
요한복음이 말하고 있기 때문입니다.

이로써 우리는 두 극단적 신앙을 보게 됩니다.
하나는 죄에 대한 극도의 집중으로
죄의 고백과 죄사함 없이는 구원에 이를 수 없다는 것.
또 하나는 은혜에 대한 극도의 집중으로
죄의 고백조차 필요 없이 구원에 이를 수 있다는 것.
저의 고민은 이 두 가지 입장이
예수님의 입장을 정확히 반영하는지에 대한 문제입니다.

우선 우리는 주님께서 가르치신 기도를 먼저 보겠습니다.
그 기도에는 죄에 대한 사죄의 은혜를
간구하는 구절이 있는데
저 또한 주의 기도를 매일 하고 있기에
이러한 간구가 실제로 무엇을 의미하는지
언제나 많은 고민이 있습니다.

마6:12 우리가 우리에게 죄 지은 사람을 용서하여 준 것 같이 우리의 죄를 용서하여 주시고

먼저 매일의 간구를 위한 기도를 가르쳐 달라는
제자들의 요구에 대한 대답인 주의 기도 안에
사죄의 탄원이 들어 있다는 것은
예수를 믿음으로 단번에 모든 죄를 사함 받는다는
모든 교리적 신앙이 예수님의 생각이 될 수 없다는 것을
반영한다고 볼 수 있습니다.
도리어 이 기도는 인간의 현실을 직시하고 있으며
인간이 죄에서 해방될 수 없다는 회의적인 신앙과
그럼으로써 하나님을 향한 끊임없는
은혜의 간구가 필요함을 말해주고 있습니다.
또 한편으로 이러한 신앙의 자세는
인간의 구원이 결국은
모든 죄를 사하는 죄 없이 함에 있지 않으며
죄악 속에서 살아가는 인간을
자신의 백성으로 받아주시는
하나님의 통치라는
복음 자체 안에 있음을 말해 주고 있습니다.

따라서 이 죄 사함을 위한 간구는
하나님의 통치 안에 머무르기 위한
하나님과의 관계를 위한 것이며
이미 구원을 얻었다, 얻지 못했다를 구별짓는
구원의 기준점을 제공하는
회개의 체험을 하기 위한 기도가 아닙니다.
예수님의 생각에 죄악 속에 살아가는 인간은
통치자이신 하나님 앞에서
언제나 자신을 살피는 신앙 속에
그의 용서와 은혜와 도움을 구하는 신앙,
즉, 어린아이와 같은 신앙으로 살아갈 것을
촉구하는 것으로 보여집니다.
그렇게 생각하는 한에서만

이 기도가 항상 해야 할 기도로서
의미가 있을 수 있다고 생각이 됩니다.

이 구절을 누가복음의 병행 구절과 비교해서
보다 자세히 보도록 하겠습니다.

마6:12 우리가 우리에게 죄 지은 사람을 용서하여 준 것 같이 우리의 죄를 용서하여 주시고,

눅11:4 우리의 죄를 용서하여 주십시오. 우리에게 빚진 모든 사람을 우리가 용서합니다.

우리가 주의 기도로 사용하는 마태복음의 번역은
사실 의역된 것이며
마태와 누가를 다음과 같이 직역하는 것이 더 정확합니다.

마6:12 우리가 우리의 빚진 자들을 탕감한 것 같이 우리의 빚들을 탕감하옵시고

눅11:4 우리의 죄들을 용서하옵소서. 우리도 우리의 모든 빚진 자들을 탕감하고 있나이다.

예수께서 당시 사용하시던 언어는 아람어로
신약성서는 이 아람어를 헬라어로 번역하여 기록한 것입니다.
여기서 마태와 누가가 말하고 있는 빚, 죄는
빚, 죄를 동시에 의미하는
아람어 '호바'를 각기 번역한 것입니다.
마태는 일관성 있게 빚으로 번역하였고
누가는 하나님에 대해서는 빚이 아닌,
죄에 대한 용서를 구하는 것으로 번역하였습니다.

이 아람어가 번역된 예가 보여주듯,

유대적 고대 개념에 의하면
죄, 타인에 대한 잘못은
하나님께 빚을 얻는 것,
채무를 지는 것을 의미합니다.
그 채무는 곧 하나님의 적절한 심판을
받음으로써 갚아지게 됩니다.
마치 모세에게 나타나신 하나님의
다음 말씀과도 같습니다.

출34:6 주님께서 모세의 앞으로 지나가시면서 선포하셨다. "주, 나 주는 자비롭고 은혜로우며, 노하기를 더디하고, 한결같은 사랑과 진실이 풍성한 하나님이다.
7 수천 대에 이르기까지, 한결같은 사랑을 베풀며, 악과 허물과 죄를 용서하는 하나님이다. 그러나 나는 죄를 벌하지 않은 채 그냥 넘기지는 아니한다.

무엇인가 모순으로 느낄만한 점이 발견됩니다.
한결같은 사랑과 용서를 베푸시는 분이
왜 죄에 대한 벌 없이는 넘어가지 못하시는가?
이 모순이 해소되기 위해서는
여기서 말하는 용서라는 것이
계약 관계의 완전한 파기와 하나님과의 관계의 단절을
참아주시는 것이라고 이해해야 할 것입니다.
여기에서의 사랑은 그러한 한도 내에서의 사랑이며
그럴지라도 죄를 지은 것에 대한 빚은
그냥 넘어가지 못한다는 것입니다.

우리는 이 문제에 대해
예수께서 어떻게 생각하셨는지 확실히 알 수 없습니다.
어떤 면에서 그분은 모세보다도 더 철저하게
인간의 죄를 내면적으로 인식하신 분이며

반면에 하나님의 사랑을
더 포괄적이고 인격적인 것으로
이해하신 분이기도 합니다.
그분은 모든 면에서 구약의 율법을 능가하며
은혜와 사랑에 있어서도
심판과 체벌에 있어서도
더 민감한 영적 감수성으로 접근하실 수 있는 분이시기에
우리로서는 그분의 생각이 더욱 궁금합니다.

일단 우리가 주의 기도를 통해
죄에 대한 문제를
빚에 대한 문제와 연결시키는 것이
예수님의 생각이라는 것을 인정하게 될 때에
구약적 개념의 심판이라는 빚에 대한 개념을
그분이 부정하고 계시지는 않는다고
생각해 볼 수 있습니다.
즉, 그분은 복음과 하나님의 통치 속에 속한 자도
하나님과 이웃에 대해 지은 죄에 대한 책임,
빚을 가지고 있음을 인정하고 계시는 것입니다.

그런데 새로운 것은
우리에게 죄를 지은 사람들을 우리가 용서함으로써
우리가 하나님께 지고 있는 죄에 대한 빚 또한
청산해 주실 것을 요구할 수 있다는 것입니다.
그리고 그 요구가 바로
우리의 매일의 기도 속에 포함될 수 있다는 것을
주의 기도가 보여주고 있습니다.

이러한 예수 그리스도의 가르침에 의하면
일상의 죄에 대한 청산의 요구로서의 기도와 탄원은
십자가에 흘리신 그의 피로 이루어지는 것이 아니라

우리가 우리에게 잘못을 범한 타인의 죄를
용서함으로써 이루어지게 됩니다.

그런데 우리가 마태복음 18장에 나타나는
용서에 대한 다른 가르침을 본다면
또 다른 사실을 알게 됩니다.

마18:21 그 때에 베드로가 예수께 다가와서 말하였다. "주님, 내 형제가 나에게 자꾸 죄를 지으면, 내가 몇 번이나 용서하여 주어야 합니까? 일곱 번까지 하여야 합니까?"
22 예수께서 대답하셨다. "일곱 번만이 아니라, 일흔 번을 일곱 번이라도 하여야 한다.
23 그러므로, 하늘 나라는 마치 자기 종들과 셈을 가리려고 하는 어떤 왕과 같다.
24 왕이 셈을 가리기 시작하니, 만 달란트 빚진 종 하나가 왕 앞에 끌려 왔다.
25 그런데 그는 빚을 갚을 돈이 없으므로, 주인은 그 종에게, 자신과 그 아내와 자녀들과 그 밖에 그가 가진 것을 모두 팔아서 갚으라고 명령하였다.
26 그랬더니 종이 그 앞에 무릎을 꿇고, '참아 주십시오. 다 갚겠습니다' 하고 애원하였다.
27 주인은 그 종을 가엾게 여겨서, 그를 놓아주고, 빚을 없애 주었다.
28 그러나 그 종은 나가서, 자기에게 백 데나리온 빚진 동료 하나를 만나자, 붙들어서 멱살을 잡고 말하기를 '내게 빚진 것을 갚아라' 하였다.
29 그 동료는 엎드려 간청하였다. '참아 주게. 내가 갚겠네.'
30 그러나 그는 들어주려 하지 않고, 가서 그 동료를 감옥에 집어넣고, 빚진 돈을 갚을 때까지 갇혀 있게 하였다.
31 다른 종들이 이 광경을 보고, 매우 딱하게 여겨서, 가서 주인에게 그 일을 다 일렀다.
32 그러자 주인이 그 종을 불러다 놓고 말하였다. '이 악한 종아, 네가 애원하기에, 나는 너에게 그 빚을 다 없애 주었다.
33 내가 너를 불쌍히 여긴 것처럼, 너도 네 동료를 불쌍히 여겼어야 할 것이 아니냐?'
34 주인이 노하여, 그를 형무소 관리에게 넘겨주고, 빚진 것을 다 갚을 때까지 가두어 두게 하였다.

35 너희가 각각 진심으로 자기 형제자매를 용서해 주지 않으면, 나의 하늘 아버지께서도 너희에게 그와 같이 하실 것이다."

사실 오늘 우리가 읽었던 이 설교의 본문 앞에는
이와 같은 제자들과의 대화가 있었는데
이 또한 용서에 대한 문제였습니다.
마태복음 18장 21절에서
형제의 죄를 몇 번까지 용서해야 하는가에 대한 물음에
예수께서는 일흔 번을 일곱 번까지,
490번이라도 용서해야 한다고 말씀하고 계시는 것입니다.

우리는 이러한 무조건적인 용서가
과연 우리 자신과 죄를 짓는 형제에게
무슨 도움이 되는가에 의문을 가질 수도 있습니다.
그런데 곧이어 오늘 본문의 비유가 나타납니다.
왕에게 만 달란트를 빚진 종이 끌려왔는데
그는 간절히 애원함으로써 그 빚을 탕감 받습니다.
그런데 그 종인 자신에게 100데나리온의 빚 진 자를 만나자
그를 감옥에 집어넣어 버립니다.
한 달란트는 5천데나리온이기에
비율로 따지자면 50만 배나 더 탕감을 받은 자가
동료를 가둔 것입니다.
이 사실을 안 왕은 그 종을 옥에 집어넣어 버립니다.

이 비유는 두 가지를 말해주고 있습니다.

하나는, 하나님의 용서는 주의 기도에서처럼
우리가 누군가의 죄를 용서해야 우리가 용서받는
꼭 그러한 순서를 따르는 것은 아니라는 것입니다.
왕이 종의 부채를 그의 간청만으로도 면제해 주었듯이
하나님의 용서는 우리의 행위에 기대지 않고도

그분의 자유로운 은혜에 따라
언제든 이루어질 수 있다는 것입니다.

또 하나는, 하나님의 용서는
우리에게 죄를 지은 이들을 향한 용서의 자세를
우리에게 끊임없이 요구하고 있다는 것이며
만약 우리가 어느 정도까지
그들을 용서해야 하냐고 묻는다면
우리가 피해를 보고 있다고 생각하는 것의
50만 배 이상으로
우리가 하나님께 빚을 지고 있음을 깨닫고
490번이라도 반복해서 용서함으로
하나님께 진 빚을 탕감해 나가라는 것입니다.

이러한 용서에 대한 접근은
예수 그리스도의 피로 모든 죄를 용서받고
죄가 없는 순수한 상태에서
타인의 죄를 나의 자발적인 사랑으로 용서한다는,
용서를 나의 내면의 성품의 문제로 취급하는 것과는
완전히 다른 접근입니다.

하나님께 쌓여있는 나의 채무를
다른 이들에 대한 용서를 통해 갚아나가는 것,
그리고 사실상 아무리 내가 타인의 죄를 용서해도
하나님께서 나를 참아주시고 있는 탕감의 은혜에는
턱없이 모자라다는 이 은혜로운 사실이
바로 하나님의 나라라고
예수께서는 우리에게 가르치고 계시는 것입니다.

물론 이 말씀이 정죄하지 않는 주님을 말하는
요한복음의 사상과 매끄러운 일치를 볼 수는 없으며

단번의 죄사함을 말하는
신약의 다른 서신들의 주장과도
조화롭게 일치한다고 생각할 수는 없을 것입니다.

그러나 이 말씀은
하나님의 우리를 향한 놀라운 용서의 은혜를 말하면서도
다른 이들을 용서해야 할 우리의 책임에 대한 무거움을
은혜로운 복음 안에서 실제적으로 잘 전해주고 있으며
실천적으로 우리 안에서 타인에 대한 용서가 작동하도록
무섭게 경고해 주고 있습니다.

이 주님의 말씀을 통해
우리에게 잘못을 한 타인들을 용서하는 데 있어
실제적인 도움이 되기를 바라고
우리 또한 하나님의 용서의 은혜를
언제나 넘치도록 경험하게 되기를 바랍니다.

17. 에덴

2017년 5월 14일

창세기 2:15
15 주 하나님이 사람을 데려다가 에덴 동산에 두시고, 그 곳을 맡아서 돌보게 하셨다.

에덴의 이야기는 묘한 매력이 있습니다.
성경은 에덴이라는 곳의 환경이
완전한 곳이라고 말하지는 않습니다.
단지 하나님의 동산(사51:3, 겔28:13)이라는 표현과
나무가 많았다는 의미에서의 풍요로움이(겔31:9)
그리움과 동경을 자아냅니다.
그곳에서 인간이 행복했다고 표현하지도 않습니다.
그곳으로 돌아가야 한다고 말하는 예언자도 없으며
심지어 에덴의 이야기나 아담의 이야기를
알고나 있는지도 의심스러울 만큼
포로기 이후 몇몇 예언자 외에는 에덴을 언급하지 않습니다.
시편의 그 어떤 시에서도 창조의 찬양에
창세기 2장의 이야기와 에덴의 이야기를 반영하지 않습니다.
구약의 저술가들이 향하는 가장 원초적인 신앙의 고향은
창조 신앙에 있으면서도 에덴을 향하고 있지는 않으며
그 무엇보다 하나님이 모세와 함께하신
출애굽의 사건을 지향하고 있습니다.

따라서 에덴의 이야기는
구약 형성의 가장 초창기 문서인
J문서에 속하는 것으로 알려져 있지만
그 어떤 문서에도 속하지 않는 독립성을 지니고 있습니다.
마치 이 이야기는 구약 안에 있는 듯하면서도

사실상 아무 영향도 끼치지 못하는 듯 보이는
투명한 공기처럼 여겨집니다.
어쩌면 초창기 문서를 가장한
가장 후대에 편입된 이야기일 수도 있겠습니다.

편집의 교묘한 흔적은
에덴의 이야기를 이끌어 가는 하나님의 명칭에서도
발견할 수 있습니다.
가장 후대에 기록된 것으로 알려진
창세기 1장의 하나님 이름은 '엘로힘'입니다.
그런데 2장의 에덴 이야기로 넘어오면서
하나님의 이름은 '야훼 엘로힘'으로 나타나며
에덴동산에서 아담과 하와가 쫓겨난 이후부터
하나님의 이름은 '야훼'로 불리기 시작합니다.
'엘로힘'에서 '야훼'로의 자연스러운 이행을 위해
'야훼 엘로힘'이라는 이름이 에덴에서 사용된다는 점이
이 에덴 이야기가 이스라엘 후기의
오경 최종 편집 시기 산물이라는 가정을 가능하게 만듭니다.
특히, '야훼 엘로힘'이라는 명칭은
신명기와 이스라엘의 후기 예언서, 시편, 잠언에서
간간히 나타나는 명칭으로
모두 이스라엘 후기에 집중되어 있습니다.
우리나라 성경에는 주로 '만군의 하나님'으로
번역이 되어 있습니다.

창세기 1장의 인간은
그 창조 목적이 생태적이고 자연적인 것에
초점이 맞추어져 서술이 되고 있습니다.
생육하고 번성하는 것에 대한 축복은
다른 동물에게 주어지는 것과 동일합니다.
그러나 추가되는 축복에서

인간의 독립적 위대성이 표현됩니다.
땅을 정복하여라!
바다의 고기와 공중의 새와
땅 위에서 살아 움직이는 모든 생물을 다스려라!

인간은 사실 아직까지도
바다의 고기와 공중의 새와
땅 위에서 살아 움직이는 모든 생물을
다스리고 있지 못합니다.
단지 그것들을 잡아먹었을 뿐인데
이는 그 다음 축복인
모든 식물을 음식으로 주신다는 것과
정면으로 상치되는 사실입니다.
그것은 다른 동물들도 마찬가지인데
그들에게도 오직 식물만이 음식으로 주어졌습니다.
따라서 창세기 1장은 에덴동산에 앞서
유토피아적인 성격을 먼저 보여주고 있습니다.

1장의 유토피아적 성격은
2장 이후의 에덴동산의 배경이 되어 주며
에덴에서의 실패와 추방은
1장의 유토피아적 생태 환경의 파괴를
별다른 언급 없이 당연한 것으로 만들어
어느덧 모든 생태계가 이미
살육의 현장이 된 것으로 암묵간에 설정하고 있습니다.
따라서 이 두 창조 이야기는 서로 다르면서도
완전히 얽혀 있어 분리가 불가능합니다.

이 두 이야기는 신화적 표현이기에
현대인이 생각하는 사실적인 역사가 아니지만
우리의 역사적인 현실을

냉혹하게 비판하고 있습니다.
이것이 비역사적인 만큼 더 대조적으로
현실의 역사를 악한 것으로 비판하고 있습니다.
무엇이 잘못된 것인지,
어떤 방향으로 나아가야 할지,
가장 이상적인 형태의 세계는 무엇인지,
인간이 행해야 할 사명은 무엇인지를
이 이야기가 보여주고 있습니다.

1장의 이야기는 인간이 세계에 대해 가지고 있는 사명이
이 세상 속에서 번성하면서
모든 생태계를 돌보는 것임을 말하고 있습니다.
보편적 생명 존재로서의 인간에 대한 이러한 비전은
인간과 인간의 대립과 통치,
식용을 위한 동물의 사육과 소유,
그것의 경제화와 이권의 권력화, 정치화,
이를 위한 약탈과 전쟁,
종교적 갈등을 수없이 겪은
인간과 역사 비판의 결정체라고 볼 수 있습니다.
이러한 생명 존중의 사상을
기독교는 종말 이후로 연기했다는 점에서
사실상 현실에서는 포기했다고 볼 수 있습니다.

2장의 에덴 이야기는
인간과 하나님의 관계에 대해 말하고 있습니다.
하나님은 인간을 위해 동산을 만들고,
그 안에 식물들을 만들어 주고,
돕는 자로서 동물과 여자를 만들어 주었습니다.
그리고 이따금씩 에덴에 나타나시어
그곳을 거니시면서 그곳을 즐기고 계십니다.
이 에덴은 생육과 빈성의 장소가 아닙니다.

그것을 위한 야훼 엘로힘의 축복이 나타나지 않습니다.
'에덴'은 고대 메소포타미아 지역의
왕의 정원의 명칭이었던 만큼
아름다움을 유지해야 할 하나님의 정원이며
인간은 그곳을 맡아 가꾸며 돌보는 자입니다.

그런데 이 정원이 유지되기 위한 가장 중요한 조건으로
선악과를 먹지 않는 것,
즉, 하나님의 명령에 복종하는 삶이 요구된다는 점에서
이 에덴동산은 인간과 하나님의 관계 설정에 대한
내면적인 시험의 장소입니다.
구약 성서의 기록자들은 이 관계가 깨짐으로써
전체 세상이 혼란에 빠진 것으로 여기고 있습니다.

우리는 얼마 전 다시 유토피아를 꿈꾸며
대통령 선거를 했습니다.
보다 나은 세상,
사람이 사람답게 살 수 있는 세상을 꿈꾸며
우리 모두를 대신해 정치를 해 줄
대표자를 뽑았습니다.
마치 이 세상을 인간의 손에 맡기는
엘로힘의 심정으로
에덴에 아담을 데려다 놓고 가꾸어 보라는
야훼 엘로힘의 심정으로
우리는 한 통치자를 우리의 터전 위에 세워 놓았습니다.
우리는 그가 넘어야 할 선을 넘지 않고
공의와 정의의 통치를 해 줄 것을 기대하고 있습니다.

이러한 기대는
우리 개개인의 삶에도 여전히 부여되고 있습니다.
에덴의 이야기는 단지 인간 타락의 기원만을

말하려는 데 있지 않고
여전히 하나님과 우리 관계의 근원에 대하여
말해 주고 있습니다.

우리의 내면은 다시금 에덴으로 이끌려 갑니다.
하나님과 함께 숨 쉬고 산책하는 곳,
찬양과 기도와 묵상을 통해 그곳으로 들어갑니다.
우리는 우리의 내면을 아름답게 가꾸고 돌봄으로써
하나님이 즐기고 쉬시기 좋은
정원, 에덴으로 만들 의무가 있습니다.
이를 위해 우리의 자유의 일부가 제한되고
스스로 부끄러워 하나님을 멀리하게 될 악을 멀리할
의무가 부여되게 됩니다.

우리나라가 이번에 국가적인 범위에서
악한 자들을 처벌하고 새로운 인물을 세우며
사회, 정치적인 정리를 했듯이
우리의 내면에서도 이러한 돌봄과 가꿈이
계속되어야 합니다.
우리는 하나님과 내적인 교류가 가능한 존재입니다.
우리가 에덴이며
우리가 하나님의 거처입니다.
에덴의 이야기를 통해
우리의 내면을 아름답게 가꾸고 만드는 일이
아담, 곧 인간의 목적임을 다시 상기하고
계속해서 이루어 나가야 할 것입니다.

18. 예수의 열정

2017년 5월 28일

누가복음 9:51~62
51 예수께서 하늘에 올라가실 날이 다 되었다. 그래서 예수께서는 예루살
렘에 가시기로 마음을 굳히시고
52 심부름꾼들을 앞서 보내셨다. 그들이 길을 떠나서 예수를 모실 준비를
하려고 사마리아 사람의 한 마을에 들어갔다.
53 그러나 그 마을 사람들은 예수가 예루살렘으로 가시는 도중이므로, 예
수를 맞아들이지 않았다.
54 그래서 제자인 야고보와 요한이 이것을 보고 말하였다. "주님, 하늘에
서 불이 내려와 그들을 태워 버리라고 우리가 명령하면 어떻겠습니까?"
55 예수께서 돌아서서 그들을 꾸짖으셨다.
56 그리고 그들은 다른 마을로 갔다.
57 그들이 길을 가고 있는데, 어떤 사람이 예수께 말하였다. "나는 선생
님이 가시는 곳이면, 어디든지 따라가겠습니다."
58 예수께서 그에게 말씀하셨다. "여우도 굴이 있고, 하늘을 나는 새도
보금자리가 있으나, 인자는 머리 둘 곳이 없다."
59 또 예수께서 다른 사람에게 "나를 따라오너라" 하고 말씀하셨다. 그러
나 그 사람이 말하였다. "주님, 내가 먼저 가서 아버지의 장례를 치르도
록 허락하여 주십시오."
60 그러나 예수께서는 그에게 말씀하셨다. "죽은 사람들을 장사하는 일은
죽은 사람들에게 맡겨두고, 너는 가서 하나님 나라를 전파하여라."
61 또 다른 사람이 말하였다. "주님, 내가 주님을 따라가겠습니다. 그러
나 먼저 집안 식구들에게 작별 인사를 하게 해주십시오."
62 예수께서는 그에게 말씀하셨다. "누구든지 손에 쟁기를 잡고 뒤를 돌
아다보는 사람은 하나님 나라에 합당하지 않다."

이 본문에는
예수께서 선포하신 하나님 나라 복음의 급박성과
주님과 제자들의 복음에 대한 열정이
고스란히, 가장 거칠고 대담한 방식으로

기록되어 있습니다.

눅9:51 예수께서 하늘에 올라가실 날이 다 되었다. 그래서 예수께서는 예루살렘에 가시기로 마음을 굳히시고

51절에서 예수님의 예루살렘 입성 목적을
승천으로 기술하고 있는 것은
전형적인 누가의 기획으로,
복음서 중 오직 누가만이 승천을 기록하고 있다는 것에서
누가가 예수님의 사역의 최종 종착점을
승천으로 보고 있다는 것을 알려 주고 있습니다.

눅9:52 심부름꾼들을 앞서 보내셨다. 그들이 길을 떠나서 예수를 모실 준비를 하려고 사마리아 사람의 한 마을에 들어갔다.
53 그러나 그 마을 사람들은 예수가 예루살렘으로 가시는 도중이므로, 예수를 맞아들이지 않았다.
54 그래서 제자인 야고보와 요한이 이것을 보고 말하였다. "주님, 하늘에서 불이 내려와 그들을 태워 버리라고 우리가 명령하면 어떻겠습니까?"
55 예수께서 돌아서서 그들을 꾸짖으셨다.

갈릴리 나사렛의 사역을 완결 짓고
중간의 사마리아 지역을 통과하여
예루살렘으로 가는 과정에서
예루살렘에 대하여 거부 반응을 보이는
사마리아 사람들의 민감한 지역감정으로 인해
예수님까지 거부하는 마을 사람들이 나타났습니다.
그런데 그 때 말썽장이 베드로도 아니고
야고보와 요한에게서 나오는 거친 발언은
우리를 놀라게 만듭니다.

한 가지 추측해 볼 수 있는 것은
예루살렘으로 향하는 이 무리의 이상한 분위기가

사람들에게 이와 같은 반응이 나오도록 만들었을
가능성이 있다는 사실입니다.
이에 대해 마가복음의 증언이 도움이 될 수 있겠습니다.

막10:32 그들은 예루살렘으로 올라가고 있었다. 예수께서 앞장서서 가시는데, 제자들은 놀랐으며, 뒤따라가는 사람들은 두려워하였다.

그러나 이러한 압도적인 누멘적 열정이
어떤 이들에게는 매혹적인 것으로 다가와
예수님을 따르도록 자극했습니다.

눅9:57 그들이 길을 가고 있는데, 어떤 사람이 예수께 말하였다. "나는 선생님이 가시는 곳이면, 어디든지 따라가겠습니다."
58 예수께서 그에게 말씀하셨다. "여우도 굴이 있고, 하늘을 나는 새도 보금자리가 있으나, 인자는 머리 둘 곳이 없다."

이에 대한 예수님의 말씀은 신세 한탄이 아니라
그들이 따르고자 하는 예수와 그의 사역이
이 세상에서 어떠한 위치를 차지하고 있고
또한 어떠한 고난을 요구하는지를
그들에게 알려주기 위한 말씀입니다.

눅9:59 또 예수께서 다른 사람에게 "나를 따라오너라" 하고 말씀하셨다. 그러나 그 사람이 말하였다. "주님, 내가 먼저 가서 아버지의 장례를 치르도록 허락하여 주십시오."
60 그러나 예수께서는 그에게 말씀하셨다. "죽은 사람들을 장사하는 일은 죽은 사람들에게 맡겨두고, 너는 가서 하나님 나라를 전파하여라."
61 또 다른 사람이 말하였다. "주님, 내가 주님을 따라가겠습니다. 그러나 먼저 집안 식구들에게 작별 인사를 하게 해주십시오."
62 예수께서는 그에게 말씀하셨다. "누구든지 손에 쟁기를 잡고 뒤를 돌아다보는 사람은 하나님 나라에 합당하지 않다."

이 말씀에서는 예수님의 요구가
너무 지나친 것이 아닌가라는 생각이 들 정도로
매우 거칠게 표현되고 있습니다.
사실상 이 말씀은 예수님의 말씀 중 이상스러울 정도로
가장 인간미가 떨어지는 혹독한 말씀입니다.
부모의 장례를 치르고 가정을 돌보는 것은
구약의 율법 정신에 있어서도 매우 중요한 일입니다.
엘리야가 엘리사를 제자로 맞아들일 때도
이와 비슷한 일이 있었는데(왕상19:19~21)
엘리야는 엘리사를 가족들에게 보내어
작별 인사를 하고 오게 만듭니다.
도대체 예수께서는 자신을 따르며 하나님 나라를 전파하는 것이
얼마나 중요한 일이기에 이렇게 말씀하신 것입니까?

예수께서 생각하신 하나님 나라가
여전히 구약과의 관련성 속에 있는 것이라면
그것은 오늘날의 복지국가의 이념과
많이 차이가 나는 것은 아닙니다.
공의와 정의가 살아 있는 정치(사56:1),
거주에 대한 보장과 정당한 노동에 대한 대가(사65:21~22),
약자들을 돌보고 가난한 자들을 보살피며(레25:35),
방황하는 나그네를 포용하는 정책(레19:34) 등은
하나님 나라의 핵심 가치이며
그것이 비록 이스라엘-예루살렘 패권주의로 나타날지라도
야훼 신앙의 거대한 축을 이루고 있습니다.

이 목표의 완성인 하나님의 통치, 하나님 나라를 위해
예수님과 제자들은 예루살렘으로 들어가고 있습니다.
적은 수로 그들은 이 위대한 일을 이루려 하고 있습니다.
놀라운 사람, 하나님의 아들 예수께서
그들과 함께하고 있기 때문입니다.

그런데 이 후의 이야기는
모든 사람들이 기대하던 바와는
다른 방향으로 흘러가게 되었습니다.
과연 예수께서 의도하신 바대로
된 것인지조차 의문스러울 정도로
많은 새로운 일들이 일어났습니다.
십자가 사건과 죽음, 부활과 성령의 체험,
바울의 등장으로 인한 이방인 선교와
로마와 함께 세계로 뻗어나가는 그리스도교의 확장 등.
그러면서 하나님의 나라는 또 다시
최후의 날로 미뤄졌습니다.
이 모든 변화가 그들이 예루살렘으로 들어가던 당시
예수께서 목적하시던 바였을까 하는 의문이 들 정도로
모든 사건들이 알 수 없는 방향으로 흘러갔습니다.

복음서와 신약성서의 기록은
이러한 의문을 예수님의 복음과 가르침 안에서
다시 수습하고 해명해 보려는 노력의 결실입니다.
그것은 예수님이 선포하신 하나님 나라를
최후의 종말로 연기하면서도
죄사함과 성령의 체험이라는 보편적 신앙 체험을 통해
풀어내려고 노력하고 있습니다.

그러나 최종적인 하나님의 나라에 대한 사상은
범세계적 보편 신앙인
천상, 극락의 세계에 대한 개념을 받아들임으로써
신구약성서의 현실적 하나님 나라에 대한 기대를 넘어서
저 높은 내세의 세계로서의 천국을 향하게 되었습니다.
교회의 신학은 날이 갈수록 복음을
천국이라는 천상의 세계를 목표로 하는 것으로 해석하게 되었고
이를 선교의 목적으로 삼았습니다.

그래서 예수 그리스도의 복음은
'예수천당 불신지옥'의 메시지가 된 것입니다.

그런데 다른 한편으로
하나님 나라에 대한 이상과 복음의 메시지는
서구 2천여 년의 세월 동안
그들의 문화와 철학과 정치적 이념과 삶 속에 녹아들어서
복지국가의 기획 속에 살아 운동하고 있습니다.
그것은 적절히, 혹은 철저하게 세속화되어
정치 제도와 윤리, 법 안에,
그리고 문화적으로 자리를 잡고 있습니다.
예수께서 선포하신 하나님 나라 복음은
이제 무신론적인 문화가 되었고
이에 하나님 나라의 완성이란 예수님의 십자가 사건,
즉, 하나님의 죽음이자 종교의 종말이라는
해석마저 나오게 되었습니다.

종말의 하나님 통치에 대한 갈망에서 나온 성서의 신앙이
인간의 정치 시스템 속에서 구현될수록
하나님을 밀어내는 현상은
어찌 보면 당연한 귀결일 수도 있습니다.
다가오지 않는 종말의 계속적인 연장은
성서의 하나님 나라에 대한 기대에 찬물을 끼얹었고,
대신 복지국가의 실현을 통해
성서의 기대가 인간의 힘으로 가능하다는
희망을 불러일으킴으로써
하나님을 필요 없는 존재로 만들기 때문입니다.

제가 생각하는 새들녘교회의 선교적 사명은
서로 무의식적으로 다투고 있는 이 두 극단에서
중립을 잡아주는 것이라 생각합니다.

두 극단이란
하나님과 성경과 교회라는 전통을
그대로 변화 없이 보호하기 위해 애쓰는 보수적 신앙과
하나님 나라의 이상 중 복지화된 세상만을 추구하는
무신론적 세계관을 말합니다.

보수적 교회에 대해서는
현대신학의 성과를 통하여
성서무오설의 불가능함과
성서무오설을 등에 업고 있는 보수적 교리주의,
즉, 죄사함을 통한 내세적 하나님 나라 신학이
예수님의 가르침에서 얼마나 먼 것인가를 알려 주어야 합니다.

무신론적 세계관에 대해서는
이 세상이 추구하고 있는 근본적인 복지적 이상이
잔인하고 억압된 세상의 통치 속에서
하나님의 계시된 말씀으로 선포된 예수님의 사랑의 복음에
얼마나 많은 빚을 지고 있으며 영향을 받았는지,
따라서 하나님을 믿고 그분의 영에 의지하는 신앙적 삶이
인간에게 얼마나 필요한 것인지를
알려 주어야 합니다.

저는 이러한 사명감이
오늘 본문에서 예수께서 제자들을 강하게 밀어내시던
그 열정의 목적에 어느 정도 부합한다고 생각하며
우리 또한 이러한 열정을 소유하기를 바랍니다.

19. 부정의 원리

2017년 6월 4일

누가복음 14:7~11
7 예수께서는, 초청을 받은 사람들이 윗자리를 골라잡는 것을 보시고, 그
들에게 비유를 하나 말씀하셨다.
8 "네가 누구에게 혼인 잔치에 초대를 받거든, 높은 자리에 앉지 말아라.
혹시 손님 가운데서 너보다 더 귀한 사람이 초대를 받았을 경우에,
9 너와 그를 초대한 사람이 와서, 너더러 '이 분에게 자리를 내드리시오'
하고 말할지 모른다. 그러면 너는 부끄러워하며 가장 낮은 자리로 내려앉
게 될 것이다.
10 네가 초대를 받거든, 가서 맨 끝자리에 앉아라. 그리하면 너를 청한
사람이 와서, 너더러 '친구여, 윗자리로 올라앉으시오' 하고 말할 것이다.
그 때에 너는 너와 함께 앉은 모든 사람 앞에서 영광을 받을 것이다.
11 누구든지 자기를 높이면 낮아질 것이요, 자기를 낮추면 높아질 것이다."

하나님을 인식하는 신학적 방법에
'부정 신학'이라고 불리는 것이 있습니다.
부정 신학은 단순히 하나님을 알 수 없다는 의미가 아니라,
인간의 능력으로는 하나님을 규정하는 방식이 아닌,
하나님을 규정할 수 없는 방식으로만 알 수 있다는 것입니다.
예를 들어, '하나님은 선하시다',
'하나님은 사랑이시다' 등의
규정적인 형태는 말은 근사하지만
인간의 인식 능력으로는 파악 불가능한 것이며
하나님을 그렇게 규정할 수 있다는, 규정하겠다는 생각조차
버리는 것이 옳다고 여기는 방식입니다.
하나님은 무엇인가로 규정하기에는
무한하며 측량할 수 없고 파악 불가능한 존재이기 때문입니다.
바로 이런 개념들이 부정 신학적인 개념들입니다.

그런데 부정 신학의 참된 의의는
하나님에 대한 지식의 문제가 아니라
우리들의 신앙의 태도에 대한 것입니다.
즉, 우리가 우리 자신의 한계를 인정하고 부정하는 데에서
하나님을 믿는 신앙의 올바른 길에 다다를 수 있다는 것입니다.

하나님을 규정하려는 모든 시도는
일종의 독선적인 신앙을 낳게 됩니다.
우리는 구약성서에서 하나님의 이름을 파악하려는
모든 시도에 대해 하나님의 경계적인 자세를 보게 되는데
이 또한 인간이 신을 붙잡으려는 욕망에 대해
신앙적으로 경계해야 함을 말해 주고 있습니다.

십계명의 선두 계명에서 주어진 바
그의 이름을 함부로 불러서는 안 되며
어떠한 형상도 만들어서는 안 된다는 것은
하나님을 정의하고 파악하고 소유하려는
인간의 욕망에 대한 견제입니다.

하나님의 이름 '야훼' 또한
특정한 이름이라기보다는
'있는 자', '존재하는 자'라는 투명한 이름,
존재 이외에는 성격과 특성이 없는 이름,
에리히 프롬의 표현대로라면
'이름 없음'이라는 의미의 이름입니다.

따라서 성서의 많은 인물들이
하나님을 표현하고 수식하고 찬양하며
그의 속성을 규정하는 방식으로 표현함에도 불구하고
이를 부정하고 소극적인 형태로만
하나님에 대해 말하려는

부정신학자들이 항상 존재해 왔던 것입니다.

그렇다고 그들이 '하나님은 알 수 없는 분이다'라고
규정하는 것 또한 아닙니다.
그들은 단지 하나님에 대해 말하기를 멈추려 할 뿐입니다.
하나님을 규정하려는 모든 시도를 멈춘다는 것은
하나님에 대한 소유의 욕망을 잠재우는 것입니다.
그들은 그 욕망을 비울 때
말할 수 없는 하나님의 신비에 더 가까이 접근할 수 있다는
초월적 긍정을 목표로 하고 있습니다.
그러므로 중요한 것은 자신을 비우는 것,
자신을 부정하는 것입니다.

예수님의 가르침에는
자신을 부정하라는 가르침이 곳곳에 등장합니다.

마16:24 그 때에 예수께서는 제자들에게 말씀하셨다. "누구든지 나를 따라오려거든, 자기를 부인하고, 제 십자가를 지고, 나를 따라 오너라.
25 누구든지 자기 목숨을 구하고자 하는 사람은 잃을 것이요, 나 때문에 자기 목숨을 잃는 사람은 찾을 것이다."

마태복음의 이 말씀은
십자가에서 죽을 것을 예고하시는 장면과 연결되어(마16:21~23)
우리에게 순교의 결단을 촉구하시는 것으로 여겨지지만,
누가복음에서는 오늘 우리가 읽은 본문의 후반부에 나타나
자기 부정의 보다 강화된 표현으로 사용되고 있습니다.

눅16:26 누구든지 내게로 오는 사람은, 자기 아버지나 어머니나, 아내나 자식이나, 형제나 자매뿐만 아니라, 심지어 자기 목숨까지도 미워하지 않으면, 내 제자가 될 수 없다.
27 누구든지 자기 십자가를 지고 나를 따라오지 않으면, 내 제자가 될 수 없다.

오늘 본문을 보겠습니다.

눅16:7 예수께서는, 초청을 받은 사람들이 윗자리를 골라잡는 것을 보시고, 그들에게 비유를 하나 말씀하셨다.
8 "네가 누구에게 혼인 잔치에 초대를 받거든, 높은 자리에 앉지 말아라. 혹시 손님 가운데서 너보다 더 귀한 사람이 초대를 받았을 경우에,
9 너와 그를 초대한 사람이 와서, 너더러 '이 분에게 자리를 내드리시오' 하고 말할지 모른다. 그러면 너는 부끄러워하며 가장 낮은 자리로 내려앉게 될 것이다.
10 네가 초대를 받거든, 가서 맨 끝자리에 앉아라. 그리하면 너를 청한 사람이 와서, 너더러 '친구여, 윗자리로 올라앉으시오' 하고 말할 것이다. 그 때에 너는 너와 함께 앉은 모든 사람 앞에서 영광을 받을 것이다.
11 누구든지 자기를 높이면 낮아질 것이요, 자기를 낮추면 높아질 것이다."

예수께서 초대를 받고 가셨는데
사람들이 상석을 차지하기 위해 움직이고 있었습니다.
이에 예수께서는 비유를 통해
더 귀한 사람에게 자리를 빼앗길 수도 있으니
차라리 맨 끝자리에 자리를 잡는 것이 낫다고 가르치고 계십니다.
일종의 겸손을 촉구하는 교훈적인 가르침입니다.
여기에서 중요한 명제가 하나 도출됩니다.

눅16:11 누구든지 자기를 높이면 낮아질 것이요, 자기를 낮추면 높아질 것이다.

이와 비슷한 말씀이 마태복음에 있습니다.

마20:26 너희 가운데서 위대하게 되고자 하는 사람은 누구든지 너희를 섬기는 사람이 되어야 하고,
27 너희 가운데서 으뜸이 되고자 하는 사람은 너희의 종이 되어야 한다.

모두 자기 부정의 원리가 적용되고 있습니다.

그런데 이 자기 부정의 원리가
예수님의 또 다른 원리인
황금율과 조화를 이루는지 궁금합니다.

마7:12 그러므로 너희는 무엇이든지, 남에게 대접을 받고자 하는 대로, 너희도 남을 대접하여라. 이것이 율법과 예언서의 본뜻이다.

예수님의 황금율은 다른 종교들과 달리 적극적인 법칙입니다.
"네가 받기를 원하는 것을 다른 사람에게 행하라!"
다른 종교들과 철학자들은 이를 부정적으로 표현했습니다.
"네가 싫어하는 것을 다른 이에게 행하지 말라!"

이 황금율에 따라 본문의 이야기를 풀어보면,
높은 자리에 내가 앉고 싶지만
다른 사람들도 그 자리를 좋아하기 때문에
황금율에 따라 내가 상석을 양보하고
낮은 자리로 내려가는 것으로 생각될 수 있습니다.
그러나 이렇게 적용을 하는 것과 다음 말씀은
완전한 조화를 이루기가 어려운 것 같습니다.

눅16:11 누구든지 자기를 높이면 낮아질 것이요, 자기를 낮추면 높아질 것이다.

사실 남이 나를 높여주기를 바라면서
낮은 자리로 내려가는 것을 황금율에 따른 적용이라고 한다면
올바른 적용이라고 생각되지 않습니다.
만일 그렇다면 이 말씀은 상석을 차지하기 위한
처세술을 말하는 세속적 지혜가 될 것입니다.
따라서 이 말씀은 윤리적 황금율의 목적을 말하는 것도 아니고
황금율을 지킴으로써 얻게 되는 결과를 말하는 것도 아닙니다.
예수께서 이 말씀을 항구적인 진리로서

가치가 있는 것으로 말씀하셨다면
이는 황금율에 따른 외적 행위의 결과를 말하신 것이 아니라
자기 부정의 길이 보여주는
내적인 변화를 말씀하신 것으로 받아들여야 할 것입니다.

즉, 황금율과 부정의 길은 서로 연관되어 있으면서도
그 목적이 다릅니다.
황금율의 목적은 외적으로 희생과 낮아짐을 감수하는 것입니다.
그것을 감수함으로 이웃을 이롭게 하는 것 자체가 목적입니다.
그러나 황금율은 그것을 행하는 이의
내적인 자아의 문제를 다루지 않습니다.
황금율을 지키고 행해도 그의 내면의 자아는
교만과 자아도취적 의식에 사로잡힐 수 있습니다.

그러나 부정의 길은 진정한 자기 부정을 통해
내적이고 영적인 상승을 목표로 합니다.
그것은 황금율과는 달리 타인을 위한 것이 아닙니다.
자기 부정은 자신의 영적 단계의 상승을 목표로 하기 때문에
이 말씀이 정확히 적용될 수 있습니다.

눅16:11 누구든지 자기를 높이면 낮아질 것이요, 자기를 낮추면 높아질 것이다.

따라서 이 말씀은 내면적인 자기 부정을 말씀하는 것이며
그럴 때에 이 말씀은 항구적인 영적 진리가 될 수 있습니다.

이처럼 한 사람의 영적 성장을 위해서는
황금율과 자기 부정이 같이 나아가야 합니다.
이는 마태복음의 황금율에 대한 말씀 다음에
다음과 같은 구절이 뒤따르는 것을 통해서도 알 수 있습니다.

마7:12 "그러므로 너희는 무엇이든지, 남에게 대접을 받고자 하는 대로, 너희도 남을 대접하여라. 이것이 율법과 예언서의 본뜻이다."
13 "좁은 문으로 들어가거라. 멸망으로 이끄는 문은 넓고, 그 길이 널찍하여서, 그리로 들어가는 사람이 많다."

좁은 길을 가는 것은
넓은 길을 이웃에게 양보하기 위해서 가는 것이 아니라는 점에서
이미 황금율을 벗어나 있습니다.
그 넓은 길이 내적인 의미에서 멸망이며
참된 생명은 좁은 길에 있다는 의미에서
부정의 원리가 작용하고 있습니다.
이 부정의 원리는 황금율과는 다른 원리이며
개인적이고 내면적인 신앙의 원리입니다.

따라서 우리가 오늘 읽은 본문은
황금율이 공동체 속에서
어떻게 적용돼야 할지를 보여주면서도
그것을 뛰어넘어 부정의 원리로 넘어가고 있습니다.

눅16:11 누구든지 자기를 높이면 낮아질 것이요, 자기를 낮추면 높아질 것이다.

저자가 예수님의 이 말씀을
정확한 의미에서 부정의 원리로 여겼는지는 잘 모르겠습니다.
어쩌면 저자는 이 말씀에 대한 적절한 예로
잔치 이야기가 맞지 않나 싶어 함께 엮었을 수도 있습니다.
그러나 이 말씀 자체만으로는 부정의 원리에 들어가며
황금율을 지키는 자가 어떻게 하면 자만에 빠지지 않고
부정의 길을 통해 보다 높은 내면에 들어설 수 있는지를
보여주고자 하는 것으로 보입니다.

많은 영성가들이 부정의 길을 통해

우리가 보다 높은 의식의 수준,
보다 높은 영성의 수준으로 올라갈 것이라고
조언하고 있습니다.
그리고 이러한 부정의 길은
나 자신을 비움으로써
하나님으로 채우게 되는 부정 신학의 목표를
이루는 것으로 보고 있습니다.
부정 신학은 하나님의 것을
우리가 직접 취할 수 있는 것으로 보지 않고
우리의 것이 내려놓아지고 비워지면
하나님에 의해 하나님의 것이 우리 안에 들어온다고 생각합니다.
마이스터 에크하르트 또한
나 자신이 비워질 때에
반드시 하나님이 자신의 풍요로움을 가지고
들어올 것이라고 말해 주고 있습니다.

내가 무엇을 비우고 버림으로써
하나님을 모셔 오고 채울 것인지를
깊이 생각하고 실천하시는 여러분이 되기를 바랍니다.

20. 파괴된 상징들

2017년 6월 11일

히브리서 9:1~12
1 첫 번째 언약에도 예배 규정과 세상에 속한 성소가 마련되어 있었습니다.
2 한 장막을 지었는데, 곧 첫째 칸에 해당하는 장막입니다. 그 안에는 촛대와 상이 있고, 빵을 차려 놓았으니, 이 곳을 '성소'라고 하였습니다.
3 그리고 둘째 휘장 뒤에는, '지성소'라고 하는 장막이 있었습니다.
4 거기에는 금으로 만든 분향제단과 온통 금으로 입힌 언약궤가 있고, 그 안에는 만나를 담은 금항아리와 싹이 난 아론의 지팡이와 언약을 새긴 두 돌판이 들어 있었습니다.
5 그리고 그 언약궤 위에는 영광에 빛나는 그룹들이 있어서, 속죄판을 그 날개로 내리덮고 있었습니다. 지금은 이것들을 자세히 말할 때가 아닙니다.
6 이것들이 이렇게 마련되어 있어서 첫째 칸 장막에는 제사장들이 언제나 들어가서 제사의식을 집행합니다.
7 그러나 둘째 칸 장막에는 대제사장만 일 년에 한 번만 들어가는데, 그 때에는 반드시 자기 자신을 위하여, 또 백성이 모르고 지은 죄를 사하기 위하여 바칠 피를 가지고 들어갑니다.
8 이것은 첫째 칸 장막이 서 있는 동안에는 아직 지성소로 들어가는 길이 드러나지 않았음을 성령께서 보여 주시는 것입니다.
9 이 장막은 현 시대를 상징합니다. 그 장막 제의를 따라 예물과 제사를 드리지만, 그것이 의식 집례자의 양심을 완전하게 해 주지는 못합니다.
10 이런 것은 다만 먹는 것과 마시는 것과 여러 가지 씻는 예식과 관련된 것이고, 개혁의 때까지 육체를 위하여 부과된 규칙들입니다.
11 그러나 그리스도께서는 이미 일어난 좋은 일을 주관하시는 대제사장으로 오셔서 손으로 만들지 않은 장막, 다시 말하면, 이 피조물에 속하지 않은 더 크고 더 완전한 장막을 통과하여
12 단 한 번에 지성소에 들어가셨습니다. 그는 염소나 송아지의 피로써가 아니라, 자기의 피로써, 우리에게 영원한 구원을 이루셨습니다.

구약성경에서 하나님 자신 다음으로
가장 거룩한 경외에 속한 것이 있다면

그것은 바로 언약궤, 법궤일 것입니다.

언약궤가 가장 거룩한 이유는,

첫째, 그 안에 가장 거룩한 것들이 들어 있기 때문입니다.
일반적으로 십계명 돌판과 아론의 싹 난 지팡이,
만나가 든 항아리가 있는 것으로 알려져 있습니다.

둘째, 하나님의 보좌이기 때문입니다.
법궤 위에는 두 날개로 눈을 가리고 있는
두 천사의 형상이 놓여진
덮개가 하나 올려져 있는데
이는 하나님의 보좌를 상징하고 있습니다.

레16:2 "너는 너의 형 아론에게 '죽지 않으려거든, 보통 때에는 휘장 안쪽 거룩한 곳 곧 법궤를 덮은 덮개 앞으로 나아가지 말라'고 일러라. 내가 구름에 휩싸여 있다가 그 덮개 위에서 나타나기 때문이다.

따라서 이스라엘에 있어 가장 거룩한 것은
법궤를 덮은 덮개이며
그것이 법궤와 함께하기에
법궤 전체가 가장 거룩한 것이 됩니다.

성전은 이 법궤를 모시기 위한 것으로
그 중요성에 있어 법궤보다 부차적인 것이며
모세나 예언자들의 말씀에 의하지 않고
다윗의 제안에 의해 시작되었습니다.
따라서 성전의 규모와 구조와 상관없이
가장 거룩하고 중요한 장소는
법궤를 보관하게 될 지성소로
대제사장만 1년에 한 번 들어갈 수 있었습니다.

오늘 히브리서 본문의 저자는
이스라엘이 수백 년간 보존하고 있던
이 거룩한 상징들을 뚫고
예수께서 자신의 죽음으로
이 상징들이 의미하는 것을
단번에 이루셨다고 말해 주고 있습니다.

이 해석은 기독교인들에게 많은 감동을 주었고
예수님의 죽음을 이해하는 데 있어
결정적인 역할을 수행해 왔으며
무엇보다도 구약을 포기하지 않고
기독교적 시각을 통해 읽을 수 있는 관심을
계속적으로 불러일으켰습니다.

다만 아쉬운 것은
히브리서 저자가 역사적 현실을
충분히 고려하지 못하고 있다는 점입니다.
저자가 이 글을 쓸 당시,
그리고 훨씬 이전부터
이미 지성소에는 법궤가 없었습니다.

에스겔이 환상을 통해 전하고 있는
새로운 성전에 대한 기획에서도
법궤에 대한 언급이 나타나지 않고 있는데(겔41:1~4)
이는 바벨론 포로 시기에
법궤가 사라졌다는 것을 시사해 주고 있습니다.

이 당시 기록에서 유일하게
법궤에 대해 말하고 있는 것은
예레미야의 예언입니다.

렘3:16 그 때가 이르러서, 너희가 이 땅에서 번성하여 많아지면, 아무도 다시는 주의 언약궤를 말하지 않을 것이다. 나 주의 말이다. 그것을 다시는 마음 속에 떠올리지도 않을 것이며, 기억하거나 찾지도 않을 것이다. 그것이 필요도 없을 것이다.
17 그 때에는 누구나 예루살렘을 주의 보좌라고 부를 것이며, 뭇 민족이 그리로, 예루살렘에 있는 주 앞으로 모일 것이다. 그들이 다시는 자기들의 악한 마음에서 나오는 고집대로 살지 않을 것이다.

이 구절을 통해 우리는
사람들이 법궤에 대해 품고 있었던
그리움에 대해 알 수 있습니다.
그러나 예언자는
법궤에 들어 있던 역사적 내용물과
법궤 자체를 다시 찾을 수 없다는 사실 때문인지
더 이상 법궤를 다시 만든다던가
이를 대체할 수 있는 것에 대한
예언을 받지 못합니다.
그보다는 예루살렘 자체가 법궤를 대체할
주님의 보좌가 된다는 예언을 하게 됩니다.

그럼에도 불구하고 유대인들은
바벨론 포로기가 끝난 후에
예루살렘에 돌아와 성전을 건축하게 됩니다.
성전의 기능은 사실상
법궤를 안치하는 것이 목적이었기 때문에
법궤가 없는 현실과
하나님의 임재의 장소를 마련해야 하는
신앙적 욕구 속에서
유대인들은 법궤가 없는 성전이라는
반쪽자리 건축물을 만들게 됩니다.
예레미야의 예언처럼
예루살렘 전체가 하나님의 보좌라면

성소와 지성소가 존재하는
법궤 중심의 성전을 다시 만들 필요는 없었을 것입니다.

그러나 과거의 상징과 현실의 파괴된 역사는
어떻게 화해를 해야 할지
아직 해법을 찾지 못한 가운데
맹목적인 성전에 대한 집착만이
아직 신앙의 구심적 역할을 하고 있었습니다.

이 때 등장한 하나님의 아들
예수 그리스도의 죽음과 부활은
히브리서 저자의 글처럼
예수님을 옛 상징을 완성하는 자로,
옛 율법의 제사를 완성시키는 자로 해석하게 만들었습니다.

그러나 저자는
이스라엘이 역사적 변화 속에서
이미 붕괴된 상징을 어떻게 받아들여야 할지 몰랐던 것처럼
예수 그리스도의 죽음을
이미 붕괴된 상징 속에서 해석해야 하는
동일한 어려움에 빠져 있습니다.

저는 히브리서의 저자가
이렇게 옛 상징을 다시 이용하는 것보다는
예수께서 성전에서의 난동을 통해 제사를 부정하고
그곳의 거룩한 상징을 파괴하려 했었다는 점에서
다시 해석을 시도해 보았다면
다른 결과를 내어놓지 않았을까
생각해보게 됩니다.

인간이 상징적 요소가 제거된

현실적 자유 속에서
종교적 의미의 신비와
거룩함의 깊은 영역에
스스로 다가가 그것을 누릴 수 있다는 것은
굉장히 어렵습니다.
그러나 예수께서는 그러한 상징을 벗어나
자연 속에서 하나님을 알고
하나님과 교제할 수 있는 길을
우리에게 가르쳐 주신 분입니다.

가장 숨겨진 곳 지성소가 아니라
넓게 탁 트인 하늘을 통해
하나님 아버지의 신성을 체험하고
기도로서 교류할 수 있는
넓은 체험의 영역이
우리 각자에게 열리기를
예수께서 원하시리라 생각합니다.

21. 후회하시는 하나님

2017년 6월 18일

창세기 6:5~7
5 주님께서는, 사람의 죄악이 세상에 가득 차고, 마음에 생각하는 모든 계획이 언제나 악한 것뿐임을 보시고서,
6 땅 위에 사람 지으셨음을 후회하시며 마음 아파 하셨다.
7 주님께서는 탄식하셨다. "내가 창조한 것이지만, 사람을 이 땅 위에서 쓸어 버리겠다. 사람뿐 아니라, 짐승과 땅 위를 기어다니는 것과 공중의 새까지 그렇게 하겠다. 그것들을 만든 것이 후회되는구나."

하나님에 대한 일반적인 고백에 있어서
하나님은 후회가 없으신 분으로 고백하고 있으며
이에 대한 성경적 근거는 다음과 같습니다.

민23:19 하나님은 사람이 아니시니 거짓말을 하지 않으시고, 인생이 아니시니 후회가 없으시도다. 어찌 그 말씀하신 바를 행하지 않으시며, 하신 말씀을 실행하지 않으시랴.

이 말씀은 사실
출애굽한 이스라엘 백성을 향하여
저 멀리 동쪽 유프라테스강이 있는 메소포타미아,
고대 바빌론 지역의 유명한 주술사 발람이
모압 왕 발락의 요청으로 와서 한 말입니다.
그는 이스라엘에 대한 저주를 요구 받았지만
야훼의 개입으로 인해 축복을 하게 되면서
이 말씀을 하게 됩니다.

그러나 성서 저자는 주술사 발람에게 영감을 주는 신이
야훼인 것을 천명하면서도
주술사 발람이 부르고 있는 신이

야훼가 아니라 '엘',
즉, 가나안 지역과 근동 지역의
가장 위대한 신이자 창조주, 바알 신의 아버지인
'엘'의 이름을 부르고 있다는 사실을
기꺼이 우리에게 드러내 주고 있습니다.
우리 말 번역은 '하나님'으로 되어 있습니다.

분명 '엘' 신의 이름으로 천명되는 하나님의 속성에는
인간처럼 변덕과 후회가 없는
상식적인 신의 속성이 표현되고 있습니다.

그러나 오늘 우리가 읽은
노아의 홍수 사건 말씀에서는
후회하시는 야훼가 표현되고 있습니다.
굳이 후회나 탄식하는 듯한 표현을 안 쓰고
죄에 대한 처벌로서 분노하는 표현을 쓸 수도 있었을 테지만
저자는 후회라는 표현을 통해
야훼라는 신의 스스로 반성하는 자유로운 사고 형태와
미래를 예측할 수 없는 변화에 야훼 자신이 속해 있음을
보여주고 있습니다.

분명 후회하는 하나님의 개념은
하나님의 변함없음과 완전성을 고백하는 개념과
충돌을 일으킵니다.
이 두 개념을 동시에 믿음으로 고백한다면
사실 이상한 신앙이 됩니다.

이처럼 이스라엘을 축복하던 발람이
이스라엘 사람들이 바알을 섬기도록 꾀를 내었다는
민수기 31:16의 비판은
이러한 혼합된 신앙의 아이러니를 보여주고 있습니다.

민31:16 이 여자들이야말로 브올에서의 그 사건 때에, 발람의 말을 듣고 이스라엘 자손을 꾀어, 주님을 배신하게 하고, 주님의 회중에 염병이 일어나게 한, 바로 그 사람들이오.

발람은 바알을 섬기는 여인들이
이스라엘 남자들을 유혹하기에 앞서
이미 자리를 뜬 것으로 기록되어 있습니다.

민24:25 발람은 급히 길을 떠나서, 그가 살던 곳으로 돌아갔다. 발락도 제가 갈 곳으로 갔다.

그러나 민31:16은 브올의 사건 배후에
발람이 있었음을 알려주고 있습니다.
후회 없는 하나님의 축복을 선포하던 발람은
이스라엘 사람들에게 좋은 인상을 주었을 것이고,
한편으로는 하나님을 향한 순종에 있어
방심하는 마음을 넣어 주었을 것입니다.
인간이 무엇을 하든 하나님은 후회하지 않을 것이기 때문입니다.
발람은 이 틈을 노려 여자들을 이용해 바알 신앙을 심고
공동체를 혼란케 할 뿐만 아니라,
이스라엘 민족의 하나님을 분노케 하여
하나님 스스로 그 민족을 심판하시도록 하려는 계획을
처음부터 세웠을 가능성도 있습니다.
즉, 발람의 축복 자체가
모압 왕 발락과의 연출일 수도 있는 것입니다.

민31:16이 말하는 브올에서의 사건은
다음과 같이 일어났습니다.

민 25:1 이스라엘이 싯딤에 머무는 동안에, 백성들이 모압 사람의 딸들과 음행을 하기 시작하였다.
2 모압 사람의 딸들이 자기 신들에게 바치는 제사에 이스라엘 백성을 초대

하였고, 이스라엘 백성은 거기에 가서 먹고, 그 신들에게 머리를 숙였다. 3 그래서 이스라엘은 바알브올과 결합하였다. 주님께서는 이스라엘에게 크게 진노하셨다.

따라서 발람은 이스라엘을 향한 그의 축복에도 불구하고
이 사건으로 발생한 전쟁에서 사살됩니다.
그가 브올의 사건을 일으킨 배후임이 들통난 것입니다.

민31:8 그들은 군인들만 죽였을 뿐 아니라, 미디안의 왕들도 죽였다. 에위와 레겜과 수르와 후르와 레바 등 미디안의 다섯 왕을 죽였고, 브올의 아들 발람도 칼로 쳐죽였다.

우리는 완전하게 짜여진 하나님의 계획에
내가 포함되어 있다는 운명론적 신앙을 가지고
하나님의 완전성과 불변성을 고백하며
찬양할 수 있습니다.
제가 생각하기에 이 또한 고귀한 신앙이며
삶의 고난이나 기쁨 속에서
모든 것을 포용하고 견뎌낼 수 있는
힘을 줄 수 있나고 여겨집니다.

그러나 이러한 신앙에서는
기도는 탄원이 될 수 없으며
자신의 마음을 가다듬거나
하나님의 뜻을 파악하여 심리적 안정을 얻으려는
수동적인 내려놓음의 형태가 되어야 할 것입니다.

신앙인에게 있어서 탄원으로서의 기도가
현실적으로 가능한 것이 되려면
그 사람의 하나님 개념이
후회가 가능한 하나님, 변화가 가능한 하나님,

피조물로 인해 탄식이 가능한 하나님이어야만 합니다.
이러한 하나님을 향한 탄원의 기도는
새로운 하나님의 계획을 일으키고,
물질계에 변화의 파장을 일으키고,
인간의 마음들과 행동들을 변화시킬 수 있는
새로운 가능성을 열어주는 문이 되어 줍니다.

예수께서 기도하시던 하나님 아버지 또한
이 세계의 고난에 귀 기울이며
자녀들의 기도에 항상 열려 계신
변화 가능한 분으로서의 하나님이십니다.

완전하고 변함없으며
한결같은 하나님에 대한 고백 또한
성경에 없는 것은 아닙니다.
이러한 고백 또한 성경과 우리의 신앙 속에
크게 자리잡고 있습니다.

그러나 하나님의 완전성과 한결같음,
불변성에 대한 찬양은
성서 안에서, 그리고 유대교와 기독교 신앙 안에서
운명론적인 사상으로 자리를 잡지는 못했는데,
이는 오늘 본문과 같이
이 세상에 대한 하나님의 고뇌의 신학과
이 세상과 삶을 변혁시키기 원하는 기도의 신앙이
언제나 그러한 사상적 유혹을
이겨 내도록 작용했기 때문입니다.
세상의 고통이 클수록
사람들은 고통을 계획하신 하나님 보다는
이 고난 속에 함께 동참하시며 괴로워하시는
사랑의 하나님을 더 간절히 원했기 때문일 수도 있습니다.

그리하여 하나님의 완전성에 대한 성서의 고백은
우리의 기도를 들어주시는
하나님의 사랑과 신실함의 극적인 표현으로 여겨지고
온 우주를 미리 정해진 계획에 따라
직물처럼 짜놓은 것이 아닌,
역사에 대한 계속적인 개입과 새로운 창조를 일으키는
하나님의 능력에 대한 찬양의 표현으로
받아들여지게 됩니다.

후회하시는 하나님은
인간의 편에서 볼 때에
신앙의 가능성을 열어주는 중요한 고백입니다.
하나님의 마음이 바뀌는 곳에서
이 세상의 변혁과 삶의 변혁의 가능성이
활짝 열리기 때문입니다.

존재의 근원 되신 분에게
이 세계의 존재자들이
각자의 어려움을 구하고 탄원하는 것은
무의미한 것이 아닙니다.
예수 그리스도의 겟세마네의 기도는
그 무응답에도 불구하고
가장 강력한 십자가의 순종을 일으켰습니다.
기도의 신비는 이루 다 말할 수가 없습니다.

저는 기도가 나 자신과 하나님과
이 세계를 변혁시킨다는 믿음을 가지고 있습니다.
예수 그리스도의 모든 기도의 가르침을 따라
모든 예수의 제자들이
깨어 기도하는 자가 되기를 소망합니다.

22. 성경을 읽는 삶

2017년 6월 25일 주일

시편 119:105
주의 말씀은 내 발에 등이요 내 길에 빛이니이다

모든 종교들은 경전을 가지고 있습니다.
그리고 그 경전을 신의 계시로 인식하고
그 거룩함과 중요성으로 인하여
최대한 원어로 그것을 읽으려 애쓰고 있습니다.

그러나 현대 그리스도인들이
구약성서의 고대 히브리어와
신약성서의 헬라어를 습득한다는 것은
물론 멋진 도전이기도 하겠지만
인고의 시간과 과정을 거쳐야 하기에
대부분 쉬운 번역서에 의존하게 되었습니다.
그렇게 하지 않으면
선교의 효율성이 떨어지게 될 것이고
또한 그렇게 하는 것이
예수 그리스도를 믿는 본질적인 문제와는
별 상관이 없었기 때문일 수도 있습니다.

원어로 읽든 번역된 것을 읽든
경전을 읽는 것, 성경을 읽는 것은
하나님을 믿고 따르는 이들의
기본적이고 필수적인 자세라고 할 수 있습니다.
나 자신이 새로운 성경의 역사를
써 내려가는 사람이라는
극히 오만한 자부심이 있는 사람일지라도

성경을 항상 읽는 자세가 필요합니다.

성경을 읽는 것은
그 누구를 위해서가 아니라
자기 자신의 영적 성장을 위해서 반드시 필요합니다.
왜냐하면 성경은 계속적으로
자신을 돌아보게 하는 메시지를
흘려보내고 있기 때문입니다.

며칠 전 성경을 읽다가
창세기 16장의 하갈 이야기에서
하갈이 광야에서 방황하다 천사에게 들은 질문이
마치 저에게 묻는 것 같았습니다.

창16:8 천사가 물었다. "사래의 종 하갈아, 네가 어디서 와서, 어디로 가는 길이냐?"

처음부터 보고 있었을 텐데
굳이 왔던 곳과 목적지를 물어보는 것은
장소에 대한 궁금증 때문이 아닐 것입니다.
이런 질문은 마치 아담이 하나님을 피해 숨어 있던 때의
질문과 유사합니다.

창3:9 주 하나님이 그 남자를 부르시며 물으셨다. "네가 어디에 있느냐?"

성경의 저자들은 이렇듯
하나의 이야기를 통해서
독자들에게 계속적으로 자신을 바라보도록
독려하고 있는 것입니다.
성경은 단지 이스라엘의 역사책이 아니라
그들의 신앙을 인도할 종교적 목적을 가지고 있기 때문입니다.

따라서 성경을 읽는다는 것은
이러한 삶의 근원적인 질문에
계속적으로 자신을 노출시키는 것을 의미합니다.

사실 성경은 이런 목적을 위해 만들어졌습니다.
우리가 알듯이 성경은 수백 년간의
수집, 저작, 편집 작업의 결과물입니다.
그 과정 속에 깃들어 있는
신화적 상상과 상징,
인간과 역사에 대한 고발과 고뇌,
신과의 누멘적 경험에 대한 통찰 등은
수천, 수만 년의 세월을 담고 있습니다.

우리가 성경을 현대적인 분석 기술로 비판하는 것은
이 이야기들의 허구성을 드러내기 위해서가 아니라
이 이야기들이 전해지는 과정 속에 숨어있는
인간의 마음을 더 잘 파악하기 위함입니다.
그들이 가지고 있던 마음을 들여다 볼 때,
그들이 만나고 경험한 하나님을
그들이 기술하고 있는 하나님보다 더 생생하게
알 수 있기 때문입니다.

우리는 그들이 만난 하나님과
그 하나님의 메시지를 통해
우리의 신앙의 경험을 확장할 수 있고
우리가 발견하지 못했던
우리 마음속의 깊은 것을 발견하게 될 수도 있습니다.
성경은 우리들의 악을 고발하기도 하고
우리 안에 숨어 있던 선함과 용기를 찾아
그것을 발휘하도록 도와주기도 합니다.

사실 성경에 대한 역사비평이 심화되면 심화될수록
우리는 성경을 더 신앙적으로 볼 수 있습니다.
과거에는 성경에서 과학을 발견하려거나
역사 자체를 발견하려는 무리한 시도들에
시간을 빼앗기기도 했었습니다.
그러나 역사 비평은 성경의 고대 기록들이
과학적 사실에 대한 기술을 하는 것이 아니라
신앙 고백의 수준에서 기록되고 있음을 보여 주기에
그 이야기들의 사실 관계에 대한 의문에 빠져들기보다
그 이야기의 신앙적 교훈에 더 집중하게 만듭니다.

이에 더해서 역사 비평은
저자들이 성서 편집에 가담한 흔적을 알려줌으로써
우리가 성경을 볼 때에
긴장의 끈을 놓지 못하게 합니다.
편집의 흔적은 구약에서는
오경을 구성하는 있는 다양한 문서 자료들의 구성,
요시야 종교 개혁으로 인한 '신명기'의 추가,
역사서들에서의 신명기 개혁 세력들의 입김 작용,
하나님의 이름의 계속적인 변화와 함께 나타나는
신학적인 변화와 차이점들,
신약성서에서는 복음서들 간의 차이로 인한
예수 그리스도의 삶과 메시지에 대한 해석의 차이들 등
바짝 긴장을 하고 읽어야 할 부분들이 너무나 많습니다.

이러한 저자들의 개입을 의식하면서
성경을 보게 되는 것은
인간과 삶, 세계의 다양한 해석의 층을 알게 됨으로써
우리가 우리 자신에 대한 반성의 층을
더욱 깊게 만들어 주게 되며
우리 자신에 대해서도 긴장의 끈을 놓지 않고

주의 깊게 살피는 힘을 만들어 줍니다.

성경은 두껍고 커서 숨기기도 어렵습니다.
부모들은 스마트폰으로 성경을 보는 것보다는
책 자체를 보는 것을 아이들에게 보여줌으로써
신앙의 모범을 보여줄 필요가 있습니다.
물론 부모와 자녀간의 관계가 좋다는 전제가
요구되지만 말입니다.

노트를 항상 성경과 함께 놓고
읽다가 모르는 것이 있으면 적어놓고
저에게 질문을 하시거나 따로 공부를 해서
노트를 채워 나가고
자신의 마음을 울리는 메시지를 적어 놓는다면
평생에 남는 좋은 유산이 될 것입니다.
단지 마음에 드는 구절만 적어 놓아도 됩니다.
나중에 보게 되면 그 구절들이
일정한 주제로 나열되는 것을 보게 될 것입니다.
성경의 감동 또한 우리의 마음의 흐름,
삶의 변화와 고민과 고통의 흔적들과
무관하지 않기 때문입니다.
이렇게 부모들이 적어 놓은 성경 노트는
훗날 자녀들이 부모를 생각하며
언젠가는 읽게 될 것입니다.
그것은 그들의 삶에 작으나마 좋은 영향을 줄 것입니다.

하나님과 삶과 세상에 대한 생각은
계속 점진적으로 바뀌게 마련입니다.
그것을 성경을 보며 기록하게 된다면
더없이 훌륭한 신앙의 열매를 남기게 되고
오늘 본문처럼

내 발에 등이고 빛인 하나님의 말씀이
어떻게 우리를 인도해 왔나를
볼 수 있게 만들어 줄 것입니다.

23. 마가의 하나님 나라 비유

2017년 7월 2일

마가복음 4:26~34
26 예수께서 또 말씀하셨다. "하나님 나라는 이렇게 비유할 수 있다. 어
떤 사람이 땅에 씨를 뿌려 놓고,
27 밤낮 자고 일어나고 하는 사이에 그 씨에서 싹이 나고 자라지만, 그
사람은 어떻게 그렇게 되는지를 알지 못한다.
28 땅이 저절로 열매를 맺게 하는데, 처음에는 싹을 내고, 그 다음에는
이삭을 내고, 또 그 다음에는 이삭에 알찬 낟알을 낸다.
29 열매가 익으면, 곧 낫을 댄다. 추수 때가 왔기 때문이다."
30 예수께서 또 말씀하셨다. "우리가 하나님의 나라를 어떻게 비길까?
또는 무슨 비유로 그것을 나타낼까?
31 겨자씨와 같으니, 그것은 땅에 심을 때에는 세상에 있는 어떤 씨보다
도 더 작다.
32 그러나 심고 나면 자라서, 어떤 풀보다 더 큰 가지들을 뻗어, 공중의
새들이 그 그늘에 깃들일 수 있게 된다."

복음서에는 여러 개의
하나님 나라 비유들이 있습니다.
잘 알려진 비유들로는
겨자씨의 비유, 자라나는 씨의 비유,
가라지의 비유, 누룩의 비유,
감추인 보화의 비유가 있고,
비교적 잘 알려지지 않은 것들로는
진주의 비유, 그물의 비유, 집주인의 비유 등
마태복음에 있는 작은 비유들이 있습니다.

그런데 예수께서 비유들을 사용하신 목적에 대해서는
복음서의 진술 뿐 아니라
번역본들의 번역도 애매합니다.

막4:11 예수께서 그들에게 말씀하셨다. "너희에게는 하나님 나라의 비밀을 맡겨 주셨다. 그러나 저 바깥 사람들에게는 모든 것이 수수께끼로 들린다.
12 그것은 '그들이 보기는 보아도 알지 못하고, 듣기는 들어도 깨닫지 못하게 하셔서, 그들이 돌아와서 용서를 받지 못하게 하시려는' 것이다."

우리가 방금 읽은 새번역에 의하면
예수께서 그들에게 비유를 말하신 목적이
못 알아듣게 하시려는 것은 아니라는 뉘앙스가 있습니다.
그럼에도 불구하고 그들이 못 알아듣는 이유는
제자들을 포함한 유대인들이
아직도 이사야6:9의 예언처럼
보아도 알지 못하고, 들어도 깨닫지 못하는
하나님의 숨김의 전략 가운데 있기 때문이라는 것입니다.

그러나 대부분의 번역들은
예수께서 의도적으로 못 알아듣게
비유를 말씀하신 것으로 표현합니다.
즉, 위의 12절 번역에서
마치 하나님이 하고 계신 듯 존칭이 되고 있는 부분을
다음과 같이 낮춤말로 바꾸면
예수님 자신의 의도가 되는 것입니다.

막4:12 그것은 그들이 보기는 보아도 알지 못하고, 듣기는 들어도 깨닫지 못하게 하여, 그들이 돌아와서 용서를 받지 못하게 하려는 것이다.

다음 말씀도 해석이 분분합니다.

막4:33 예수께서는, 그들이 알아들을 수 있는 정도로, 이와 같이 많은 비유로 말씀을 전하셨다.
34 비유가 아니면 말씀하지 않으셨으나, 제자들에게는 따로 모든 것을 설명해 주셨다.

어떤 이들은 33절을 근거로
알아듣기 쉽게 비유로 말했다 생각하고
어떤 이들은 34절과 조금 전에 본 본문을 근거로
알아듣지 못하게 비유로 말했다고 생각합니다.
아무튼 이 비유라는 것은
제자들일지라도 설명이 없으면
이해하기 힘든 형태로 제시된 것이 분명하기에
예수께서 고의적으로 직접적인 어법을
피하셨다는 것을 알 수 있습니다.
즉, 이 비유는 쉽게 이해시키기 위한 목적은
아니라고 볼 수 있습니다.

오늘 우리가 읽은 마가복음의 비유는
'자라나는 씨의 비유'와 '겨자씨' 비유인데
이들은 '씨 뿌리는 자의 비유'와 함께
마가가 보유한 하나님 나라의 비유를 구성하고 있습니다.
그런데 가장 중요한 비유는
제일 먼저 제시된
'씨 뿌리는 자의 비유'라 할 수 있습니다.

'씨 뿌리는 자의 비유'는
뿌려진 씨가 길가, 돌밭, 가시덤불, 옥토에 떨어져
다른 양상으로 성장하는 과정을 보여주는 비유로,
이는 제자들이 예수님의 말씀을 듣고
열매를 맺을 수 있도록
마음을 준비시키는 역할을 해 주고 있습니다.
이 비유의 중요성은
먼저 보았던 비유의 목적에 대한 구절에 명시되어있습니다.

막4:11 예수께서 그들에게 말씀하셨다. "너희에게는 하나님 나라의 비밀을 맡겨 주셨다. 그러나 저 바깥 사람들에게는 모든 것이 수수께끼로 들

린다.
12 그것은 '그들이 보기는 보아도 알지 못하고, 듣기는 들어도 깨닫지 못하게 하셔서, 그들이 돌아와서 용서를 받지 못하게 하시려는' 것이다."
13 그리고 예수께서 그들에게 말씀하셨다. "너희가 이 비유를 알아듣지 못하면서, 어떻게 모든 비유를 이해하겠느냐?

씨 뿌리는 자의 비유를 설명해 달라는 제자들에게
예수께서는 11절에서
'하나님 나라의 비밀을 맡겨 주셨다'고 말씀하십니다.
즉, 씨 뿌리는 자의 비유 또한
하나님 나라의 비유라는 것입니다.
그리고 13절에서는
"이 비유를 알아듣지 못하면서
어떻게 모든 비유를 이해하겠는냐"며
이 비유가 모든 하나님 나라의 비유를 해석할 수 있는
기준이 됨을 알려주고 계십니다.

보통 씨 뿌리는 자의 비유는
하나님 나라의 비유로 해석되지 않습니다.
이 비유에 종말의 추수에 대한 강조가
나타나지 않기 때문입니다.
그러나 씨 뿌리는 자의 비유가
하나님 나라의 비유이고 하나님 나라 비유의
해석의 기준이 된다면
이 비유의 강조점이 하나님 나라로 해석되도록
우리의 생각이 바뀌어야 할 것으로 보입니다.
다른 비유는 어떠한지 살펴보도록 하겠습니다.

막4:26 예수께서 또 말씀하셨다. "하나님 나라는 이렇게 비유할 수 있다. 어떤 사람이 땅에 씨를 뿌려 놓고,
27 밤낮 자고 일어나고 하는 사이에 그 씨에서 싹이 나고 자라지만, 그 사람은 어떻게 그렇게 되는지를 알지 못한다.

28 땅이 저절로 열매를 맺게 하는데, 처음에는 싹을 내고, 그 다음에는 이삭을 내고, 또 그 다음에는 이삭에 알찬 낟알을 낸다.
29 열매가 익으면, 곧 낫을 댄다. 추수 때가 왔기 때문이다."

'자라나는 씨의 비유'는
일반적으로 추수 때를 종말의 때로 가정하고
땅은 세상, 씨는 복음, 열매는 하나님의 자녀로
해석을 하게 됩니다.
그래서 복음이 전파되어 하나님의 자녀들이 모이게 되면
어느 순간 종말의 하나님의 나라가 찾아올 것이라는
비유로 해석하게 됩니다.

그런데 우리가 이렇게 생각하는 이유는
이 비유의 전제로
마태복음에만 나오는 '가라지의 비유'를
생각하고 있기 때문입니다.(마13:24~30)
가라지의 비유에 대한 예수님의 해석은
이렇게 제공되고 있습니다.

마13:37 예수께서 말씀하셨다. "좋은 씨를 뿌리는 이는 인자요,
38 밭은 세상이다. 좋은 씨는 그 나라의 자녀들이요, 가라지는 악한 자의 자녀들이다.
39 가라지를 뿌린 원수는 악마요, 추수 때는 세상 끝 날이요, 추수꾼은 천사들이다.
40 가라지를 모아다가 불에 태워 버리는 것과 같이, 세상 끝 날에도 그렇게 할 것이다.

그러나 우리가 다시 마가복음에만 집중하고
'씨 뿌리는 자의 비유'에 '자라나는 씨의 비유'를
해석할 수 있는 권한을 주게 된다면
'자라나는 씨의 비유' 해석이
다르게 이루어질 수 있습니다.

씨 뿌리는 자의 비유에 의하면
씨는 말씀이고, 땅은 말씀을 받는 사람입니다.
열매는 말씀을 받아 결실하게 되는 것을 말합니다.
그런데 예수께서는 이 비유가 하나님 나라의 비유이며
모든 하나님 나라 비유 해석의 전제라고 말씀하셨습니다.
이렇게 하나님의 나라를 이해할 때에
하나님의 나라는
한 인간이 말씀을 받고 내면적인 결실을 이루어 가는
과정과 그 결실로 나타나게 됩니다.

이 해석의 기준으로 '자라나는 씨의 비유'를
다시 해석해 보겠습니다.
어떤 사람이 말씀을 증거합니다.
말씀을 증거한 사람은 밤낮의 일상을 보내면서
말씀이 사람들의 내면에 성장하는 것을 보게 됩니다.
그러나 그것이 어떻게 싹과 이삭을 내고,
열매를 맺게 되는지는 알지 못합니다.
그것은 마치 땅이 스스로 식물을 내듯
자연적인 과정을 밟는 듯이 보입니다.
일정한 시간이 지나면 말씀을 받은 자들이 장성하여
좋은 열매들을 맺게 됩니다.
말씀을 뿌린 자는 그 결실을 곧바로 수확하게 됩니다.

아마도 바울은 이 비유를 응용했거나
아니면 이 비유와 비슷한 생각을
다음과 같이 표현한 것 같습니다.

고전3:6 나는 심고, 아볼로는 물을 주었습니다. 그러나 하나님께서 자라게 하셨습니다.
7 그러므로 심는 사람이나 물 주는 사람은 아무것도 아니요, 자라게 하시는 분은 하나님이십니다.

이 비유가 마태복음의 '가라지 비유'와 혼동되는 것은
마태의 의도 때문이기도 합니다.
일단 마태 또한 마가의 순서에 따라
씨 뿌리는 자의 비유를 제일 먼저 말해줍니다.(마13:3~23)
씨 뿌리는 자의 비유는 마태에서도
인간의 내면을 다루는 비유입니다.
그런데 마태는 마가의 '자라나는 씨의 비유'가 나올 자리에
가라지의 비유를 대신 집어넣고(마13:24~30)
이를 종말론적으로 해석합니다.(마13:37~40)
이렇게 해서 씨 뿌리는 자의 비유에서 얻은
내면적 형태의 하나님 나라 해석의 키가
가라지 비유의 해석으로 인해
가시적 형태인 종말의 하나님 나라 개념에 묻혀버립니다.
마태는 철저히 유대 종말론에 입각하여
예수님의 비유를 해석하고자 애쓴 것입니다.

따라서 마태의 가라지 비유 해석을 머릿속에서 제거하고
계속해서 씨 뿌리는 자의 비유를 따라 해석해 나간다면
마가의 다른 하나님 나라 비유들도
종말을 말하지 않는다는 것을 알게 됩니다.
곧이어 나타나는 겨자씨의 비유를 보겠습니다.

> **막4:30 예수께서 또 말씀하셨다. "우리가 하나님의 나라를 어떻게 비길까? 또는 무슨 비유로 그것을 나타낼까?**
> **31 겨자씨와 같으니, 그것은 땅에 심을 때에는 세상에 있는 어떤 씨보다도 더 작다.**
> **32 그러나 심고 나면 자라서, 어떤 풀보다 더 큰 가지들을 뻗어, 공중의 새들이 그 그늘에 깃들일 수 있게 된다."**

겨자는 한해살이풀입니다.
어떤 사람은 잡초라고도 표현합니다.

그도 그런 것이 정말 작은 씨가
수개월 만에 무려 3~5미터까지 성장하기 때문입니다.
마가는 이 풀이 크게 자라 그늘을 제공해
공중의 새들이 그곳에 집을 만들 것이라고 표현하고 있습니다.
마가의 씨 뿌리는 자의 비유에 따라
씨를 예수 그리스도의 말씀으로 해석하고
땅을 말씀을 받는 자로 본다면
보다 알레고리적인 해석을 시도하여
공중의 새를 성령이라고까지 생각해 볼 수도 있는데
그렇다면 이는 한 인간의 내면의 성장이
예수의 말씀으로 급속히 자라날 수 있으며
그렇게 성장한 내면에
하나님의 영까지도 둥지를 튼다는 것,
이렇게 말씀이 인간의 내면 안에서 크게 성장하는 그것이
하나님의 나라라고 말씀하시는 것으로
해석될 수 있습니다.

그러나 마태는 이 비유 또한
가만히 놔두지 않았습니다.

마13:31 예수께서 또 다른 비유를 들어서, 그들에게 말씀하셨다. "하늘나라는 겨자씨와 같다. 어떤 사람이 그것을 가져다가, 자기 밭에 심었다. 32 겨자씨는 어떤 씨보다 더 작은 것이지만, 자라면 어떤 풀보다 더 커져서 나무가 된다. 그리하여 공중의 새들이 와서, 그 가지에 깃들인다."

마태는 우선 겨자씨가 나무가 된다고 말합니다.
나무는 성장하는 데 오랜 시간이 필요합니다.
즉, 마태는 종말론의 시각에서 볼 때에
종말이 이미 현저히 지연되고 있는 시점에서
겨자씨의 성장을 시간의 급박성을 상징하는 한해살이풀의 비유로
놔둘 수는 없었던 것으로 보입니다.

그것을 나무로 바꿈으로써 종말의 지연을
효과적인 이미지로 표현하고 있습니다.
그리고 공중의 새들이 그 나뭇가지에 깃들이게 함으로써
다음과 같은 에스겔의 종말 환상을 연상하게 만듭니다.

> **겔17:23 이스라엘의 높은 산 위에 내가 그 가지를 심어 놓으면, 거기에서 가지가 뻗어 나오고, 열매를 맺으며, 아름다운 백향목이 될 것이다. 그 때에는 온갖 새들이 그 나무에 깃들이고, 온갖 날짐승들이 그 가지 끝에서 보금자리를 만들 것이다.**

에스겔의 이 환상에서
나무에 깃들이는 새들은
이스라엘을 통해 하나님의 영광을 보는
다른 나라와 민족들을 의미합니다.
이것이 구약적인 종말론의 모습,
마태복음이 추종하는 유대 종말론의 모습입니다.

우리는 오늘 마가복음의 비유를 통해
예수께서 내면적인 하나님의 나라를
비유로 말씀하셨을 가능성을 생각해 보았습니다.
예수께서는 인간의 내면에 집중하신 분이십니다.
외형적인 하나님의 나라는
어쩌면 우리가 신경 쓸 문제가 아닙니다.
우리는 우리의 내면에 자라날
예수 그리스도의 말씀,
그 씨앗에 집중할 필요가 있습니다.
예수께서는 그것이 놀랍게 자랄 것임을 보셨습니다.
어쩌면 이미 여러분은 그 씨앗이 자란
키가 큰 풀들이자 열매들입니다.
그 그늘에 이미 하나님께서 영으로 함께하시며
안식을 누리고 계시는 것입니다.

24. 예수의 부활과 하나님 나라

2017년 7월 9일

막 8:31~9:1
31 그리고 예수께서는, 인자가 반드시 많은 고난을 받고, 장로들과 대제
사장들과 율법학자들에게 배척을 받아, 죽임을 당하고 나서, 사흘 후에
살아나야 한다는 것을 그들에게 가르치기 시작하셨다.
32 예수께서 드러내 놓고 이 말씀을 하시니, 베드로가 예수를 바싹 잡아
당기고, 그에게 항의하였다.
33 그러나 예수께서는 돌아서서, 제자들을 보시고, 베드로를 꾸짖어 말씀
하셨다. "사탄아, 내 뒤로 물러가라. 너는 하나님의 일을 생각하지 않고,
사람의 일만 생각하는구나!"
34 그리고 예수께서 제자들과 함께 무리를 불러 놓고 그들에게 말씀하셨
다. "나를 따라오려고 하는 사람은, 자기를 부인하고, 자기 십자가를 지
고, 나를 따라오너라.
35 누구든지 제 목숨을 구하고자 하는 사람은 잃을 것이요, 누구든지 나
와 복음을 위하여 제 목숨을 잃는 사람은 구할 것이다.
36 사람이 온 세상을 얻고도 제 목숨을 잃으면, 무슨 이득이 있겠느냐?
37 사람이 제 목숨을 되찾는 대가로 무엇을 내놓겠느냐?
38 음란하고 죄가 많은 이 세대에서, 누구든지 나와 내 말을 부끄럽게
여기면, 인자도 자기 아버지의 영광에 싸여 거룩한 천사들을 거느리고 올
때에, 그를 부끄럽게 여길 것이다."
9:1 또 예수께서 그들에게 말씀하셨다. "내가 진정으로 너희에게 말한다.
여기에 서 있는 사람들 가운데는, 죽기 전에 하나님의 나라가 권능을 떨
치며 와 있는 것을 볼 사람들도 있다."

사람들이 예수님을 믿고 따르게 되는 이유는
그 사람들의 수만큼이나 다양한 게 사실입니다.
각자의 이유가 있고, 각자의 믿음과 신념이 있습니다.
예수님이 활동하시던 당시에도
제자들 안에서조차 각자 예수님을 따르는 이유가 달랐습니다.
실은 모두가 하나님의 나라라는 꿈을 좇아 모였지만

예수님과 열 두 제자들의 생각이 모두 달랐고
특히나 예수님의 생각은 알기도 힘들었습니다.

교회들도, 우리들도 마찬가지입니다.
모두 각자가 추구하는 신앙의 소망과 이유가 다른 것이
마치 우리가 걸어온 인생이 다르듯 모두가 다릅니다.
그리고 현대의 우리 또한
예수님의 생각을 알기가 여전히 힘듭니다.
우리 교회의 목표는
예수님의 생각을 단정하기보다는
정확하다고 주장하는 교단들의 교리들,
심지어는 성경 저자들의 주장까지도
정확하지 못하다는 것을 드러내고
본질적인 방향성을 찾아 나가는 데 있습니다.

오늘 우리가 읽은 본문은
복음서 저자들을 혼란에 빠뜨리는 본문입니다.
그 혼란으로 인해 복음서들은
각자의 방향성을 찾아 다른 길로 나아가게 됩니다.

막 8:31 그리고 예수께서는, 인자가 반드시 많은 고난을 받고, 장로들과 대제사장들과 율법학자들에게 배척을 받아, 죽임을 당하고 나서, 사흘 후에 살아나야 한다는 것을 그들에게 가르치기 시작하셨다.
32 예수께서 드러내 놓고 이 말씀을 하시니, 베드로가 예수를 바싹 잡아당기고, 그에게 항의하였다.
33 그러나 예수께서는 돌아서서, 제자들을 보시고, 베드로를 꾸짖어 말씀하셨다. "사탄아, 내 뒤로 물러가라. 너는 하나님의 일을 생각하지 않고, 사람의 일만 생각하는구나!"
34 그리고 예수께서 제자들과 함께 무리를 불러 놓고 그들에게 말씀하셨다. "나를 따라오려고 하는 사람은, 자기를 부인하고, 자기 십자가를 지고, 나를 따라오너라.

본문을 보면
예수께서 갑자기 자신이 고난 받아 죽고,
사흘 만에 다시 살아나야 할 것을
제자들에게 처음으로 이야기하시는 장면이
나타나고 있습니다.
이에 나타나는 베드로의 항의는
그가 추구하는 신앙의 길이 무엇인지를 보여주고 있습니다.
이것을 보며 우리는 베드로의 무지함에
고개를 절레절레 흔들 수도 있지만
우리가 걷고자 하는 삶의 길이
베드로가 추구하는 것과 다르지 않다는 것을
곧 깨닫게 됩니다.

고난의 길, 십자가의 길은
예수님 자신도 회피하고자 기도했던 길이며
절망과 고뇌의 길입니다.
그러나 그것이 올바른 길이라면
새로운 생명과 참된 생명을 가져올 것이기에
자신의 값진 생명을 던져버릴 수도 있는
그러한 길이기도 합니다.
바로 여기에 그리스도교 부활 신앙의
참된 본질과 의미가 있으며
이를 통해 이 세계 속에서
실제적으로 아름다운 열매들이 맺혔습니다.

여기서 복음서 저자들의 고민은
그리스도교 신앙의 핵심 가치가
예수님의 이 말씀 속에,
그리고 그분의 십자가의 길에
고스란히 드러났다는 것에 있지 않고
그 이후의 문제에 놓이게 됩니다.

즉, 그분이 그러한 십자가의 길에
자신의 생명을 버리신 후
3일 만에 부활하셨다면
그 다음에 일어날 사건에 대한 말씀은
또 어떻게 받아들여야 할지에 대한 문제들입니다.

막 8:38 음란하고 죄가 많은 이 세대에서, 누구든지 나와 내 말을 부끄럽게 여기면, 인자도 자기 아버지의 영광에 싸여 거룩한 천사들을 거느리고 올 때에, 그를 부끄럽게 여길 것이다."
9:1 또 예수께서 그들에게 말씀하셨다. "내가 진정으로 너희에게 말한다. 여기에 서 있는 사람들 가운데는, 죽기 전에 하나님의 나라가 권능을 떨치며 와 있는 것을 볼 사람들도 있다."

여기서 인자는 분명 예수님입니다.
마가복음에서 인자는 이미 예수님 자신과
너무나 동일화되었기에
이를 다른 존재로 여길 수 없습니다.

우리가 익히 알고 있던
교리들의 전제를 버리고 이 말씀을 볼 때에,
예수께서 죽음을 이기시고 3일 만에 부활하시는 것과
38절의 인자가 올 것이라는 말씀은
무슨 관련이 있는 것입니까?
여기서 복음서들의 해석이 갈라집니다.
예수께서 이 땅에서 부활하신다는 것,
그리고 그가 천사들을 거느리고 다시 오신다는 것은
어떤 순서로 가능한가?
다시 하늘로 가서 천사들을 모아 오시겠다는 것인가?
도대체 예수님의 말씀을 어떻게 이해해야 하는가?

이 인자의 도래에 대한 말씀은 사실 또 있습니다.

막13:26 그 때에 사람들이, 인자가 큰 권능과 영광에 싸여 구름을 타고 오는 것을 볼 것이다.
27 그 때에 그는 천사들을 보내어, 땅 끝에서 하늘 끝까지, 사방에서 선택된 사람들을 모을 것이다.
28 무화과나무에서 비유를 배워라. 그 가지가 연해지고 잎이 돋으면, 너희는 여름이 가까이 온 줄을 안다.
29 이와 같이, 너희도 이런 일들이 일어나는 것을 보거든, 인자가 문 앞에 가까이 온 줄을 알아라.
30 내가 진정으로 너희에게 말한다. 이 세대가 끝나기 전에, 이 모든 일이 다 일어날 것이다.

막14:61 그러나 예수께서는 입을 다무시고, 아무 대답도 하지 않으셨다. 대제사장이 예수께 물었다. "그대는 찬양을 받으실 분의 아들 그리스도요?"
62 예수께서 말씀하셨다. "내가 바로 그이요. 당신들은 인자가 전능하신 분의 오른쪽에 앉아 있는 것과, 하늘의 구름을 타고 오는 것을 보게 될 것이오."

부활 이후 인자의 도래로 이어지는 과정에 대해
마가 자신은 침묵해 버립니다.
원 마가의 저자는 자신의 복음서를
예수께서 부활하셨으며 갈릴리에 먼저 가 계신다는
한 남자의 진술로 간단히 마감하기 때문입니다.

막16:5 그 여자들은 무덤 안으로 들어가서, 웬 젊은 남자가 흰 옷을 입고 오른쪽에 앉아 있는 것을 보고 몹시 놀랐다.
6 그가 여자들에게 말하였다. "놀라지 마시오. 그대들은 십자가에 못박히신 나사렛 사람 예수를 찾고 있지만, 그는 살아나셨소. 그는 여기에 계시지 않소. 보시오, 그를 안장했던 곳이오.
7 그러니 그대들은 가서, 그의 제자들과 베드로에게 말하기를 그는 그들보다 먼저 갈릴리로 가실 것이니, 그가 그들에게 말씀하신 대로, 그들은 거기에서 그를 볼 것이라고 하시오."
8 그들은 뛰쳐 나와서, 무덤에서 도망하였다. 그들은 벌벌 떨며 넋을 잃었던 것이다. 그들은 무서워서, 아무에게도 아무 말도 못하였다.

따라서 마가는 부활하신 그분이
어떻게 인자의 형태로
다시 나타나실 것인지에 대해
가장 개방된 형태로 그냥 놔두었습니다.
마가복음 16장 9절 이후의 말씀은 후대 첨가로
대부분의 성경에서도 괄호로 묶어 표시하고 있습니다.

마태복음은 마가의 미완성 부분을
마저 완성시킵니다.
마태는 마가가 이야기한
갈릴리에 먼저 가 계신 부활의 주님과
제자들의 상봉을 완성시키고 있습니다.
그러나 그 다음 문제인
인자의 새로운 도래를 위한
그 어떤 것을 말하지 못하고 복음서를 마칩니다.
세상 끝 날까지 함께할 것이라는
임마누엘의 말씀만으로 마치는 것입니다.

마28:16 열한 제자가 갈릴리로 가서, 예수께서 일러주신 산에 이르렀다.
17 그들은 예수를 뵙고, 절을 하였다. 그러나 의심하는 사람들도 있었다.
18 예수께서 다가와서, 그들에게 말씀하셨다. "나는 하늘과 땅의 모든 권세를 받았다.
19 그러므로 너희는 가서, 모든 민족을 제자로 삼아서, 아버지와 아들과 성령의 이름으로 세례를 주고,
20 내가 너희에게 명령한 모든 것을 그들에게 가르쳐 지키게 하여라. 보아라, 내가 세상 끝 날까지 항상 너희와 함께 있을 것이다."

'세상 끝 날'이라는 종말론의 개념이 남아 있으므로
마태는 남겨진 종말의 때를 상정하고는 있습니다.
그러나 부활하신 주님의 거처에 대해서는
임마누엘이라는 표현으로만 마무리합니다.
그러나 마태의 임마누엘 선포는

자신의 공동체에 예수가 아직도 살아서
육체로 함께하고 있다는 것을 주장하는 것이 아닌,
'도대체 부활한 예수는 어디에 있는가'라는
의문과 회의에 대한 위로의 메시지임이 분명합니다.
그러므로 마태는
부활하셨던 그가 지금 보이지는 않지만
우리와 함께 하고 계시며,
세상 끝 날에는 전에 말씀하셨던 바대로
천사와 함께 인자로 나타나실 것이라 암시하며
자신의 복음서를 마무리하고 있습니다.

누가는 이 문제를 해결하기 위해
가장 능동적인 자세를 보이는데
자연스러운 이해를 위해 부활하신 그 분을
하늘에 계신 하나님께 올려 보내드립니다.
그리고 천사의 설명을 덧붙입니다.

행1:8 그러나 성령이 너희에게 내리시면, 너희는 능력을 받고, 예루살렘과 온 유대와 사마리아에서, 그리고 마침내 땅 끝에까지 이르러 내 증인이 될 것이다."
9 이 말씀을 하신 다음에, 그가 그들이 보는 앞에서 들려 올라가시니, 구름에 싸여서 보이지 않게 되었다.
10 예수께서 떠나가실 때에, 그들이 하늘을 쳐다보고 있는데, 갑자기 흰 옷을 입은 두 사람이 그들 곁에 서서
11 "갈릴리 사람들아, 어찌하여 하늘을 쳐다보면서 서 있느냐? 너희를 떠나서 하늘로 올라가신 이 예수는, 하늘로 올라가시는 것을 너희가 본 그대로 오실 것이다" 하고 말하였다.

누가에 와서야 모든 것이 이해될 만큼
완벽한 스토리가 짜여졌습니다.
그래서 사람들은 마가와 마태가
왜 승천 이야기를 기록하지 않았는가에 대해서는

신경을 쓰지 않고,
누가의 진술을 최종 형태로 받아들여
마가와 마태의 결론을 누가에 종속시킵니다.

그러나 예수께서 그 세대 안에
이 모든 일이 일어날 것을 예견하신 것으로
기록하고 기대한 마가, 마태, 누가의 신앙은
시간이 흐르면서 위기를 맞게 되었고,
이에 요한은 다른 해석을 내어놓습니다.
즉, 요한은 자신의 복음서에서
예수님의 부활과 승천, 다시 오심과 성령의 임재가
동시에 이루어진 것으로 설명합니다.

요20:17 예수께서 마리아에게 말씀하셨다. "내게 손을 대지 말아라. 내가 아직 아버지께로 올라가지 않았다. 이제 내 형제들에게로 가서 이르기를, 내가 나의 아버지 곧 너희의 아버지, 나의 하나님 곧 너희의 하나님께로 올라간다고 말하여라."
18 막달라 사람 마리아는 제자들에게 가서, 자기가 주님을 보았다는 것과 주님께서 자기에게 이런 말씀을 하셨다는 것을 전하였다.
19 그 날, 곧 주간의 첫 날 저녁에, 제자들은 유대 사람들이 무서워서, 문을 모두 닫아걸고 있었다. 그 때에 예수께서 와서, 그들 가운데로 들어서셔서, "너희에게 평화가 있기를!" 하고 인사말을 하셨다.
20 이 말씀을 하시고 나서, 두 손과 옆구리를 그들에게 보여 주셨다. 제자들은 주님을 보고 기뻐하였다.
21 [예수께서] 다시 그들에게 말씀하셨다. "너희에게 평화가 있기를 빈다. 아버지께서 나를 보내신 것 같이, 나도 너희를 보낸다."
22 이렇게 말씀하신 다음에, 그들에게 숨을 불어넣으시고 말씀하셨다. 성령을 받아라.

마리아에게 하나님께 올라간다고 말하신 주님은
사실상 곧바로 하나님께 다녀온 것으로 표현됩니다.
왜냐하면 요한복음 14장 이후로 예수께서는

자신이 아버지께로 가서 성령,
보혜사를 구하겠다고 하셨기 때문입니다.
따라서 22절의 성령 수여가 가능하기 위해서는
예수께서 마리아와의 대화 후
아버지께 다녀오신 것으로 여겨져야만 합니다.
따라서 예수님의 부활과 승천과 재림은 동시에
이미 완결된 상태로 드러나게 됩니다.
따라서 요한의 종말론을
현재적 종말론이라고 부르는 것입니다.

이제 남은 것은 종말의 사건
즉, 인자가 언제 부활을 일으키느냐만 남게 됩니다.

> **요5:27 또, 아버지께서는 아들에게 심판하는 권한을 주셨다. 그것은 아들이 인자이기 때문이다.**
> **28 이 말에 놀라지 말아라. 무덤 속에 있는 사람들이 다 그의 음성을 들을 때가 온다.**
> **29 선한 일을 한 사람들은 부활하여 생명을 얻고, 악한 일을 한 사람들은 부활하여 심판을 받는다."**

요한복음에서는 이미 성령으로
인자의 도래가 이루어진 상태이기에
인자가 하늘 구름을 타고 온다는 설명은 나타나지 않고
부활의 때만이 기다려지고 있습니다.

제자들에게 성령을 부여한 예수님의
또 다른 승천이 없다는 것은
21장에 이어지는 제자들과의 계속된 만남을 통해서도
알 수 있습니다.
그 분은 이미 종말을 끌고 와서
우리와 함께 거하고 있는 것입니다.

이렇게 복음서들의 차이를 볼 때에
우리는 예수께서 자신의 죽음과 부활
그리고 인자의 종말론적 도래를
어떻게 물 흐르듯 자연스럽게 생각하셨는지
확신할 수 없습니다.
그리고 이에 대한 복음서 저자들의 고민을 보며
예수님의 실체가 지금 어디에 있는가를
함께 고민해 보게 됩니다.

모두가 예수를 그리워합니다.
그러나 예전에도 그랬듯이,
지금도 우리가 그리워하는 예수는
십자가를 지는 나약한 예수가 아니라
막강한 권력을 지닌 통치자 예수입니다.
따라서 예수께서 예전의 그 모습 그대로
지금 우리에게 계신다 하더라도
우리는 그를 수없이 십자가에 달아 죽였을 것입니다.

예수께서는 자신이 인자이며
종말의 통치자임을 주장하시다
십자가 처형을 당하신 것으로 기록되어졌습니다.
이와 같은 그분에 대한 묘사는
종말을 기대하는 인간의 소망과
그러면서도 그 종말을 가져올 자를 받아들일 수 없는
인간의 왜곡된 욕망을 고발하고 있습니다.
그들은 언제나 메시야를 기다려왔고
또 언제나 메시야를 죽여 왔습니다.

우리 안에도 이러한 모순이 없는지를 살피며
순수한 예수의 말씀이 자라기를 소망합니다.

25. 복음과 동성애

2017년 7월 16일

고전 4:3~5
3 내가 여러분에게서 심판을 받든지, 세상 법정에서 심판을 받든지, 나에게는 조금도 문제가 되지 않습니다. 그뿐만 아니라, 나도 나 자신을 심판하지 않습니다.
4 나는 양심에 거리끼는 것이 없습니다. 그러나 이런 일로 내가 의롭게 된 것은 아닙니다. 나를 심판하시는 분은 주님이십니다.
5 그러므로 여러분은 주님께서 오실 때까지는, 아무것도 미리 심판하지 마십시오. 주님께서는 어둠 속에 감추인 것들을 환히 나타내시며, 마음 속의 생각을 드러내실 것입니다. 그 때에 사람마다 하나님으로부터 칭찬을 받을 것입니다.

어제 제18회 퀴어 축제가
광화문 광장에서 개최되었습니다.
새 정부가 들어선 이후 최초로
국가인권위원회에서 참여했으며,
종교계에서는 불교 조계종이
공식 지지 입장을 가진 것은 아니지만
함께 참여해서 눈길을 끌었습니다.
기독교에서는 예전에 저희 교회를 방문해 주셨던
향린섬돌교회 임보라 목사님이 가장 열심히 활동하시고 계시는데
이 문제로 이단 시비가 붙어 공방이 벌어지고 있습니다.

며칠 전 유진 피터슨이라는 유명한 개신교 작가는
동성애 결혼의 주례를 맡을 수도 있다는 발언을 했다가
출판사로부터 위협을 당하고
곧바로 입장을 철회하기도 했습니다.
그만큼 서구에서도 보수 그리스도인들에게
동성애는 금기 중의 금기임이 분명해 보입니다.

우리의 입장이, 혹은 다른 이들의 입장이 어떠하든
우리나라 역시 이미
동성애가 공개적으로 표명되는 사회에 진입했기 때문에
이에 대한 마음의 준비를 위하여
퀴어 축제 시기에 동성애에 관해
잠시 생각해 보려고 합니다.

몇 년 사이 기독교 언론 뉴스앤조이는
다른 문제보다 더 강하게
동성애 문제에 대하여 찬성하는 쪽으로
기사들을 지속해서 내보내어 비판을 당하고 있습니다.
특히 성경에서 동성애를 반대하는 구절들에 대해
다른 해석들이 있음도 계속해서 알리고 있습니다.

저는 여러 해석들이 가능하다 할지라도
기본적으로 성경의 저자들이
자신의 공동체 안에서 동성애를 인정하는 사람들이었다면
어떤 이유에서든 동성애, 혹은 동성간의 성관계에 대해
이렇게 반대의 입장을 공식적으로 표명하지는
않았을 것이라 생각합니다.
특히 과거 구약의 신앙인들이 가지고 있던
폐쇄적인 신앙의 양태를 볼 때에
그들이 그토록 열린 사고를 가진 사람들이었다고
생각하기도 어렵습니다.

또한 지금도 대부분 그렇듯
과거의 종교 지도자들 또한 동성애에 대해
긍정해 줄 만한 요소가 없었을 것이라 생각하면
성경의 동성애 반대 입장에 대해,
그것의 문화적 요인을 연구할 필요성은 반드시 있으나
그 입장을 완전히 뒤집을 수 있는

적절한 해석이 나올 것 같지는 않다고 여겨집니다.
무엇보다 굳이 성경의 지지를 얻으려
논의하는 것 자체가 시대착오적이고
논란을 더 벗어날 수 없게 만듭니다.

기독교인들이 성경의 근거 이외에
주로 동성애를 반대하는 이유는
가족관계의 해체 때문인데
이는 성경이 동성애를 반대하는 이유와
그리 다르지 않다고 봅니다.
생존의 문제로 인해 다산을 중시하던 고대인들은
남성의 씨 하나라도 아끼고자 했던 것으로 여겨지는데
동성애로 그것을 소진하는 것은
큰 죄악이었다고 합니다.

가족관계를 중시하는
우리나라 사람들의 문화적 요인 또한
동성애를 반대하는 요소가 될 수 있습니다.
일단 가족으로 묶이게 되면
일 년에도 몇 번씩 만나야 하는 부담감과,
손자 손녀까지 누리고 자랑하고 싶은 기대가
한순간에 무너지면서
자녀를 낳을 수 없는 그들의 미래까지 걱정하게 되는
걱정에 걱정을 부르는 사태가 벌어지게 되는 것입니다.
따라서 실제적인 심리적 압박이
옳고 그름의 논의 뒤에
더 크게 자리잡고 있는 것 같습니다.

저는 예수께서 동성애자들을
어떻게 바라보셨을까 잠시 생각해 보려 합니다.

예수께서는 모세가 허가한 이혼 제도를
인간의 완악한 욕망 탓으로 돌리시며
이를 반대하기까지 하시는 보수적인 입장을 취하셨습니다.
사실상 인간의 탐욕에 대해서는
예수께서는 상당히 보수적인 발언을 하십니다.
마음으로 미워해도 살인이며
마음으로 간음을 해도 간음이며
형제를 욕하는 자는 지옥에 간다는 발언 등은
굉장히 보수적인 입장에 속하는 것입니다.
현대 심리학과 상담학은
차라리 욕하고 미워하고 싸우라고 말할 것입니다.
그러나 예수님의 말씀들은
마음으로 하지 말라는 것이라기보다
행동으로 하지 않았다고 하여
죄인이 아니라고,
하나님의 감시를 피할 수 있다고 생각하지 말라는
외식자들의 내면과 그 태도에 대한 비판입니다.

사실상 예수님의 위대함은
철저한 인간 내면에 대한 비판 때문이며
그것이 결국은 내면의 문제를 포장하는 외적인 형식들을
파괴하는 데까지 나아간다는 점에 있습니다.
따라서 예수를 만나는 사람,
진정으로 예수를 경험하는 사람은
예수의 환상을 보게 되거나
말씀의 소리를 듣는 사람이 아니라
진정한 자신의 내면을 대면하게 되는 사람입니다.
그리고 그렇게 대면한 자신의 탐욕과 부조리에 절망할 때
그 순간을 기다렸다는 듯이 자신을 일으키는
하나님의 사랑과 용서를 체험하게 되는 것입니다.
이것이 병든 자에게 의사가 필요하다는

예수님의 발언의 요체입니다.

예수님께 동성애에 대하여 질문할 때
먼저 이를 반대하는 자들의 내면이 비판받을 수 있습니다.
무엇이 두려워서 반대하는지가
그분의 냉혹한 검열대에 먼저 올라갈 것입니다.

'혹시 그들이 나를 좋아하면 어떻게 하지?'라고 걱정하고 있다면,
이성에 대해서와 마찬가지로
그 꿈은 빨리 깨는 게 좋겠습니다.
당신이 동성애자에게 사랑받을 가능성은
이성에게 사랑받을 가능성보다 훨씬 더 희박합니다.

만약 그들의 성적 욕망을 비난하고자 한다면
인간 전체의 성적 욕망에 대한 비난과
자기 자신에 대한 성적 욕망에 대한 비난을
동일하게 적용해야 합니다.
그러나 이성간의 사랑과 성을 강하게 긍정하는 사람일수록
동성간의 사랑과 성은 강하게 반대할 가능성이 많습니다.
서로 상반된다고 생각하기 때문입니다.
기독교의 교리 자체가 창조 시부터
성을 강하게 이원화하기 때문에 이러한 문제에 대해
강경한 입장을 표명하는 경향을 가지게 됩니다.

반면에 이번 퀴어 축제에 조계종에서 참석한 것처럼
윤회를 통해 존재가 계속 변하는 이론을 지닌 종교는
모든 존재에 차별을 두지 않는다는 표어 아래
성소수자 및 사회적 약자들을 위한 운동까지도
할 수 있게 됩니다.

그런데 우리는 예수님의 발언 중에서

뜻밖의 가능성을 발견할 수도 있습니다.

눅20:33 그러니 부활 때에 그 여자는 그들 가운데서 누구의 아내가 되겠습니까? 일곱이 다 그 여자를 아내로 맞아들였으니 말입니다."
34 예수께서 그들에게 말씀하셨다. "이 세상 사람들은 장가도 가고, 시집도 가지만,
35 저 세상과 죽은 사람들 가운데서 살아나는 부활에 참여할 자격을 얻은 사람은 장가도 가지 않고 시집도 가지 않는다.
36 그들은 천사와 같아서, 더 이상 죽지도 않는다. 그들은 부활의 자녀들이므로, 하나님의 자녀들이다.

지금껏 사람들은 부활 시에도
성별이 유지된다고 생각하고 있었습니다.
즉 성별의 결정은 절대적인 것이며 영원하다고
생각했던 것입니다.
여기에 대해 반대의 의견을 천명한
최초의 사람이 예수님이십니다.
부활의 자녀, 하나님의 자녀들은
남녀의 구분이 없다는 것입니다.

여기서 예수께서는 인간의 성적 탐욕이란 일시적인 것이며
성별의 문제란 영원으로 끌고 들어갈 대상이 아님을
우리에게 알려주고 계십니다.
이런 의식에서 본다면
우리 또한 성별의 문제에 대한 강박관념을
어느 정도 포기해야 할 것으로 여겨집니다.
그보다는 욕망이라는 동일한 관점에서
다루어야 할 필요가 있는 것입니다.

이성애 간에도 성적인 탐욕의 정도가 있듯
동성 또한 마찬가지며
무엇을 더 나쁜 것으로 간주할 수 있는

절대적인 기준은 없습니다.
그 기준이 성경일 수는 있겠으나
우리는 예수의 정신에 입각하여
그것을 재고해 보아야 합니다.

바울은 자신의 사도적 권한 주장이
사람들에게 의심과 오해를 받게 되자
자신에 대한 이해를 바라며 이렇게 말했습니다.

> **고전4:5 그러므로 여러분은 주님께서 오실 때까지는, 아무것도 미리 심판하지 마십시오. 주님께서는 어둠 속에 감추인 것들을 환히 나타내시며, 마음 속의 생각을 드러내실 것입니다. 그 때에 사람마다 하나님으로부터 칭찬을 받을 것입니다.**

이 말이 바울 자신에게뿐 아니라
자신이 비판하던 동성애에 대해서도
해당되지 않을까 싶습니다.

동성애자들이 자신들의 욕망을
법으로 제도화하여 안정성 있게 만들려는 것에 대해
사람들이 반대한다면
그것이 무엇을 위한 반대인지를 생각해 봐야 합니다.
오히려 혼란이 가중되고 있는 그들의 삶이
빨리 안정화되고, 기본적인 성윤리들이 정착되어
하나님의 사랑 안에 서 나갈 수 있도록
최대한 도움을 주는 것이
그리스도인의 태도일 것이라 생각합니다.

26. 군중 속의 나

2017년 7월 23일

마가복음 5:1~10
1 그들은 바다 건너편 거라사 사람들의 지역으로 갔다.
2 예수께서 배에서 내리시니, 곧 악한 귀신 들린 사람 하나가 무덤 사이
에서 나와서, 예수와 만났다.
3 그는 무덤 사이에서 사는데, 이제는 아무도 그를 쇠사슬로도 묶어 둘
수 없었다.
4 여러 번 쇠고랑과 쇠사슬로 묶어 두었으나, 그는 쇠사슬도 끊고 쇠고랑
도 부수었다. 아무도 그를 휘어잡을 수 없었다.
5 그는 밤낮 무덤 사이나 산 속에서 살면서, 소리를 질러 대고, 돌로 제
몸에 상처를 내곤 하였다.
6 그가 멀리서 예수를 보고, 달려와 엎드려서
7 큰소리로 외쳤다. "더 없이 높으신 하나님의 아들 예수님, 나와 무슨 상
관이 있습니까? 하나님을 두고 애원합니다. 제발 나를 괴롭히지 마십시오."
8 그것은 예수께서 이미 그에게 "악한 귀신아, 그 사람에게서 나가라" 하
고 명하셨기 때문이다.
9 예수께서 그에게 물으셨다. "네 이름이 무엇이냐?" 그가 대답하였다. "
군대입니다. 우리의 수가 많기 때문에 붙여진 이름입니다."
10 그리고는, 자기들을 그 지역에서 내쫓지 말아 달라고 예수께 간청하였다.

마가복음에는 일련의 세 가지
예수님의 치유 사건이 나타나고 있는데
이 이야기들에는 그 배후에
군중이라는 개념이 부정적인 형태로 자리잡고 있습니다.
사실 군중, 무리, 사람들은 피할 수 없는 것이기에
이 이야기에서만이 아니라
모든 이야기들의 전제가 될 수도 있습니다.

첫 번째 이야기인

거라사의 귀신들린 남자 이야기는
레기온, 즉 로마의 6000명의 사단급
군대 명칭을 가진 귀신들의 집단이
한 인간 안에 들어가 있는
놀라운 이야기 입니다.

특히 놀라운 사실은 예수님께서 귀신과
대화를 하고 있다는 점입니다.
이것은 예수님의 이야기들 속에서 특별한 것으로
사실 대화라고 하기에는 짧지만
귀신들의 이름을 물어보았다는 점에서
귀신을 내쫓는 축귀 사역의 한 모델을 제공하기도 했습니다.

마태의 이야기는 조금 다릅니다.

> **마8:28 예수께서 건너편 가다라 사람들의 지역에 가셨을 때에, 귀신 들린 사람 둘이 무덤 사이에서 나오다가, 예수와 마주쳤다. 그들은 너무나 사나워서, 아무도 그 길을 지나다닐 수 없었다.**
> **29 그런데 그들이 외쳐 말하였다. "하나님의 아들이여, 당신이 우리와 무슨 상관이 있습니까? 때가 되기도 전에, 우리를 괴롭히려고 여기에 오셨습니까?"**
> **30 마침 거기에서 멀리 떨어진 곳에, 놓아 기르는 큰 돼지 떼가 있었다.**
> **31 귀신들이 예수께 간청하였다. "우리를 쫓아내시려거든, 우리를 저 돼지들 속으로 들여보내 주십시오."**
> **32 예수께서 "가라" 하고 명령하시니, 귀신들이 나와서 돼지들 속으로 들어갔다. 그 돼지 떼가 모두 바다 쪽으로 비탈을 내리달아서, 물 속에 빠져 죽었다.**

이 대화가 품고 있는 비유대적이고
미신적인 사상에 대한 두려움이
마태복음에 있어서는
귀신의 이름을 묻는 대화를 삭제하도록

저자에게 불안감을 조성한 것 같습니다.
또한 마태는 귀신들린 사람을 두 명으로 제시함으로써
귀신들이 자신을 '우리'라고 부르는 것에 대해
마가와 다른 해답을 주려하고 있습니다.
즉, 마태는 그가 이 이야기를 취한 마가복음에서
스스로를 로마 군대 '레기온'이라 주장했던
귀신들의 발언을 삭제함으로써
자신의 유대인 독자들이
죽은 로마 군대의 영혼이 돌아다닌다는
미신적인 사상에 당황해하지 않도록
이야기를 힘겹게 꾸려나가고 있습니다.

그러나 마가의 거라사 이야기는
귀신 이름의 로마적 표현으로 인해
정치적 해석이 시도되는 대표적인 이야기로
레기온이라는 로마 군대의 사단 명칭이
해석의 실마리가 되고 있습니다.
또한 그 지역에서 로마군인들의 식량을 위한
대규모 돼지 사육이 이루어지고 있었다는 점에서도
이 이야기의 정치적 성격이 드러나게 됩니다.

물론 이 이야기에 대한 정치적 해석을 통해
로마로부터의 해방과 하나님의 나라를 연결시키고
제국의 억압으로부터의 자유를 말하려는 것으로
레기온 귀신 축출 사건을 설명할 수도 있겠지만
그것이 여기에서의 예수님의 주된 관심사는
아니었던 것 같습니다.

이 이야기에서 그 분은
무덤 사이에서 자신의 삶이 총체적으로 파탄 난
한 개인에게 관심을 가지고 계십니다.

그 한 사람 이외에 예수께서는
어떠한 다른 관심도 나타내시지 않습니다.

그 광인을 억압하고 있던 귀신은
스스로 말한 바, 로마의 군대 귀신입니다.
이 이야기가 특별한 것은 다른 이야기들이
귀신들림과 신체적 병약 상태를 연결시키는 것과는 달리,
귀신들림과 정신적 착란 상태를 유일하게 연결하고
그 원인을 귀신의 이름을 통해 드러내고 있다는 점입니다.

그 광인의 억압된 모습은
군대라는 귀신의 이름을 통해
국가적 권력의 억압,
다수라는 대중성의 억압을 표현해 주고 있습니다.
또한 한 개인이 다수의 요구 속에
무너져 가는 황폐한 모습이
그가 개인의 힘을 넘어서는 괴력을 발휘하면서도
삶의 종말을 상징하는
무덤들 사이에 거하고 있다는 것을 통해
드러나고 있습니다.

이 광인의 모습은
현대인인 우리의 모습을 그대로 보여주고 있습니다.
특히 우리나라처럼 국가의 요구와 대중의 요구에
자신의 모든 삶을 걸고 대응하려는 사람들이
얼마나 억압된 정신적 착란 상태 속에 있는지를
느끼게 해 줍니다.
회사에서나 가정에서나 학교에서나
언제나 한 개인의 힘을 넘어서는
괴력을 발휘하기를 요구받는
나 이상의 어떤 거대한 군대와 같은

무서운 집단의 힘이
한 개인의 정신과 삶을
완전히 지배하고 지배받는 상황.
현대의 우리가 이런 삶 속에 살아가는 것이
거라사의 광인의 상태와 무엇이 다른지
생각해 보게 됩니다.

예수 그리스도의 복음은
억압받고 있는 정신을 해방시키는
강력한 하나님의 자유의 메시지이며
언제나 새롭게 임하는 대중의 압력을
그 본질을 드러냄으로써 쫓아내는
비판적 정신입니다.

21절 이후에는 회당장 야이로의 딸을
고치러 가시는 예수님의 이야기와
그 사이에 혈루병을 가지고 있던
여인의 치유사건이 나타나고 있습니다.

막5:21 예수께서 배를 타고 맞은편으로 다시 건너가시니, 큰 무리가 예수께로 모여들었다. 예수께서 바닷가에 계시는데,
22 회당장 가운데서 야이로라고 하는 사람이 찾아와서 예수를 뵙고, 그 발 아래에 엎드려서
23 간곡히 청하였다. "내 어린 딸이 죽게 되었습니다. 오셔서, 그 아이에게 손을 얹어 고쳐 주시고, 살려 주십시오."
24 그래서 예수께서 그와 함께 가셨다.

회당이란 유대인들이 모여
말씀을 나누고 찬미와 기도를 하던 곳으로
제사 중심의 성전과 함께 유대인들의 신앙을 이끄는
중요한 공동체 모임 장소를 말합니다.
그곳에는 여러 명의 회당상들이 공동체를 이끌었는데

그 회당장들 중 야이로라는 사람이
딸의 치유를 위해 안수해 주실 것을 예수님께 요청하여
예수님의 이동이 시작됩니다.

막5:24 큰 무리가 뒤따라오면서 예수를 밀어댔다.
25 그런데 열두 해 동안 혈루증을 앓아 온 여자가 있었다.
26 여러 의사에게 보이면서, 고생도 많이 하고, 재산도 다 없앴으나, 아무 효력이 없었고, 상태는 더 악화되었다.
27 이 여자가 예수의 소문을 듣고서, 뒤에서 무리 가운데로 끼여 들어와서는, 예수의 옷에 손을 대었다.
28 그 여자는 "내가 그의 옷에 손을 대기만 하여도 나을 터인데!" 하고 생각하고 있었던 것이다.
29 그래서 곧 출혈의 근원이 마르니, 그 여자는 몸이 나은 것을 느꼈다.
30 예수께서는 곧 자기에게서 능력이 나간 것을 몸으로 느끼시고, 무리 가운데서 돌아서서 "누가 내 옷에 손을 대었느냐?" 하고 물으셨다.

예수님과 함께 많은 무리들이 함께 했는데
무리들이 함께 밀고 얽히면서
야이로의 집으로 향하고 있었습니다.
그 때 병이 있던 한 여인이
그 군중들 속에서 손을 뻗어 예수님을 건드립니다.
예수께서는 자신의 능력이 나간 것을 아시고
누가 건드렸는지를 물어보게 되지만
제자들은 예수님을 밀고 있던 사람들이 많았기에
왜 그런 질문을 하냐면서 의아해합니다.

많은 이들이 예수를 만졌지만
예수는 단지 한 여인만을 만지셨습니다.
이 이야기는 예수님의 신비로운 능력을 말하면서도
군중들 속에서 한 사람 한 사람을 바라보시는
하나님의 사랑을 우리에게 알려주고 있습니다.

군중이 움직이게 되면
한 개인의 삶은 쉽게 무시되곤 합니다.
지금 예수님과 함께 움직이던 자들은
군중들의 수장의 딸에게로 감으로써
한 개인을 위해 가면서도
더 큰 공동체 의식을 공유해 가며
대의를 등에 업고 움직이고 있습니다.
그 과정에 예수님의 도움이 절실한
가장 가까이에 있던 여인의 삶은 외면되고 있습니다.
작은 마을 공동체에서 그 여인의 상황과 이야기를
모를 사람은 없었을 것입니다.
그러나 그 여인의 삶은 외면당하고
군중은 군중의 대의를 드높여 줄
더 나은 인물의 치유를 위해
하나가 되어 움직이고 있었던 것입니다.

그러나 하나님의 사랑과
예수 그리스도의 은혜의 섬세함은
언제나 한 마리의 잃어버린 양에게로 향하고 있다는 점,
바로 그것을 마가는 잃어버린 양의 비유 없이도
이 사건을 통해 알려주고 있습니다.

막5:35 예수께서 말씀을 계속하고 계시는데, 회당장의 집에서 사람들이 와서, 회당장에게 말하였다. "따님이 죽었습니다. 이제 선생님을 더 괴롭혀서 무엇하겠습니까?"
36 예수께서 이 말을 곁에서 들으시고서, 회당장에게 말씀하셨다. "두려워하지 말고 믿기만 하여라."
37 그리고 베드로와 야고보와 야고보의 동생 요한 밖에는, 아무도 따라오는 것을 허락하지 않으셨다.
38 그들이 회당장의 집에 이르렀다. 예수께서 사람들이 울며 통곡하며 떠드는 것을 보시고,
39 들어가셔서, 그들에게 말씀하셨다. "어찌하여 떠들며 울고 있느냐? 그

아이는 죽은 것이 아니라 자고 있다."
40 그들은 예수를 비웃었다. 그러나 예수께서는 그들을 다 내보내신 뒤에, 아이의 부모와 일행을 데리고, 아이가 있는 곳으로 들어가셨다.

예수께서 야이로의 집에 다 가셨을 때에
새로운 군중들이 그들을 맞이합니다.
그들은 야이로의 딸이 죽었다는 확실한 증거를 가진 자들로서
예수님의 치유가 이제 불가능함을 말하며
예수님의 치유 시도를 비웃고 있습니다.
그러나 예수께서는 치유를 강행하시는데
그 모든 불신의 무리들을 몰아내고서
야이로 부부와 세 명의 제자들을 데리고 이적을 베푸십니다.

그리스도인들은 생명을 향한 몸부림에는
언제나 소망을 담고 임해야 할 필요가 있습니다.
다수가 부정적이고 어둠에 짓눌려 있을 때
바로 그 때가 예수 그리스도의 빛이 필요한 때라는 것을
믿고, 소망하며, 기다리고, 기도할 줄 알아야
하나님의 생명이 부어지는 것을 목격하는
영광을 누릴 수 있을 것입니다.

새들녘교회도 하나의 소망을 보고 있습니다.
많은 이들이 현대 신학으로 교회가 죽어갔고
또 앞으로도 죽어갈 것이라며 회의할 때,
우리는 이 속에서 생명과 빛이 드러나고
어떤 이들에게는 강력한 예수 그리스도의
사랑과 생명이 될 수 있을 것임을 믿고 기도하며
소수의 무리를 이루고 있습니다.

그러나 우리 안에서도,
이 작은 공동체 안에서도 역시

개인의 가치는 희생되고
우리의 움직임 속에서
개개의 삶은 무시당하기 쉽습니다.
예수 그리스도의 한 인격을 다루는 섬세함이
우리들 모두에게 있어
한 명, 한 명의 삶을 돌보는
사랑이 넘쳐나기를 소망합니다.

27. 의로 인정 받는 길

2017년 8월 6일

시편 106:28~31
28 그들은 또 바알브올과 짝하고, 죽은 자에게 바친 제사음식을 먹었습니다.
29 이러한 행실로, 그들은 하나님을 격노하게 하여서, 재앙이 그들에게 들이닥쳤습니다.
30 그 때에 비느하스가 일어나서 심판을 집행하니, 재앙이 그쳤습니다.
31 이 일은 대대로 길이길이 비느하스의 의로 인정되었습니다.

우리는 얼마 전 바알브올의 사건을 다룬 적이 있습니다.(21장 참조)
출애굽한 이스라엘이 모압 평지에 다다랐을 때에
모압 왕은 두려워하며
주술사 브올의 아들 발람에게 저주를 요청합니다.
그러나 발람의 주술적 능력은 갑자기 야훼의 영에 감동되어
그로 하여금 이스라엘을 축복하게 만듭니다.
그 후 그는 즉시 그 지방을 떠난 것으로 되어 있지만
민수기 31:16의 기록에 의하면
그가 그 지방 여인들로 하여금
이스라엘의 남자들을 꾀어
이방신을 섬기도록 독려하였음이 드러나고 있습니다.

민31:16 이 여자들이야말로 브올에서의 그 사건 때에, 발람의 말을 듣고 이스라엘 자손을 꾀어, 주님을 배신하게 하고, 주님의 회중에 염병이 일어나게 한, 바로 그 사람들이오.

이 사건이 기록되어 있는 민수기 25장에 의하면
모압 여인들과의 우상숭배로 인하여
이스라엘 진영에 염병이 일어나게 되었습니다.
그 때 모세의 긴박한 사형 명령이 내려졌는데

이 명령을 아직 듣지 못한 이스라엘 남자가
모세와 모든 지도자들이 보는 앞에서
미디안 여인을 데리고 자신의 장막으로 들어가는
불경한 일이 벌어졌습니다.
바로 그 때 아론의 손자인 비느하스가
손에 창을 들고 따라 들어가 그들을 죽이고
야훼의 진노와 염병을 그치게 만듭니다.
이 사건이 얼마나 중요했는지
그 때 죽인 남자와 여자의 이름, 출신까지
기록이 되어 있습니다.
그리고 비느하스는 하나님과 개인적인 언약을 맺게 되는
큰 축복을 받게 됩니다.

민25:10 주님께서 모세에게 말씀하셨다.
11 "아론의 손자이자 엘르아살의 아들인 제사장 비느하스가 한 일을 보아서, 내가 더 이상 이스라엘 자손에게 화를 내지 않겠다. 그는, 이스라엘 자손이 나 밖의 다른 신을 섬기는 것을 결코 용납하지 않았다. 그러므로 나는, 이스라엘 자손을 홧김에 멸하는 일은 삼갔다.
12 그러므로 너는, 내가 비느하스와 평화의 언약을 맺으려 한다고 말하여라.
13 그와 그 뒤를 잇는 자손에게, 영원한 제사장 직분을 보장하는 언약을 세우겠다. 그는 나 밖의 다른 신을 섬기는 것을 용납하지 않았고, 그렇게 함으로써 이스라엘 자손의 죄를 속해 주었기 때문이다."

오늘 우리가 읽은 본문의 시편 저자는
이 때의 일을 상기하면서 매우 중요한 구절을 남깁니다.

시106:28 그들은 또 바알브올과 짝하고, 죽은 자에게 바친 제사음식을 먹었습니다.
29 이러한 행실로, 그들은 하나님을 격노하게 하여서, 재앙이 그들에게 들이닥쳤습니다.
30 그 때에 비느하스가 일어나서 심판을 집행하니, 재앙이 그쳤습니다.
31 이 일은 대대로 길이길이 비느하스의 의로 인정되었습니다.

구약에는 하나님께 의로 여겨진다는 구절이
단 두 개가 있는데,
이 본문과, 그리고 우리가 잘 알고 있는
아브라함과 관련된 구절이 있습니다.

창15:5 주님께서 아브람을 데리고 바깥으로 나가서 말씀하셨다. "하늘을 쳐다보아라. 네가 셀 수 있거든, 저 별들을 세어 보아라." 그리고는 주님께서 아브람에게 말씀하셨다. "너의 자손이 저 별처럼 많아질 것이다."
6 아브람이 주님을 믿으니, 주님께서는 아브람의 그런 믿음을 의로 여기셨다.

이 두 구절을 보게 되면
비느하스의 경우에는 그의 행동이,
아브라함의 경우에는 그의 믿음이
하나님께 의로 여겨지게 되는 원인으로 나타나고 있습니다.
그리고 믿음과 행위라는 이 두 개념은
신약에서 바울과 야고보의 강조점을 생각나게 만듭니다.

바울과 야고보의 논의가 있기 전
신구약 중간기 문서인 마카베오서에
비느하스와 아브라함의 이야기가 나와
신구약 중간기 사람들이
행위와 믿음을 어떻게 이해하고 있었는가를
엿볼 수 있습니다.
이교 제단을 파괴하는 열정을 보여준 마따디아는
그의 아들들을 모아 놓고 다음과 같이 말합니다.

마카베오상2:52 아브라함은 시련을 받고도 믿음을 지켜서 의로운 사람이란 인정을 받지 않았느냐?
53 요셉은 곤경에 빠졌어도 계명을 지켜서 이집트의 주인이 되었고,
54 우리 조상 비느하스는 그의 큰 열성 때문에, 영원히 사제직을 차지하라는 약속을 받았다.

마따디아는 아브라함에 대해서,
그가 단순히 믿었기 때문에
의인으로 인정받은 것이 아니라
시련을 겪으면서도 믿음을 지킴으로서
의인으로 인정받았다고 해석하고 있습니다.
이 시련이란 아브라함에게 있어 가장 큰 시험이었던
이삭을 제물로 바치는 사건을
말하는 것으로 해석되고 있습니다.
즉, 마따디아는 아브라함이 믿음으로 의롭다 인정받은 것이
창세기 저자가 그 말을 했던 당시가 아니라(창15:6)
시련을 이겨내는 과정을 통해(창22장)
비로소 인정되었다고 해석해 내고 있는 것입니다.
믿음 없이는 올바른 행위가 나올 수 없을 뿐 아니라
행위 없이는 그 믿음이 인정받을 수도 없다는 것입니다.

이러한 생각은 야고보서로 이어졌습니다.

약2:20 아, 어리석은 사람이여, 그대는 행함이 없는 믿음은 쓸모가 없다는 것을 알고 싶습니까?
21 우리 조상 아브라함이 자기 아들 이삭을 제단에 바치고서 행함으로 의롭게 된 것이 아닙니까?
22 그대가 보는 대로 믿음이 그의 행함과 함께 작용을 한 것입니다. 그러므로 행함으로 믿음이 완전하게 되었습니다.
23 그래서 "아브라함이 하나님을 믿으니, 하나님께서 그것을 아브라함의 의로움으로 여기셨다"고 한 성경 말씀이 이루어졌고, 또 사람들이 그를 하나님의 벗이라고 불렀습니다.
24 여러분이 아는 대로, 사람은 행함으로 의롭게 되는 것이지, 믿음으로만 되는 것이 아닙니다.

그런데 우리가 알다시피
바울은 믿음과 행위에 대해 믿음의 우위를 주장합니다.
그것도 동일한 사람, 아브라함을 예로 듭니다.

롬4:3 성경이 무엇을 말하느냐 아브라함이 하나님을 믿으매 그것이 그에게 의로 여겨진 바 되었느니라
....
10 그런즉 그것이 어떻게 여겨졌느냐 할례시냐 무할례시냐 할례시가 아니요 무할례시니라
11 그가 할례의 표를 받은 것은 무할례시에 믿음으로 된 의를 인친 것이니 이는 무할례자로서 믿는 모든 자의 조상이 되어 그들도 의로 여기심을 얻게 하려 하심이라
...
13 아브라함이나 그 후손에게 세상의 상속자가 되리라고 하신 언약은 율법으로 말미암은 것이 아니요 오직 믿음의 의로 말미암은 것이니라

바울은 동일한 아브라함의 예를 들면서도
그것을 이삭을 바쳤던 사건과 연관시키지 않고
할례를 행했던 시점과 연관시킴으로써
이미 할례를 행하기 전에 의롭게 되었다는 점을 부각시킵니다.

갈라디아서에도 이러한 강조점이 나타납니다.

갈2:15 우리는 본디 유대 사람이요, 이방인 출신의 죄인이 아닙니다.
16 그러나 사람이, 율법을 행하는 행위로 의롭게 되는 것이 아니라, 예수 그리스도를 믿는 믿음으로 의롭게 되는 것임을 알고, 우리도 그리스도 예수를 믿은 것입니다. 그것은, 우리가 율법을 행하는 행위로가 아니라, 그리스도를 믿는 믿음으로 의롭다고 하심을 받고자 했던 것입니다. 율법을 행하는 행위로는, 아무도 의롭게 될 수 없기 때문입니다.

그런데 갈라디아서에도
이 말씀이 나온 배경이 되는 사건은
할례 논쟁이었습니다.

갈2:1 그 다음에 십사 년이 지나서, 나는 바나바와 함께 디도를 데리고, 다시 예루살렘으로 올라갔습니다.
2 내가 거기에 올라간 것은 계시를 따른 것이었습니다. 나는 이방 사람들

에게 전하는 복음을 그들에게 설명하고, 유명한 사람들에게는 따로 설명하였습니다.
.....
6 그 유명하다는 사람들로부터 나는 아무런 제안도 받지 않았습니다....
7 도리어 그들은, 베드로가 할례 받은 사람에게 복음을 전하는 일을 맡은 것과 같이, 내가 할례 받지 않은 사람에게 복음을 전하는 일을 맡은 것을 알게 되었습니다.
....
9 그래서 기둥으로 인정받는 야고보와 게바와 요한은, 하나님이 나에게 주신 은혜를 인정하고, 나와 바나바에게 오른손을 내밀어서, 친교의 악수를 하였습니다. 그렇게 하여, 우리는 이방 사람에게로 가고, 그들은 할례 받은 사람에게로 가기로 하였습니다.
.....
11 그런데 게바가 안디옥에 왔을 때에 잘못한 일이 있어서, 나는 얼굴을 마주 보고 그를 나무랐습니다.
12 그것은 게바가, 야고보에게서 몇몇 사람이 오기 전에는 이방 사람들과 함께 음식을 먹다가, 그들이 오니, 할례 받은 사람들을 두려워하여 그 자리를 떠나 물러난 일입니다.
13 나머지 유대 사람들도 그와 함께 위선을 하였고, 마침내는 바나바까지도 그들의 위선에 끌려갔습니다.

바울은 이방인에게 복음을 열어 주지 않던
예루살렘 교회를 찾아가서 자신의 사역을 설명하고
예루살렘 교회는 할례 받은 자들에게,
자신은 할례 받지 않은 자들에게 복음 전하는 것을
사명으로 받았다는 것을 확인시킵니다.
그런데 문제는 베드로가 안디옥에 와서
할례 받지 않은 이방인들과 식사를 하다가
야고보가 보낸 사람들이 오자 눈치를 보고
그 식사자리에서 물러나면서 시작되었습니다.

베드로는 할례 받은 자들을 위한 유대인의 사도인 만큼
할례 받지 않은 이방인들과 같이 식사를 하는 것은

유대인으로서 어긋나는 행동이었습니다.
따라서 야고보, 즉 우리가 아까 언급한 야고보서의 저자인
예수님의 동생 야고보의 눈치를 보지 않을 수 없었던 것입니다.
야고보는 예수님의 동생이라는 사실 때문인지
베드로를 능가하는 예루살렘 교회의 수장이었던 만큼
베드로 또한 눈치를 보았던 것입니다.

바울은 안그래도 거짓 선지자들,
즉, 할례와 안식일을 지켜야 하고
할례 받지 않은 자들과의 식탁교제를 하지 말아야 한다는
율법을 강조하는 이들과 싸움을 치르고 있던 터라
베드로의 이런 행동에 분개했습니다.
할례를 받는다는 것은 단지 할례의 문제만이 아니라
전체 율법의 굴레를 다시 짊어져야 한다는 것을
의미했기 때문입니다.

> **갈5:2 나 바울이 여러분에게 말합니다. 여러분이 할례를 받으면, 그리스도는 여러분에게 아무런 유익이 없습니다.**
> **3 내가 할례를 받는 모든 사람에게 다시 증언합니다. 그런 사람은 율법 전체를 이행해야 할 의무를 지닙니다.**
> **4 율법으로 의롭게 되려고 하는 사람은 그리스도에게서 끊어지고, 은혜에서 떨어져 나간 사람입니다.**

따라서 우리는 바울이 견제하고 있는 '행위'라는 것이
할례에 대한 것이라는 것을 알게 됩니다.
로마서에서도 계속적으로
할례와의 투쟁이 벌어집니다.
그래서 바울은 아브라함이 할례를 받기 전에
믿음으로 의롭다 인정을 받은 것을
강조하고 있는 것입니다.
그리고 이러한 결론에 도달합니다.

롬4:23 "그가 의롭다는 인정을 받았다"하는 말은, 아브라함만을 위하여 기록된 것이 아니라,
24 하나님께서 의롭다고 여겨 주실 우리, 곧 우리 주 예수를 죽은 사람들 가운데서 살리신 분을 믿는 우리까지도 위한 것입니다.
25 예수는 우리의 범죄 때문에 죽임을 당하셨고, 우리를 의롭게 하시려고 살아나셨습니다.

한편 야고보는 바울이 겪고 있는
할례에 대한 스트레스에 시달릴 필요가 없었습니다.
그는 유대인을 위한 교회의 수장이었고
야고보서는 유대인들에게 전하는 메시지였습니다.

약1:1 하나님과 주 예수 그리스도의 종인 야고보가 세계에 흩어져 사는 열두 지파에게 문안을 드립니다.

따라서 바울은 이방인들이 할례를 받게 되면
전체 율법에 묶인다고 걱정을 하던 반면
야고보는 이미 전체 율법에 묶여 있음을 강조합니다.

약2:8 여러분이 성경을 따라 "네 이웃을 네 몸같이 사랑하라"는 으뜸가는 법을 지키면, 잘하는 일입니다.
9 그러나 여러분이 사람을 차별해서 대하면 죄를 짓는 것이요, 여러분은 율법을 따라 범법자로 판정을 받게 됩니다.
10 누구든지 율법 전체를 지키다가도 한 조목에서 실수하면, 전체를 범한 셈이 되기 때문입니다.
11 "간음하지 말라" 하신 분이 또한 "살인하지 말라"고 말씀하셨습니다. 어떤 사람이 간음은 하지 않는다고 하더라도 살인을 하면, 결국 그 사람은 율법을 범하는 것입니다.
12 여러분은, 자유를 주는 율법을 따라 앞으로 심판을 받을 각오로, 말도 그렇게 하고 행동도 그렇게 하십시오.

야고보는 율법에 묶여 있는 신앙 속에서
네 이웃을 사랑하라는 '계명'을

철저히 하는 방향으로 나아가는 반면,
바울은 죽을 수밖에 없는 죄인들에게
영생을 주신 분에게
'의'의 연장이 될 것을 주문하고 있습니다.

> **롬6:1 그러면 우리가 무엇이라고 말을 해야 하겠습니까? 은혜를 더하게 하려고, 여전히 죄 가운데 머물러 있어야 하겠습니까?**
> **2 그럴 수 없습니다. 우리는 죄에는 죽은 사람인데, 어떻게 죄 가운데서 그대로 살 수 있겠습니까?**
> **...**
> **13 그러므로 여러분은 여러분의 지체를 죄에 내맡겨서 불의의 연장이 되게 하지 마십시오. 오히려 여러분은 죽은 사람들 가운데서 살아난 사람답게, 여러분을 하나님께 바치고, 여러분의 지체를 의의 연장으로 하나님께 바치십시오.**

바울과 야고보는 각자의 공동체에
이야기하고 있기 때문에
사실 서로 대척점을 가지고 있지 않습니다.
야고보는 이방인 그리스도인들에게
율법을 강요할 생각이 없고,
바울은 유대인 그리스도인들에게
할례를 포기하라고 말하지도 않습니다.
도리어 그들은 서로의 기준 점에서
같은 결론에 도달하려고 하고 있습니다.
즉, 의로운 삶을 살라는 것입니다.

28. 예수, 그리스도, 복음

2017년 8월 13일

마가복음 1:14~15
14 요한이 잡힌 뒤에, 예수께서 갈릴리에 오셔서, 하나님의 복음을 선포하셨다.
15 "때가 찼다. 하나님의 나라가 가까이 왔다. 회개하여라. 복음을 믿어라."

우리들은 보통
'예수 그리스도'라는 명칭을 쉽게 부르지만
신학에 있어 '예수'와 '그리스도'는
쉽게 연결하여 부를 수 있는
명칭이 아닙니다.

'예수'는 그 이름의 뜻인 구원자와는 별개로
한 사람의 실제적인 이름으로서
우리가 예수라고 말을 하게 되면
이 땅에서 살아 숨쉬고 움직이던
한 존재의 역사적 사실을 말한다는 점에서
이를 역사적 존재로서의 예수를 의미한다고
할 수 있습니다.

'그리스도'는 기름 부어진 자를 뜻하는 그리스어로
히브리어 메시아에 준하는 표현입니다.
이것은 한 사람의 이름이 아니라
신분을 나타내는 표현입니다.

우리가 예수를 그리스도와 연결 지어 부른다면
이는 처음으로 예수님을 그리스도라 불렀던
베드로의 신앙 고백과

동일한 신앙 고백을 한다고 할 수 있습니다.

그렇지만 교회가 예수를 그리스도로 인정하는 이유는
베드로의 신앙 고백 때문이 아니라
예수님의 부활 사건 때문입니다.
즉, ‘예수’라는 이름은 인간 예수의 존재를 지칭하며
그의 죽음의 순간까지의 존재를 의미합니다.
그 예수가 다시 살아난 부활의 순간부터는
신앙의 영역에 귀속되기에
그분을 신앙의 대상에 대한 명칭인
‘그리스도’라 부르게 됩니다.

즉, 인간 예수는 이 세상 모든 사람들이
다 인정할 수 있는 존재로서
목수의 아들, 마리아의 아들로서의
한 사람이었던 예수를 나타내며,
그리스도는 예수의 부활을
믿는 사람들만이 부를 수 있는
신앙의 대상으로서의 명칭이 됩니다.
그리고 신앙을 가지고 있는 사람들은
예수와 그리스도를 연결시켜
‘예수 그리스도’라 부를 수 있게 됩니다.

일반적으로 교회는
예수 그리스도를 믿는 신앙인들의 모임입니다.
그리고 이 모임에서는
예수를 그리스도라 고백하지 않는 이들은
구원에 이를 수 없는 것으로 생각합니다.
그래서 예수는 인정하지만
그리스도임을 인정할 수 없는 이들은
그리스도인이라 칭하지 않게 됩니다.

자연스럽게 교회는 예수에 대한 강조점을
예수를 그리스도로 인정하게 만드는
그분의 죽음과 부활과 재림에 두게 됩니다.

이는 이미 바울의 전략이었습니다.
바울에게 복음이란
우리를 위한 예수님의 죽음과 부활의 소식이었습니다.
바울에게는 예수란 언제나 예수 그리스도였습니다.
이러한 바울의 '복음'에 있어 '예수님 자신의 말씀'은
삶에 대한 몇몇 윤리적 가르침들 외에는
거의 다루어지지 않고 있습니다.
그에게 중요했던 것은
'예수님의 말씀'에 대한 증언이 아니라
'예수님의 죽음과 부활'에 대한 증언이었던 것입니다.

그러나 우리가 전해 받은 복음서에 의하면
예수께서는 복음을
자신이 지금 전하고 있는 말씀이라 생각하고 계셨으며,
자신을 믿으라는 요구를
자신의 죽음과 부활을 믿으라는 것이 아니라,
자신이 지금 전하고 있는 말씀을 믿으라는 것에서
분리시키지 않았다는 것입니다.

복음서 안에도 예수님의 입을 통해
자신의 죽음과 부활이 예고되었다는 점에서
그것을 복음의 내용 안에 수용하지 않을 수 없지만
분량의 면에서나 그 내용의 중요성에 있어서나
복음이란,
예수 그리스도의 죽음과 부활의 사건으로
편향되어서는 안되고,
자신의 말씀으로 변화시키고자 하는

이 세상에 대한 복된 소식이자 축복으로서
그 말씀 그대로 선포될 필요가 있는 것입니다.

그러한 의미에서 'Q복음서'와 '도마복음'처럼
예수님의 죽음과 부활을 다루지 않고
예수님의 말씀 자체만을 다루고 있는
책의 존재가 있다는 사실이
더욱 값지게 다가오게 됩니다.

Q복음서는 가상의 복음서로
마태와 누가가 동시에 인용하고 있는
예수님의 설교집, 어록집을 말합니다.
Q는 자료를 의미하는 독일어 Quelle(크벨레)의 첫 글자입니다.
두 복음서에 동일하게 나오는 말씀이 있기에
함께 참조했을 것으로 가정되었던 복음서이지만
하나의 가정이었고,
문서 자체는 발견되지 않았기에
학자들이 마태와 누가의 공통 자료에서 추출하여
인위적으로 만들어 놓은 상태였습니다.
그러다 도마복음이 발견되고
도마복음의 1/3이 Q복음서와 일치하면서
Q복음서의 존재 또한 보다 선명해지게 되었습니다.

도마복음은 이집트 나그함마디에서 1947년에 발견되었습니다.
이집트어를 헬라어로 표기하는 콥틱어로 기록되었으며
기원후 4세기에 쓰여진 문서로 판명되었지만
이미 1세기에 기록된 도마복음 헬라어 단편들이 존재하기에
그 기원을 예수님 사후 가장 이른 시기까지 잡을 수 있습니다.

바울과 로마 선교 이야기에 익숙한 우리에게는
'갑자기 왜 이집트인가?'라는

의문이 생길수도 있지만,
이집트는 이스라엘과 접경 국가일 뿐만 아니라
로마 시대에 있어서도 학문의 최대 중심지였습니다.

도마복음의 내용은 신비적이고 역설적인 형태가 많은데
이를 예수 말씀의 변질로 여길 수만은 없습니다.
왜냐하면 신약성서의 정경화 작업이
로마교회의 권위와 그리스 사상의 영향 속에서
그리스어로 기록된 책들을 위주로
이루어졌기 때문입니다.
이집트-유대 지혜 신비 문학적 성격의 도마복음이
예수님의 입에서 나온 말씀일 가능성은
여전히 높다고 할 수 있습니다.

우리는 예수님의 말씀에 집중해야 합니다.
특별히 바울이 염원했듯이
바울 생전에 성도의 부활과 재림이 이루어지지 않고
2천년이나 더 지나버린 이 시점에서,
이 세상을 지탱하고 의미 있게 할 수 있는 복음은
예수님 자신의 말씀으로서의 복음일 것이며
죄 사함과 부활과 재림과 천국만을 강조하며
나날이 타락해 가는 한국교회의 복음은 아닐 것입니다.

그런 의미에서 우리는
곧 있을 여름 수련회 기간에
도마복음을 읽고 나누는 시간을 가지려 합니다.
우리는 날마다 예수의 말씀을 읽어야 합니다.
그리고 그 말씀이 나와 세계를 변화시키기를
언제나 기도해야 할 것입니다.
그것이 예수의 말씀을 듣고, 읽고, 전수하도록
부름 받은 우리들의 사명일 것입니다.

29. 자아의 완전한 일치

2018년 8월 27일

도마복음 114장
1 시몬 베드로가 그들에게 말했다. "마리아는 우리를 떠나야 한다. 여자는 생명에 합당치 않기 때문이다."
2 예수께서 말씀하셨다. "보라 내가 마리아를 인도하여 그녀 스스로 남성이 되도록 만들리라. 그리하여 그녀도 너희 남성들처럼 살아있는 영이 되도록 하리라.
3 자신을 남성으로 만드는 모든 여인은 하늘나라에 들어갈 것이다."

여름 수련회 기간 동안 미처 다 다루지 못한 도마복음을
한동안 다루지 않을 것이라 말씀드렸지만
주제별로 묶으면 몇 번의 설교로 가능할 것으로 보여
한 달 정도 도마복음을 다루려 합니다.

오늘 본문을 보면 마치
마초들의 대화를 보는 듯합니다.
마리아를 내치려는 베드로도 그렇지만
그렇다고 마리아를 남성으로 만들려는
예수님의 말씀도 남성 중심적으로 보이기 때문입니다.
특히 결론부는 자신을 남성으로 만드는 여인이
하늘 나라에 들어갈 것을 말하고 있다는 점에서
가히 충격적인 발언이라 생각이 들 수 있습니다.
이것이 성의 전환을 의미하는 것이라면
누가 이 말씀을 받아들일 수 있겠습니까?

그러나 도마복음의 다른 말씀들을 보면
이 말씀이 남성 중심적인 것이 아님을 알게 됩니다.
말씀의 중심이 마리아라는 여성을 대상으로 하기 때문이지

사실 도마복음의 의도가 베드로에게 적용된다면
예수께서는 베드로에게 여자가 되어야 한다고
말씀하실 분으로 나타나기 때문입니다.

도마22:1 예수께서 젖 먹는 어린아이들을 보셨다.
2 예수께서 제자들에게 말씀하셨다. "젖을 먹는 이 어린아이야말로 그 나라에 들어가는 자들과 같다."
3 그들이 예수께 물었다. "그러면 우리는 어린아이와 같아야 그 나라에 들어갈 수 있습니까?"
4 예수께서 그들에게 말씀하셨다. "너희들이 이 둘을 하나로 만들 때, 그리고 속을 겉과 같이 만들고, 겉을 속과 같이 만들며, 위의 것을 아래 것으로 만들 때,
5 그리고 너희가 남자와 여자를 하나 된 자로 만들어 남자가 남자가 아니고 여자는 여자가 아닐 때,
6 그리고 너희가 눈의 자리에 눈을, 손의 자리에 손을, 발의 자리에 발을, 형상의 자리에 형상을 갖다 놓을 때,
7 비로소 너희는 나라에 들어가게 될 것이다."

먼저 이 말씀에서 예수께서는 제자들에게
젖먹이 아기가 되어야 나라에 들어갈 수 있다고 말씀하십니다.
제자들이 그 의미를 묻는 것은 당연합니다.
공관복음서에서도 제자들은 이 말씀을 들었는데
이 말씀은 복음서에서 이해 가능한 방식으로
다양하게 풀이되었습니다.
어린이들처럼 자기를 낮추거나(마18:4)
어린이 자체를 영접하거나(막9:37)
어린이들처럼 하나님 나라를 받아들이거나(막10:15)
아예 다시 태어나야 하는 것으로(요3:3)
풀이되었던 것입니다.

그런데 도마복음의 풀이 방식은 다음과 같습니다.
아이를 모든 분열이 일어나기 전의 통일체로 간주하고

이러한 통일이 이루어진 존재가
하나님 나라에 갈 수 있다고 보는,
즉, 내면적인 자아의 통일과 일치와 조화를
하나님 나라로 해석하는 방식입니다.
그리고 이 조화와 일치의 문제에
남성과 여성의 일치가 언급됨으로써
오늘 우리가 읽은 마리아의 남성됨에 대해
해답을 열어 줍니다.

도마22:4 예수께서 그들에게 말씀하셨다. "너희들이 이 둘을 하나로 만들 때, 그리고 속을 겉과 같이 만들고, 겉을 속과 같이 만들며, 위의 것을 아래 것으로 만들 때,
5 그리고 너희가 남자와 여자를 하나 된 자로 만들어 남자가 남자가 아니고 여자는 여자가 아닐 때,

흥미로운 것은 이 도마복음 사본의 보존에
심리학자 융이 적극적으로 개입했다는 것입니다.
융은 자신의 심리학 이론에서
남성에 있는 여성성, 애니마와
여성에 있는 남성성, 애니무스를 발견하고
남성과 여성이 자신 안에 존재하는 이 양면성과의 조화를 통해
인격의 성장, 개성화를 이뤄가는 과정을 추적했습니다.
융은 자신의 이론과 도마복음의 이 주제가
깊이 연관되어 있음을 직감했던 것 같습니다.

도마복음의 남자와 여자의 하나됨이
현대적인 심리학적 구조의 범주에 속하는지는
확실하지 않습니다.
그러나 예수님께로 기원되어진 이 말씀이
인간의 내면을 다루는 문제에 있어
남성과 여성의 분화가 가져오는

인간상의 참상과 그 조화의 필요성을 이해하고 있다는 점은
분명하다고 생각되어집니다.

도마22:6 그리고 너희가 눈의 자리에 눈을, 손의 자리에 손을, 발의 자리에 발을, 형상의 자리에 형상을 갖다 놓을 때,
7 비로소 너희는 나라에 들어가게 될 것이다.

그러한 동일화와 조화와 하나됨이 이루어져야
우리의 눈은 올바른 눈으로,
우리의 손은 적절한 손으로,
우리의 발은 적합한 발로 기능하는
전인적 완성의 단계에 오르게 되고
그래야 비로소 하나님 나라에 다다르게 된다는 말씀은
도마복음의 하나님 나라가
종말론적 도래의 나라가 아닌
개인의 인격적 완성을 지향하는 내면적 나라라는 것을
나타내고 있습니다.

도마37:1 제자들이 예수께 물었다. "당신은 언제 우리에게 나타나실 것입니까? 언제 우리가 당신을 보게 되겠습니까?"
2 예수께서 말씀하셨다. "너희가 부끄럼 없이 너희 옷을 벗고, 어린아이들처럼 너희 옷을 벗어 발밑에 놓고 짓밟을 때,
3 비로소 너희는 살아 있는 자의 아들을 보게 될 것이다. 그러면 너희는 두려워하지 않게 될 것이다."

이 말씀 또한 이제는 간단히 해석되어질 수 있습니다.
제자들은 예수께 당신이 언제 드러나고,
당신을 언제 볼 수 있을지를 질문합니다.
이 질문은 공관복음서에서는
종말의 인자가 언제 임할지를 묻는 것으로 표현됩니다.
그러나 도마복음의 예수님의 답변에는
여전히 내면적 일치와 조화의 상징을 담시하고 있는

어린 아이들이 등장합니다.
이들이 옷을 벗고 부끄러움을 느끼지 못한다는 표현을 통해
남녀의 일치와 통합됨이 에덴의 선악과 사건 이전으로의
회복을 말하는 것으로 암시되고,
그 때, 살아 있는 자의 아들, 예수를 보게 될 것을 말함으로써
하나님의 아들을 보게 된다는 것을
종말론적 상황이 아닌, 내면적 형태로 제시하고 있습니다.
마이스터 에크하르트가 우리의 내면 안에서
그리스도의 불꽃을 보았듯이
도마복음의 예수님은 인간의 내적인 완성 속에서
자신이 나타날 것임을 예견하고 있습니다.

도마4;1 예수께서 말씀하셨다. "나이가 많은 자라도 칠일 갓난 어린아이에게 생명의 장소에 관해 묻는 것을 주저하지 말아야 생명의 길을 걷게 될 것이다.
2 먼저 된 많은 자들이 나중 된 자가 되어
3 결국은 모두 하나인 존재가 될 것이다."

칠일 갓난 아이란
유대인들이 팔일 째에 남자 아이에게
할례를 행하는 의식을 생각한다면
아직 종교와 문화와 관습과 민족과 성의 분리 이전의 존재,
즉, 통합된 자아의 존재를 상징하는 매개체로 볼 수 있겠습니다.
그러한 통합된 자아에게서 생명의 자리를 찾으려 하는 자가
생명의 길을 걸을 것이라는 점에서
도마복음의 연속적인 통합된 자아의 주제를 볼 수 있습니다.

또한 먼저 된 자가 나중이 될 것이라는
종말론의 유대인과 이방인의 역순 구원에 대한 표현이(마20:16)
이곳에서는 또다시
어른과 아이의 내면적 완성의 역전에 대한 표현으로

나타나고 있습니다.
여기에서 생명의 길이란 '하나인 존재가 되는 것'으로
놀랍게 제시되고 있습니다.
진정한 생명은 하나님이나 타자의 외적인 개입 보다는
자아의 문제에 있다는 사실을 보여줌으로써
기독교 신앙 안에 내적인 자기 성찰의 강한 필요성을
성경에 있는 그 어떤 책들보다 강력히 주장하고 있는 것입니다.

도마61:1 예수께서 말씀하셨다. "두 사람이 한 침대에서 쉬고 있다가 한 사람은 죽고, 한 사람은 살 것이다."
2 살로메가 물었다. "사람이시여. 당신은 누구십니까? 당신은 마치 누군가에게 보냄을 받은 듯 내 침상에 올라와 내 식탁에서 식사를 하시고 계십니다."
3 예수께서 그녀에게 말씀하셨다. "나는 전체로부터 온 일자이다. 나는 내 아버지의 모든 것을 허락 받았다."
4 살로메가 말했다. "나는 당신의 제자입니다."
5 "따라서 나는 말한다. 하나가 전체이면 그것은 빛으로 가득 차게 될 것이며, 하나가 나누어지면 그것은 어둠으로 가득 차게 될 것이다."

종말에 하나는 데려감을 당하고
하나는 남겨둠을 당할 것이라는
공관복음의 종말 경고가(마24:40~43, 눅17:34~35)
여기에서는 하나 된 존재만이
빛으로 가득 차게 될 것이라는
내면적 생명의 길을 위한 표현으로 사용되고 있습니다.
특히 살로메라는 여성과의 식탁 교제,
즉, 유대인들이 침상에서 옆으로 누워 먹는 식사 형태가
남성과 여성의 하나 됨의 은유적 배경을 이루고 있습니다.
여기에서 예수께서는 자신이
분열되지 않은 전체로서 온 존재,
하나님의 풍요로움을 소유하고 있는 존재임을 천명하시며,
분열되지 않은 전체 속에는 빛이,

분열 속에는 어둠이 있음을 알려 주십니다.

> **도마112:1 예수께서 말씀하셨다. "화가 있으리라, 영혼에 의존하는 육체여! 화가 있으리라, 육체에 의존하는 영혼이여!"**

예수님의 전체로서의 풍요로움은
남녀의 통합의 표현으로서도 나타나지만
이 말씀처럼 육체와 영혼의 통합의 말씀에서도 나타납니다.
영적인 갈망에 애태우거나
육체적 갈망에 허우적거림이 없이
그 어느 것을 분할된 형태로 의존하지 않는 존재.
우리는 공관복음의 예수님의 삶 속에서
이러한 자유로움을 보았을 것입니다.
그러나 우리들 대부분은 부끄럽게도 이처럼 살지 못하고 있습니다.

> **도마67 예수께서 말씀하셨다. "모든 것을 안다 해도 자기 자신을 모르면 아무 것도 모르는 것이다."**

따라서 이러한 자기 분열의 상황을 극복하기 위해서는
자기 자신을 아는 것이 가장 중요합니다.
진리와 생명으로 가는 길은
자기 자신을 알아가는 길입니다.
도마복음에서는 그것이 요한복음처럼
성령을 통해 주어지지 않습니다.
도마복음의 예수님은 이 일을
우리 자신에게 요구하고 있습니다.
너 자신을 알라!

> **도마3:4 너희가 너희 자신을 알 때, 비로소 너희에게 알려지게 될 것이다. 곧 너희가 곧 살아있는 아버지의 아들이라는 것을 깨닫게 될 것이다. 5 그러나 너희가 너희 자신을 알지 못한다면, 너희는 빈곤 속에 살게 될 것이다. 곧 너희는 빈곤 그 자체가 될 것이다.**

우리가 우리 자신을 알게 될 때,
비로소 우리에게 알려집니다.
무엇이 알려집니까?
우리가 살아있는 아버지의 자녀라는 사실입니다.
바울의 표현처럼 이 사실은
성령을 통해 우리에게 증거되는 것이 아닙니다.(롬8:16)
그것은 우리가 우리 자신을 알게 될 때에
스스로 우리에게 드러나게 됩니다.
따라서 너 자신을 알라는 명령은
어쩌면 도마복음에서 가장 큰 계명이 될 수도 있겠습니다.

우리는 어떠한 존재입니까?
내 안에는 어떠한 분열이 존재하고 있습니까?
어떠한 싸움들이 내 안에서 벌어지고 있습니까?
하나가 다른 하나를 이길 때 기뻐하십니까?
곧 다른 하나가 다시 이기러 올 것입니다.
분열이 사라지고 통합된 존재로
완전한 하나 됨이 이루어질 때
내 안에 떠오를 하나님 자녀 됨의
자유와 기쁨, 예수의 기쁨이
우리에게도 체험되어지기를 소망합니다.

30. 세상에 대하여

2017년 9월 3일

도마복음 28장
예수께서 말씀하셨다. "나는 이 세상 가운데 거처를 정했고, 육신으로 그들에게 나타났다. 나는 그들이 모두 술에 취했음을 알았고, 그들 중 누구에게서도 목마름을 찾을 수 없었다. 내 영혼은 인간의 자녀들로 인해 고통스럽다. 그들의 마음이 눈멀어 보지 못하기 때문이요, 공허한 세상에 왔다가, 다시 이 공허한 세상을 떠나려 갈구하기 때문이다. 그러나 그들은 그 순간에도 술에 취해 있다. 그들이 술을 뒤흔들 때에야, 그들의 길을 바꾸게 될 것이다."

세상 한 가운데 있음을 자각하고 있는 예수님은
오늘 본문을 통해 인간을 향한 안타까움으로
자신이 고통스러워하고 있음을 고백하십니다.
왜냐하면 세상에 속해 있는 대부분의 사람들이 눈이 멀어
자기 자신과 이 세상을 깨닫지 못한 가운데
세상에 취한 상태로 살아가고 있기 때문입니다.

예수께서는 그들을 깨우기 위해
그들의 술을 뒤흔들어 줄 필요가 있다고 말씀하십니다.
그들이 취해 있는 이 세상에 대한 가치관을 혼돈으로 만들고
그들을 세상에 대하여 방황하게 만들어
생각의 전환을 일으킬 필요가 있는 것입니다.
생각의 전환은 '회개'로도 번역되는 단어인데
예수님의 첫 복음 선포에 이 단어가 있음으로 인해(막1:15)
인식의 전환이 복음의 이해에 있어
얼마나 중요한 것인지를 다시 깨닫게 됩니다.

세상에 속해 있는 사람들은 다음과 같이 표현될 수 있습니다.

도마40 예수께서 말씀하셨다. "포도나무 하나가 아버지에게서 분리되어 심어졌다. 그것은 강하지 못하기 때문에 뿌리째 뽑혀 사멸할 것이다."

아버지 하나님으로부터
벗어날 수 없는 존재임에도 불구하고
이 세상은, 또 이 세상에 속한 사람은
아버지 밖에 심겨진 포도나무와 같습니다.
그것은 무리를 이탈한 100마리 양 중 한 마리와도 같으며
멸망과 죽음의 존재입니다.

비록 그들이 이 세상에 잘 적응하고
영리한 수단을 발휘하여
세상의 부를 축적하였다 하더라도
그는 죽은 자와 다를 바 없습니다.

도마63 예수께서 말씀하셨다. "돈이 많은 부자가 있었다. 그는 '내 돈으로 씨를 뿌리고 거두고, 창고를 만들어 가득 채워 부족함이 없게 하겠다'고 말했다. 이것이 그가 심중에 생각하고 있던 것들이었다. 그러나 바로 그날 밤 그는 죽었다. 두 귀가 있는 자는 듣는 것이 나을 것이다."

공관복음에서 이 부자이야기는
부자의 죽음이 가정되면서 경고로 끝납니다.
즉, '하나님이 그의 목숨을 취해 가시면 어찌하겠는가?'라는
가정의 방식으로 끝맺음으로써
모든 부자가 그렇게 죽지는 않는다는
현실과의 타협을 꾀합니다.
그러나 도마복음은 부자의 죽음을 선포함으로써
물질에 예속되어 있는 그의 삶의 목적이
이미 그를 내면적으로 죽게 만들었음을 암시하고
우리 모두가 그러한 죽음에 빠질 수 있음을
경고하고 있습니다.

이와 같은 죽음의 상태에 빠지지 않기 위해
도마복음의 예수께서는 다음과 같이 명령하십니다.

도마42 예수께서 말씀하셨다. "나그네가 되어라."

세상에 매몰되어 진리를 찾지 못하는 자가 될 바에는
차라리 갈 길을 알지 못하더라도
세상에 집착 없이 방랑하는 자들이 복되다고 할 수 있습니다.

뿐만 아니라 이 세상에서
잘 살아갈 길을 찾아 간 사람들,
즉, 소위 부자들도 이제는
이 세상을 부정할 수 있도록 만들어야 합니다.

도마110 예수께서 말씀하셨다. "세상을 깨닫고 부유케 된 자로 하여금 세상을 부정케 하라."

그리하여 예수께서는
이 세상에 대한 금식을 선포하십니다.

도마27 너희가 세상을 끊지(금식하지) 않는다면, 그 나라를 찾지 못할 것이다. 너희가 안식일을 안식일로 지키지 못한다면, 아버지를 볼 수 없을 것이다.

세상에 대해 금식한다는 것은
이 세상의 헛된 것을 깨달았기 때문입니다.
이렇게 세상을 알게 된 자는
자기 자신이 이 세상에 대해 죽은 자임을 깨닫게 됩니다.

도마56 예수께서 말씀하셨다. "누구든 세상을 알게 된 자는 시체를 발견한 것이며, 시체를 발견한 누구에게든지 이 세상은 가치가 없다."

도마80 예수께서 말씀하셨다. "누구든 세상을 알게 된 자는 육체를 발견한 것이며, 육체를 발견한 누구에게든지 이 세상은 가치가 없다."

이 세상이 합당치 않게 된 자들,
자기 자신이 이 세상의 요구를 위해
희생되어야 할 필요를 느끼지 못하는 자들에게
이제 세상의 기준을 맞추기 위해 입는 옷 따위는
필요 없어집니다.

도마36 예수께서 말씀하셨다. "아침부터 저녁까지, 그리고 저녁부터 아침까지, 무엇을 입을까 염려하지 말라."

공관복음과 달리 먹을 것에 대한 염려와 분리된 이 말씀의 옷은
옷이 사회적 신분의 상징으로 나타날 수 있다는 점에서
심리학자 융이 말한 페르소나, 가면의 역할을 하고 있습니다.
우리는 하루 종일 우리가 만나는 대상들 한 명, 한 명과
그들과의 순간순간 속에서 계속하여 가면을 만들어 나갑니다.
불안과 욕망의 표현인 이 가면, 옷에 대한 내려놓음이
자기 자신의 본질을 찾고 이 세계를 초월하게 되는
시작점이자 완성이 될 수 있을 것입니다.
그때에 우리는 예수를 만나게 됩니다.

도마37:1 제자들이 예수께 물었다. "당신은 언제 우리에게 나타나실 것입니까? 언제 우리가 당신을 보게 되겠습니까?"
2 예수께서 말씀하셨다. "너희가 부끄럼 없이 너희 옷을 벗고, 어린아이들처럼 너희 옷을 벗어 발밑에 놓고 짓밟을 때,
3 비로소 너희는 살아 있는 자의 아들을 보게 될 것이다. 그러면 너희는 두려워하지 않게 될 것이다."

이렇게 살아 있는 자의 아들을 보게 되는 것은
결국 하나님의 나라, 그의 통치와 자연스럽게 연결되게 됩니다.
그 나라는 이 세계가 시간적, 공간적으로 멸망한 후에 오는

종말의 나라가 아니라
이 세계와 중첩되어 있는 내면적인 나라,
살아 있는 자의 아들을 보게 되면서
열리는 나라이기 때문입니다.

그것은 우리의 육체적 죽음을 통해 이루어지는
내세의 세상이 아닙니다.
바로 지금, 내 삶을 통해 발견해야 합니다.

> **도마59장 예수께서 말씀하셨다. “너희가 살아 있을 때, 살아 계신 자를 바라보라. 너희가 죽어서는 살아 계신 자를 보려 해도 볼 수 없을 것이다.”**

그 나라는 이미 우리가 서 있는 땅에 펼쳐져 있습니다.

> **도마113 제자들이 그에게 물었다. “언제 그 나라가 오겠습니까?” “그것은 기다린다고 오는 것이 아니다. 그것은 ‘보아라, 여기 있다’, ‘보아라, 저기 있다’라고 말해질 수 있는 것이 아니다. 도리어 아버지의 나라는 이 땅 위에 펼쳐져 있으나, 사람들이 그것을 보지 못하고 있다.”**

이 세상에 속해 있으면서도
세상 속에서 하나님의 나라를 볼 줄 아는 자!
그 속에서 살아갈 줄 아는 자!
이미 하나님의 아들을 보고 있는 자!
그가 바로 예수께서 원하시는
참된 제자의 삶을 살아가는 자일 것입니다.

31. 도마복음의 하나님 나라

2017년 9월 10일

도마복음 113장
제자들이 그에게 물었다. "언제 그 나라가 오겠습니까?" "그것은 기다린다고 오는 것이 아니다. 그것은 '보아라, 여기 있다', '보아라, 저기 있다'라고 말해질 수 있는 것이 아니다. 도리어 아버지의 나라는 이 땅 위에 펼쳐져 있으나, 사람들이 그것을 보지 못하고 있다."

일반적으로
우리가 보고 있는 성서의 예수님,
특히 공관복음서의 예수님은
하나님의 나라를 복음으로 선포하셨고,
그 나라가 구약의 예언과 종말론적 기대와 같이
이 땅 위에 정치적으로 실현될
위대한 메시야가 통치하는 나라이자
죽은 자들이 부활한 영원한 생명의 나라라는
사상을 이어받은 것으로 여겨집니다.

그러나 요한복음은 그 특유의 신학으로
가볍게 공관복음을 뛰어 넘어서는데
거기에서 예수님은
종말을 성령의 내적 임재와 다스림으로 내면화하면서
동시에 현재화시키고 있습니다.
즉, 미래의 종말이 현재적 종말로 바뀐 것입니다.
기독교가 종말의 지연 속에서도
계속 생명력을 유지할 수 있었던 것은
사실 요한복음의 이러한 현재적 종말 사상이
그것을 명시적으로 모르는 사람에게도
내면 깊이 뿌리내리면서

영적인 생명을 불어넣어 주었기 때문입니다.

이렇게 공관복음과 너무나 다른 요한복음이
어떻게 정경화 과정 중에
살아남게 되었는지는 알 수 없지만
요한복음 안에 최소한의 부활 사상과 종말 사상이
한 구절이나마 남아 있었기에
가능하지 않았나 싶으며,
무엇보다 성령에 대한 예수님 자신의 가르침이
공관복음에 전무한 실정에서
교회를 이끌어 갈 현재적 영성의 권위와 필요를
요한복음의 예수님의 말씀 밖에서는
찾을 수 없었기 때문이라고
추정해 볼 수도 있습니다.

그러나 도마복음은 정경의 반열에 오르지 못했는데
무엇보다 그 이유를
하나님 나라에 대한 공관복음서와의
강력한 차이에서 찾을 수 있겠습니다.
요한복음 또한 하나님 나라에 대한 문제에 있어
사상적으로는 혁명에 속하는 작업을 꾀하였지만
극단적인 표현을 사용하지 않음으로써
공관복음과 마찰을 일으키지 않고
독자들에게 종합적인 이해를 유도하였기에
살아남을 수 있었습니다.

그러나 도마복음은 종말을 고대하던 제자들을
어리석게 취급하고 있습니다.
이는 종말을 기다리던 모든 초대교회 신앙에 대한
도전이라고 밖에는 볼 수 없습니다.

도마113장 제자들이 그에게 물었다. "언제 그 나라가 오겠습니까?" "그것은 기다린다고 오는 것이 아니다. 그것은 '보아라, 여기 있다', '보아라, 저기 있다'라고 말해질 수 있는 것이 아니다. 도리어 아버지의 나라는 이 땅 위에 펼쳐져 있으나, 사람들이 그것을 보지 못하고 있다."

도마복음에 나오는 제자들의 질문은
언제나 종말론적인 자세를 취하고 있습니다.
도마18장에서도 제자들은
그러한 관점에서 질문합니다.

도마18장 제자들이 예수께 물었다. "종말이 어떻게 올지 우리에게 알려주십시오." 예수께서 말씀하셨다. "너희는 시작이 무엇인지는 알고, 종말을 고대하고 있는 것이냐? 너희는 알아야 한다. 종말은 시작이 있는 곳에 있을 것이다. 시작에 서 있는 자는 복되다. 그는 종말을 알 것이며, 죽음을 맛보지 않을 것이다."

여기에서 예수께서는 시작을 아는 자만이
종말을 알 수 있다고 말씀하고 계십니다.
사실상 종말을 구하는 자들은
정말 세상의 멸망을 원하는 것이 아니라
새로운 시작점을 원하고 있습니다.
우리가 종말을 구함으로써 원하는 것이 무엇입니까?
그것은 태고의 완전한 시원을 잃어버린 이 혼란 속에서
다시 그 시원으로 되돌아가기 위한
이 혼란의 끝을 구하는 것입니다.
그러나 혼란 속에 있는 우리 인간은
그 시작이 무엇인지 제대로 이해하지 못하고 있는데
그 시작을 이끌어낼 종말을
어떻게 이해하고 있다고 말할 수 있겠습니까?

이 말씀은 결국 너 자신을 알라는 원초적인 문제와
연결되어 있습니다.

우리의 혼란이 극복되지 못한다면
종말이 와도 달라질 것은 없습니다.

종말론의 가장 취약한 점은
종말에 우리 자신들의 내면이
하나님의 능력으로 새롭게 바뀔 것이라는
안일한 자세에 있습니다.
원초적 아담으로 자연스럽게 돌아갈 것이라는
의존적 자세에 있습니다.
그러나 이 현실 속의 내 나약함을 조금만 더 버틴다면
종말에 궁극적 존재로 변화될 것이라는
이러한 수동적 태도는 예수께서 바라시던 것이 아닙니다.
그것이 우리가 바라는 하나님의 나라라면
그것은 예수께서 원하시는 하나님의 나라가 아닙니다.

> **도마3장 예수께서 말씀하셨다. "만일 너희를 이끄는 자들이 너희에게, '보라! 그 나라가 하늘에 있다'라고 말한다면, 하늘의 새들이 너희를 앞지를 것이다. 만일 그들이 너희에게, '그 나라는 바다 속에 있다'라고 말한다면, 물고기들이 너희를 앞지를 것이다. 도리어, 그 나라는 너희 안에 있고, 너희 밖에 있다."**

도마복음이 말하는
하나님의 통치, 하나님의 나라는
외적인 정치 형태를 규정하지 않습니다.
그것의 외적 나타남은
내적인 나타남 속에서 결과적으로 생성됩니다.
그 결과가 가시적으로 보이기 전까지
하나님의 나라는 개개인을 통해
이미 시작됩니다.
따라서 외적인 새 세상이 오기만을 기다리는 것은
어리석은 것입니다.

도마51장 제자들이 예수께 물었다. "언제 죽은 자들의 안식이 이루어지고, 언제 새 세상이 오겠습니까?" 그가 그들에게 대답하셨다. "너희가 기다리는 것은 이미 와있다. 그러나 너희는 그것을 모르고 있다."

마태의 밭에 감추인 보물의 비유와 유사한(마13:44) 다음 비유는
도마복음의 내적인 하나님 나라 사상을
더 잘 드러내 주고 있습니다.

도마109장 예수께서 말씀하셨다. "그 나라는 마치 자신의 밭에 숨겨진 보물을 가지고 있으나, 이를 모르는 사람과 같다. 그가 세상을 떠날 때에 그 밭을 그의 아들에게 물려주었으나, 그 아들 또한 이에 관해 알지 못했다. 그 아들은 그 밭을 상속받자 팔아버렸다. 밭을 산 사람은 밭을 갈다 그 보물을 발견하였고, 원하는 누구에게든 이자를 붙여 돈을 빌려주기 시작했다."

내 내면의 밭에서 보물을 발견해야 합니다.
밭을 가는 수고를 모르는 자는
그 보물, 하나님의 나라를 발견할 수 없습니다.
그런데 하나님의 나라가 내 안에 있다는 것은
굉장히 추상적으로 느껴집니다.
그러나 이렇게 표현하면
그것은 추상을 벗어나게 될 것입니다.
즉, 하나님이 내 안에 있음을 발견하는 것입니다.

도마50장 예수께서 말씀하셨다. "만약 그들이 너희에게, '너희는 어디에서 왔느냐?'라고 묻는다면 그들에게 말하라. '우리는 빛에서, 그리고 그 빛이 스스로 존재하고, 세워지고, 형상으로 자신을 드러내는 곳으로부터 왔다.' 만약 그들이 '그 빛이 너희냐?'하고 물으면 그들에게 말하라. '우리는 빛의 자녀들이며, 살아 있는 아버지의 선택된 자들이다.' 만약 그들이 너희에게 '너희 안에 있다는 아버지 증거는 무엇이냐?'고 묻는다면, 그들에게 말하라. '그것은 운동과 안식이다.'"

이 말씀에서 빛은 하나님이며
존재 세계의 모든 근원이시고
우리에게 존재를 부여하신 분,
우리의 아버지이십니다.
우리는 빛의 자녀이며
아버지가 우리 속에 계시다는 것을
이 말씀이 나타내 주고 있습니다.

하나님의 나라는 여기에서 시작된다고 볼 수 있습니다.
하나님이 나의 아버지이시며
우리가 그분을 통하여 존재하며 선택되었고
그 분이 내 안에 계시다는 것.
이것이 하나님의 통치의 시작입니다.
물론 이 말씀 안에는 하나님 나라에 대한 말씀이 없습니다.
그러나 이 말씀의 마지막 부분에서
저는 하나님 나라에 대한 비유들과의 연관점을 보게 됩니다.

도마50:3 만약 그들이 너희에게 '너희 안에 있다는 아버지 증거는 무엇이냐?'고 묻는다면, 그들에게 말하라. '그것은 운동과 안식이다.'

우리가 앞에서 본 도마복음 109장의 밭의 비유에서
보물이 밭에 있음을 알게 된 사람은
결국 밭을 일구는 노동을 행한 사람입니다.
마찬가지로 우리 안에 하나님의 존재가 있으며
그의 통치, 나라 또한 우리 안에 존재함을 알 수 있는 자는
모종의 활동을 할 수 있고
이를 통해 참된 안식을 추구하는 자입니다.

그렇다면 우리가 해야 할 일이 무엇인지가 궁금합니다.
어떻게 보물을 캐낼 수 있을지,
어떻게 하나님의 나라를 우리 안에서 발견할 수 있을지

여러분도 궁금할 것입니다.
그것은 우리가 이미 보았던 말씀들에 나타나 있습니다.

> **도마27 너희가 세상을 끊지(금식하지) 않는다면, 그 나라를 찾지 못할 것이다. 너희가 안식일을 안식일로 지키지 못한다면, 아버지를 볼 수 없을 것이다.**

세상에 대한 금식은 수동적인 것이 아닙니다.
그것은 강력한 운동이며 활동입니다.
그것은 우리를 충동하는 것으로부터
우리를 지키고 안식을 일으키는
강력한 활동입니다.
이렇게도 비유할 수 있습니다.

> **도마76장 예수께서 말씀하셨다. "아버지의 나라는 상품을 공급하던 중 진주 하나를 발견한 한 상인과 같다. 그 상인은 현명하여, 그 상품을 팔아 자기 자신을 위하여 단 하나의 진주를 샀다. 따라서 너희도 그렇게, 좀도 벌레도 먹지 못하는 곳에 있는, 확실하고 영속적인 그의 보물을 추구하라."**

내 안에 있는 하나님의 존재를 발견하고
그분의 통치를 이루기 위해
모든 가치없는 것들을 팔아 버리는 행위,
그것이 세상에 대한 금식입니다.
그것은 수동적인 것 같아 보이나
엄청난 에너지가 요구됩니다.
그것은 칼싸움으로도 비유될 수 있습니다.

> **도마98장 예수께서 말씀하셨다. "아버지의 나라는 강한 자를 죽이려는 사람과 같다. 집에 있는 동안 그는 그의 칼을 뽑아 벽 속으로 찔러 넣으며 자신의 손이 이 공격을 어떻게 해낼 수 있을 지 알아 내었다. 그렇게 그는 그 강자를 죽였다."**

활동과 노력 없이는 하나님의 나라를 볼 수 없습니다.
세상을 금식하는 강력한 활동 외에
또 다른 활동도 필요합니다.

도마22장 예수께서 젖 먹는 어린아이들을 보셨다. 예수께서 제자들에게 말씀하셨다. "젖을 먹는 이 어린아이야말로 그 나라에 들어가는 자들과 같다." 그들이 예수께 물었다. "그러면 우리는 어린아이와 같아야 그 나라에 들어갈 수 있습니까?" 예수께서 그들에게 말씀하셨다. "너희들이 이 둘을 하나로 만들 때, 그리고 속을 겉과 같이 만들고, 겉을 속과 같이 만들며, 위의 것을 아래 것으로 만들 때, 그리고 너희가 남자와 여자를 하나 된 자로 만들어 남자가 남자가 아니고 여자는 여자가 아닐 때, 그리고 너희가 눈의 자리에 눈을, 손의 자리에 손을, 발의 자리에 발을, 형상의 자리에 형상을 갖다 놓을 때, 비로소 너희는 나라에 들어가게 될 것이다."

우리 안에 있는 모든 분열을
하나로 만들어 통합하는 활동이 필요합니다.
분열을 통합하는 것,
그것이 곧 안식이자 평화입니다.
나의 의식과 무의식,
나의 행위와 목적,
욕망과 억눌림,
거룩함과 속됨을 하나로 만들 때에야
하나님의 통치 속으로 들어가게 되는 것입니다.
이를 도마복음은 '만들다'라는 활동으로 표현하고 있습니다.
이를 구원과 관련하여 표현한 구절도 있습니다.

도마70장 예수께서 말씀하셨다. "만일 너희가 너희 내면에 있는 것을 산출해낸다면, 너희가 가지고 있는 그것이 너희를 구원할 것이다. 만일 너희가 너희 내면에 아무 것도 가지고 있지 않다면, 너희가 너희 내면에 가지고 있지 못한 그 상태가 너희를 죽일 것이다."

이러한 내적 산출의 활동 속에서 하나님의 나라는

우리의 내적 성장과 함께 성장해 나가게 됩니다.

> **도마20장 제자들이 예수께 말했다. "하늘 나라가 무엇과 같은지 우리에게 말씀해 주십시오." 그분이 말씀하셨다. "그것은 한 알의 겨자씨와 같다. 그것은 모든 씨 중에 가장 작지만, 준비된 땅에 떨어지면 큰 식물로 자라 하늘의 새들을 위한 쉼터가 된다."**

우리가 마가복음의
내면적 하나님 나라 비유로 보았던 겨자씨 비유가(23장 참조)
거의 동일한 형태로 도마복음에 보존되어 있다는 것이
더욱 놀라움으로 다가오며,
이는 마가복음의 하나님 나라 비유가
인간의 내면적 성장을 말하고 있다는 점을
더욱 강하게 지지해 주고 있습니다.

인간의 내면이 겨자씨와 같이 크게 성장한다는 것은
당연히 어려운 일입니다.
자신의 내면을 성장시키는 것은
대단한 분별력이 요구됩니다.

> **도마57장 예수께서 말씀하셨다. "아버지의 나라는 좋은 씨를 가지고 있는 사람과 같다. 그의 원수가 밤중에 와서 좋은 씨들 사이에 가라지를 뿌렸다. 그 사람은 종들에게 그 가라지를 뽑게 하지 않았고, 오히려 그들에게 '뽑지 말라! 너희가 가라지를 뽑다가, 가라지와 함께 곡식까지 뽑겠구나' 라고 말했다. 이렇게 말함은 추수 때에는 가라지가 눈에 잘 띄어 뽑혀 불태워지기 때문이다."**

마태복음에서 이 가라지의 비유는
종말의 심판과 관련하여 해석되었습니다.(마13:24~43)
그러나 종말의 심판을 다루지 않는 도마복음에서
이 하나님의 나라는 인간의 내면을 다루는 것으로
자연스럽게 해석됩니다.

여기에서 좋은 씨를 뿌렸던 자는
가라지로 인해 자신의 내면에
좋은 것과 악한 것이 섞여 있음을 느낍니다.
그것을 가려내기 위해서는
신중한 절차들이 필요합니다.
인간의 내면은 양면성의 통합이 필요하지만
섣불리 그 한 면을 뽑아 버리는 방식으로는
모든 것을 잃을 수도 있습니다.
성과 속, 사랑과 미움, 관심과 고독, 절망과 희망,
이 모든 대립들은 한 사람의 인격 안에 서로 얽혀 있기에
통합의 그 날을 위해 신중히 관리되어야 합니다.

이러한 활동을 하는 자가 바로 하나님의 나라,
하나님의 통치를 구현하는 자이며
결국 외적인 하나님의 나라까지 만들어 나가는
통치의 능력 그 자체가 될 것입니다.

32. 도마복음의 개인 영성

2017년 9월 17일

도마복음 30장
예수께서 말씀하셨다. "세 명의 신들이 있는 곳에서 그들은 신들이다. 두 명이나 한 명이 있는 곳에서 나는 그 한 명과 함께 있다."

보통 불교를 수행의 종교라고 칭하고
기독교를 믿음의 종교라고 이야기하는
간단한 구분법이 존재하고 있습니다.

행위보다 믿음이 중요하고
행위가 아니라 믿음으로 구원을 받는다는
기존의 바울 서신에 대한 해석으로 인해,
그리고 복음을 전파하고 선교를 수행하던
메시지의 중심이
예수님이 하나님의 아들이라는 것과
죄 사함의 십자가와 부활 사건을 믿고
구원을 받아 천국에 들어가라는 것에
중점을 두었기 때문에
기독교를 믿음의 종교로 생각하는 경향이 있습니다.
그러한 기독교에서 믿음 이외의 다른 행위들은
부차적인 강조점만을 가지게 될 뿐입니다.

이렇게 믿음이 강조되다 보니
자신의 믿음을 확인하고
구원의 조건을 충족시키고 있는지를 확인하고 싶은
마음의 요구가 발생하게 되는데,
이러한 개념인 소위 구원의 확신이라는 것은
결국 믿음의 확신을 의미하는 것으로,

내가 믿음을 가지고 있다는 것에 대한
믿음을 가지고 있느냐의 문제로 소급하게 되어
구원을 심리적인 것으로 더욱 집중되게 만듭니다.

이렇게 자신의 심리적인 문제,
믿음의 문제에 대해 골몰하다 보면
개인주의적인 성향을 띠게 되는데
그것은 내면의 심오한 통찰로 인도되기 보다는
간단한 교리적인 문제에 대한 확신을 점검하는 것이 되며
이는 별다른 깊이 없이
그리스도인을 교리 주의자로 만들어 버립니다.
그러나 교리적 문제에 대한 확신은 의심스럽고
사실상 의심을 품게 되면 한이 없기 때문에
이 문제를 해결하기 위하여
집단적 모임에 자주 참석하고
그들과 함께 믿음을 고취시키는
방향으로 나아가게 됩니다.
그것이 세계에서 가장 예배가 많은
한국 교회의 모습입니다.

다음 말씀은 이러한 교회의 모임을
더욱 장려하는 말씀으로 기능합니다.

> **마18:19 내가 진정으로 거듭 너희에게 말한다. 땅에서 너희 가운데 두 사람이 합심하여 무슨 일이든지 구하면, 하늘에 계신 내 아버지께서 그들에게 이루어 주실 것이다.**
> **20 두세 사람이 내 이름으로 모여 있는 자리, 거기에 내가 그들 가운데 있다."**

혼자 신앙생활 해 봐야 의심만 늘어갈 뿐
잦은 집회와 기도회를 통해

강한 믿음을 만들어 내는 것이
우리나라 기독교의 전반적인
신앙의 모습이었습니다.
이러한 신앙 형태에서 자아 성찰은
훌륭한 설교자를 통한
깊이 있는 말씀을 통해 가능할 것입니다.
따라서 좋은 말씀을 찾아
교회를 이동하는 현상이 일어나게 됩니다.
이럴수록 신앙의 형태는
더욱 의존적인 수동성에서 벗어날 길이 없습니다.

우리가 가지고 있는 성경에
개인의 자아 성찰을 촉구하는
말씀이 없는 것은 아닙니다.
특히 산상수훈에 나오는 예수님의 말씀은
우리의 내면을 끊임없이 점검하게 만듭니다.

'외식하지 말라'는 말씀은
인간의 양면성을 정조준하고 있습니다.
거룩하게 보이려는 마음 뒤에 숨은 세속성,
타인에게 사랑과 자비를 실천하지만
이를 통해 사랑받고 인정받으려는 자기애적 의도,
은밀히 보시는 하나님께 해야 할 일을
사람들에게 버젓이 보이게 행하여
신앙을 통해 인정받으려는 욕구 등
이러한 이중성을 스스로 극복하기 위해서는
끊임없는 자아 성찰이 필요합니다.

도마67장 예수께서 말씀하셨다. "모든 것을 안다 해도 자기 자신을 모르면 아무 것도 모르는 것이다."

그러나 우리나라 기독교는
개인적인 자아성찰의 시간마저
기도의 양을 채우는 노력,
성경을 얼마나 많이 읽느냐의 경쟁 등으로
그 깊이를 상실해 버려
현재에 이르러 QT 정도만의 수행의 훈련을
가지고 있을 뿐입니다.
여전히 집회의 횟수가 중요하게 여겨지고
모임에 잘 참석하는 것을
직분 상승의 최우선 순위로 간주합니다.

그러나 도마복음은
모임을 강조하는 마태복음의 말씀을
이런 식으로 전승했던 것입니다.

> **도마30장 예수께서 말씀하셨다. "세 명의 신들이 있는 곳에서 그들은 신들이다. 두 명이나 한 명이 있는 곳에서 나는 그 한 명과 함께 있다."**

무언가 의미가 잘 잡히지 않습니다.
다행히 이 말씀의 원본으로 알려진 「옥시린쿠스 사본」에는
보다 완전한 말씀이 다음과 같이 전해집니다.

> **옥시린쿠스1.23-30 예수께서 말씀하셨다, "세 명이 있는 곳에서 그들은 신과 함께 있지 못한다. 나는 말한다. 오직 한 사람만 있는 곳에서 내가 바로 그 사람과 함께 있을 것이다. 돌을 들어 보라! 너는 거기서 나를 발견할 것이다. 장작을 쪼개 보라! 내가 거기에 있을 것이다."**

이 말씀을 통해 도마 복음을 이해하자면
세 명의 사람들이 모여 있을 때
그들은 남을 의식하고 의존하는 태도 속에서
하나님과 함께 할 수 없는

각각의 신으로서의 자아를 가지게 되며,
오직 홀로된 한 사람만이
하나님과 함께 할 수 있다는 의미로
받아들일 수 있겠습니다.

특히 옥시린쿠스 사본은
무리 속에서 빠져나온 자,
완전히 홀로된 사람만이
자신의 모든 환경에서
예수님을 발견하게 된다는 말씀을 통해
우리가 홀로 수행해야 할 많은 것들이 있음을
알려주고 있습니다.

그것은 지금껏 도마복음 속에서 보아 왔듯이
우리 안의 양면성을 통합하는 것,
분열된 자아를 하나로 일치시키는 것,
서로를 욕망하는 성적인 분열을
하나로 일치시켜 극복하는 것 등
단순히 무리 속에서 빠져나오라는 것이 아니라
홀로 거함 속에서
부단한 수행과 싸움을 하라는 것입니다.

다음 말씀도 이를 격려하고 있습니다.

> **도마75장 예수께서 말씀하셨다. “많은 사람들이 문 앞에 서있다. 그러나 단독자만이 신부의 방에 들어갈 수 있다.”**

여기서 단독자, 홀로된 자라는 표현은
무리와는 다른 자를 의미하기도 하고,
자아가 통합된 자, 분열이 통합된 자를
의미하기도 합니다.

이러한 홀로됨과 일치를 이루지 못한 사람은
혼방의 문 밖에 서성이고 있지
그 안에 들어가지 못하고 있는 자들입니다.
여러분은 그 방 안에 들어가 있습니까?
아니면 아직도 문 밖에 서성이고 있습니까?

이 말씀 바로 직전의 말씀도 이 의미를 전합니다.

> **도마74장 그분이 말씀하셨다. "주여! 샘 주변에 많은 이들이 있으나, 샘 속에는 아무도 없나이다."**

믿음을 가진 자들은 샘에 몰려온 자들,
혼방 앞으로 몰려온 자들이라 할 수 있습니다.
믿음이 없었다면 오지 않았을 것입니다.
그러나 그 안에 들어가 생명과 기쁨을 누리는 자들은
단독자의 수행을 통과한 자들입니다.

영성의 근본인 '진실성',
곧 자기 자신을 있는 그대로 바라볼 줄 아는
진실성에 근간하여
나의 분열을 통합시키고,
내 삶의 모든 자리에서 예수를 발견하여
내 안과 밖으로 하나님 나라를 이루는
우리의 삶이 되기를 바랍니다.

33. 중재자 예수

2017년 9월 24일

빌립보서 2:5~12
5 여러분 안에 이 마음을 품으십시오. 그것은 곧 그리스도 예수의 마음이
기도 합니다.
6 그는 하나님의 모습을 지니셨으나, 하나님과 동등함을 당연하게 생각하
지 않으시고,
7 오히려 자기를 비워서 종의 모습을 취하시고, 사람과 같이 되셨습니다.
그는 사람의 모양으로 나타나셔서,
8 자기를 낮추시고, 죽기까지 순종하셨으니, 곧 십자가에 죽기까지 하셨
습니다.
9 그러므로 하나님께서는 그를 지극히 높이시고, 모든 이름 위에 뛰어난
이름을 그에게 주셨습니다.
10 그리하여 하늘과 땅 위와 땅 아래 있는 모든 것들이 예수의 이름 앞
에 무릎을 꿇고,
11 모두가 예수 그리스도는 주님이시라고 고백하여, 하나님 아버지께 영
광을 돌리게 하셨습니다.
12 그러므로, 사랑하는 여러분, 여러분이 언제나 순종한 것처럼, 내가 함
께 있을 때뿐만 아니라, 지금과 같이 내가 없을 때에도 더욱 더 순종하여
서, 두렵고 떨리는 마음으로 자기의 구원을 이루어 나가십시오.

우리가 얼마 전에 잠시 들었던
현대 음악의 성인이라고도 불리는
올리버 메시앙의
'신의 현존에 대한 세 개의 작은 기도문'은
이런 시로 시작됩니다.

"나의 예수, 나의 침묵, 내 안에 머무르네.
나의 예수, 내 침묵의 왕국, 내 안에서 말하네.
나의 예수, 무지개와 침묵의 밤, 내 안에서 기도하네.

피의, 새들의 태양, 내 사랑의 무지개, 사랑의 황무지.
사랑의 후광을 쓰고 노래하네.
나의 사랑, 나의 신."

평생을 카톨릭 신앙 속에서 살며
40여 년간 한 교회의 오르간 반주자로 일하고
현대 음악을 통해 카톨릭적 영성을 표현하는 데
온 생을 다한 메시앙의 음악을 듣다 보면
전혀 다른 세상 속으로 끌려 들어가는 듯한
느낌을 받게 됩니다.

그런데 우리가 이 가사를 보게 되면
이 세상에서 숨을 쉬고 밥을 먹고 사신
역사적 예수의 흔적을 발견하기는 어렵습니다.

이 노래의 가사는
예수님의 삶 자체가 아니라
예수님의 삶이 우리에게 주는 의미,
그분의 존재가 우리의 삶에 주는 메시지,
특히 우리의 영성과 관련된 이미지를
표현하고 있기 때문입니다.

그런 의미에서
십자가에 달려 돌아가시고
다시 살아나신 그 분은
사람들에게 다양한 영성의 의미로 활용되고 있는,
즉, 우리를 하나님께로 인도하는 중재자입니다.

오늘 우리가 읽은 본문에서도
그러한 경향을 발견할 수 있습니다.

빌2:5 여러분 안에 이 마음을 품으십시오. 그것은 곧 그리스도 예수의 마
음이기도 합니다.
6 그는 하나님의 모습을 지니셨으나, 하나님과 동등함을 당연하게 생각하
지 않으시고,
7 오히려 자기를 비워서 종의 모습을 취하시고, 사람과 같이 되셨습니다.
그는 사람의 모양으로 나타나셔서,
8 자기를 낮추시고, 죽기까지 순종하셨으니, 곧 십자가에 죽기까지 하셨
습니다.
9 그러므로 하나님께서는 그를 지극히 높이시고, 모든 이름 위에 뛰어난
이름을 그에게 주셨습니다.
10 그리하여 하늘과 땅 위와 땅 아래 있는 모든 것들이 예수의 이름 앞
에 무릎을 꿇고,
11 모두가 예수 그리스도는 주님이시라고 고백하여, 하나님 아버지께 영
광을 돌리게 하셨습니다.
12 그러므로, 사랑하는 여러분, 여러분이 언제나 순종한 것처럼, 내가 함
께 있을 때뿐만 아니라, 지금과 같이 내가 없을 때에도 더욱 더 순종하여
서, 두렵고 떨리는 마음으로 자기의 구원을 이루어 나가십시오.

보수적이거나 진보적이거나
거의 모든 신학자들이 인정하는 것은
역사적 예수의 십자가와 부활 사건을 통해서
이 본문에서 말하는 모든 이야기들이
유추될 수는 없다는 것입니다.
즉, 이 본문에 나타나는
하나님과 동등한 형상을 가지고 계셨다거나,
신적 존재가 사람의 형상을 입고 나타나셨다거나,
모든 것들이 예수의 이름 앞에
무릎을 꿇게 되었다거나 하는 이런 이야기들은
실제로 사람들에게 목격된 역사적 사건이 아니라
영감어린, 혹은 신앙적으로 고양되어 고백된
찬양이라는 점에 거의 모두가 동감을 하고 있습니다.

즉, 이 이야기들은

예수님의 삶을 실제적으로 알려주기 보다는
예수님의 삶에 대한 해석,
그의 삶이 지니고 있는 가치에 대한 감동,
더 나아가 우리가 바라고 있는
진정한 하나님과의 중재자의 모델로서
예수님을 묘사하고 있는 것입니다.

이 본문에서 바울은
당대의 신화와 종교관에 상응하는
신적 존재의 강림이라는 모티브와 연결해
예수의 마음을 품어보는 시도,
즉, 순종이라는 의미를 붙잡고
이를 예수님의 삶에 대한 해석의 열쇠이자
우리가 지켜 나가야 할 덕목으로
제시하고 있습니다.

이와 같이 예수 그리스도는
그가 이 세상에서 자취를 감추신 이후에도
자신의 모든 것을 우리에게 주시고 계십니다.
그는 때로는 페미니스트로,
때로는 혁명가이자 흑인 노예로,
때로는 촛불을 들고 있는 시민으로,
세월호 속에 남아 있는 마지막 사람으로,
동성애자를 포용하는 무지개 예수로,
혹은 그 반대자들을 위한 심판의 예수로
사람들에게 불리워지며
자기를 내어주고 있습니다.

이를 통해 우리는
예수라는 역사적 존재를 알게 되는 것이 아니라
우리 자신이 누군가를 간곡히 원하고 있다는

사실을 깨닫게 됩니다.
하늘의 뜻을 대변하여
이 땅의 문제와 혼란을 중재해 줄
참된 중재자를 요청하고 있는 것입니다.
혹은 메시앙의 노래처럼
우리를 깊은 영성으로 이끌기 위해
심연의 어둠이자 침묵의 상징이 되어 줄
실존적 중재자를 갈망하고 있습니다.

이와 같이 다양하게 예수 그리스도를
인간의 모든 영역에 소환하여
중재자로 삼는 것이
어떻게 생각하면 말도 안된다고 생각할 수 있으나
사실상 그것이 인간인 우리가 소망하는
신의 역할이자 책임이기에,
신의 사랑이자 은혜이기에
우리는 오늘도 기도와 찬양의 자리에서
그의 이름을 부르게 됩니다.

저는 그분을 삶의 모든 영역에서
더 찾고 더 부르고 더 그 속으로 들어가기를
여러분께 권하여 드립니다.
이미 예수 그리스도가
사랑과 소망과 인내와 순종과 새로움과 혁명의
영적 상징이 되어 있으며,
그분이 우리의 모든 삶을 아름답게 지배할 수 있는
하나님과 성령의 중재적 존재로
실제적으로 기능하고, 할 수 있기 때문입니다.

그의 모든 살과 뼈와 피와 영혼과 사상과
그의 침묵과 신비까지도

우리의 것으로 만든다면
그분 또한 우리와 함께 기뻐하실 것이라 생각합니다.

메시앙의 시를 다시 읽으며
오늘의 말씀을 마치고자 합니다.

“나의 예수, 나의 침묵, 내 안에 머무르네.
나의 예수, 내 침묵의 왕국, 내 안에서 말하네.
나의 예수, 무지개와 침묵의 밤, 내 안에서 기도하네.
피의, 새들의 태양, 내 사랑의 무지개, 사랑의 황무지.
사랑의 후광을 쓰고 노래하네.
나의 사랑, 나의 신.”

34. 예수님의 선재

2017년 10월 1일

히브리서 12:2~3
2 믿음의 창시자요 완성자이신 예수를 바라봅시다. 그는 자기 앞에 놓여 있는 기쁨을 내다보고서, 부끄러움을 마음에 두지 않으시고, 십자가를 참으셨습니다. 그리하여 그는 하나님의 보좌 오른쪽에 앉으셨습니다.
3 자기에 대한 죄인들의 이러한 반항을 참아내신 분을 생각하십시오. 그리하면 여러분은 낙심하여 지치는 일이 없을 것입니다.

우리는 지난 설교에서
빌립보서 2장의 고백을 보았습니다.
신의 형상을 지닌 초월적 존재인 예수께서는
이 세상을 바라보시다가
아버지께 순종하고 자신을 낮추어
이 세상에 종의 모습, 즉 인간의 몸으로 오시고
십자가에 죽기까지 복종하셨다는
감동적인 이야기를 볼 수 있었습니다.

이 이야기는 결국
예수께서 이 세상이 창조되기 전부터
존재하셨다는 선재 사상을 표현하고 있습니다.
하나님은 원래 그런 존재이시지만
예수님 또한 하나님의 그러한 형상을
동일하게 가지고 계신 분으로 고백하는 것이
예수 그리스도의 선재 사상입니다.

바울의 제자들의 서신으로 추정되는 골로새서는
더욱 강하게 다음과 같이 표현할 수 있었습니다.

골1:15 그 아들은 보이지 않는 하나님의 형상이시요, 모든 피조물보다 먼저 나신 분이십니다.
16 만물이 그분 안에서 창조되었습니다. 하늘에 있는 것들과 땅에 있는 것들, 보이는 것들과 보이지 않는 것들, 왕권이나 주권이나 권력이나 권세나 할 것 없이, 모든 것이 그분으로 말미암아 창조되었고, 그분을 위하여 창조되었습니다.
17 그분은 만물보다 먼저 계시고, 만물은 그분 안에서 존속합니다.

사실 우리를 위해 십자가에서 죽고
다시 부활하신 예수님에 대한 체험이
반드시 그분의 선재 사상을 요청하고
그분이 반드시 그런 존재여야만 할 이유는 없습니다.
바울 또한 자신의 모든 서신에서
예수님의 선재를 거의 말하고 있지 않습니다.
그래서 저번 주에 본 빌립보서의 고백을
바울의 것이 아닌, 이미 교회들 사이에 고백되는
찬송으로 보는 시각들이 있는 것입니다.
물론 바울은 거기에 반대하지는 않았습니다.

그래서 저는 저번 주 실교에서
중재자를 요구하는 인간의 신앙적 열망이
예수님을 그렇게 고백하게 하였고
지금 우리 또한 그러한 중재자를 원하며
이를 예수 그리스도에 대한 신앙 속에서
우리의 영성을 고양시키는 방향으로
잘 활용하자는 이야기를 한 것입니다.
즉, 선재 사상의 사실유무에 집착하기 보다는
그 의의를 우리의 양식으로 삼자는 것입니다.

아무튼 신속하고 빠르게 퍼져 나간
예수님에 대한 선재 사상과 신격화는
기독교가 유대교와 다를 수밖에 없는

분리의 지점으로 작용했고
이제는 기독교 선교의 최대의 장애물이
되고 있는지도 모르겠습니다.
신화의 시대였던 AD 1세기에서는
이와 같은 신격화가 너무나 상식적인 것이었지만
현대인들에게는 예수께서 참된 인간이었다는 사실이
더 받아들이기 쉬운 고백이 되기 때문입니다.
라파엘로가 그린 「아테네 학당」에서
플라톤이 하늘을 가리키고 있는 반면
옆에 있는 아리스토텔레스가
땅을 가리키고 있는 것처럼 말입니다.

골로새서의 표현을 다시 보겠습니다.

골1:15 그 아들은 보이지 않는 하나님의 형상이시요, 모든 피조물보다 먼저 나신 분이십니다.
16 만물이 그분 안에서 창조되었습니다. 하늘에 있는 것들과 땅에 있는 것들, 보이는 것들과 보이지 않는 것들, 왕권이나 주권이나 권력이나 권세나 할 것 없이, 모든 것이 그분으로 말미암아 창조되었고, 그분을 위하여 창조되었습니다.
17 그분은 만물보다 먼저 계시고, 만물은 그분 안에서 존속합니다.

이 표현이 초기 형태의 빌립보서와 다른 점은
선재하는 존재의 인격적인 특징이
강조되지 않는다는 점입니다.

빌2:6 그는 하나님의 모습을 지니셨으나, 하나님과 동등함을 당연하게 생각하지 않으시고,
7 오히려 자기를 비워서 종의 모습을 취하시고, 사람과 같이 되셨습니다. 그는 사람의 모양으로 나타나셔서,
8 자기를 낮추시고, 죽기까지 순종하셨으니, 곧 십자가에 죽기까지 하셨습니다.

빌립보서에 기록 된
'자기를 낮추어 종의 형상을 입었다'는 표현 속에는
아버지와 독립된 존재로서의 선재적 예수가
겸양의 마음을 가지고 이 땅에 내려온
인격적인 특징들이 강조되고 있습니다.

그러나 골로새서의 표현은
보다 감정적으로 세련되게 처리되었고
선재하시는 분이 하나님과
거의 동일하게 취급되어
유일신론을 벗어나지 않게
최대한 신경쓰고 있다는 것을 느끼게 해 줍니다.

특히 잠언의 지혜 사상을 처음으로 사용하여
유대교적 유일신론과의 연계성을 강조하고,
그 지혜 사상이 유일신론을 파괴하지 않듯이
예수 그리스도의 신성에 대한 믿음이
하나님의 존재와 아무런 문제를 일으키지 않음을
드러내고 있습니다.
그분은 잠언의 '지혜'와 같이
먼저 태어난 자라는 것입니다.

잠언8:22 주님께서 일을 시작하시던 그 태초에, 주님께서 모든 것을 지으시기 전에, 이미 주님께서는 나를 데리고 계셨다.
23 영원 전, 아득한 그 옛날, 땅도 생기기 전에, 나는 이미 세움을 받았다.
24 아직 깊은 바다가 생기기도 전에, 물이 가득한 샘이 생기기도 전에, 나는 이미 태어났다.

그에 비해 요한복음은
한 단계 더 나아갔습니다.
그는 지혜 사상을 '로고스'로 표현했는데

지혜가 먼저 지음 받았다는 피조물의 개념을
과감히 삭제해 버렸습니다.

요1:1 태초에 '말씀'이 계셨다. 그 '말씀'은 하나님과 함께 계셨다. 그 '말씀'은 하나님이셨다.
2 그는 태초에 하나님과 함께 계셨다.
3 모든 것이 그로 말미암아 창조되었으니, 그가 없이 창조된 것은 하나도 없다.

이로써 예수님은
창조된 것이 아니라 영원성을 가지고 계신 분,
하나님과 동등한, 동일한 분으로
자리를 잡게 되었습니다.

이러한 선재사상은
부활신앙과는 아무런 관련이 없습니다.
부활은 인간에 대한 문제이고
죽을 수밖에 없는 존재들에 대한
하나님의 약속이었기 때문입니다.

이것은 속죄 사상과도 상관이 없습니다.
속죄를 위한 흠 없는 제물을 위해
죄 없는 존재가 요청되는 것은 맞지만
속죄 사상을 펼치는 히브리서가
예수님의 죄 없음을 선재사상으로부터
끌어오고 있지 않기 때문입니다.
히브리서에서 예수님의 의로움은
그분의 하나님에 대한 철저한 순종에
근거하고 있습니다.

이렇게 특수하고 독립적으로 자생한

예수님의 선재사상과 신으로서의 고백은
역사적 사실이라기 보다
인간의 편에서 이루어진 신앙 고백이라고
솔직하게 인정해야 할 것입니다.
특히 예수께서도 공관복음 말씀에서
자신의 선재성을 주장하신 적이 없고
그것을 신앙의 대상으로,
복음의 주요 내용으로
선포한 적도 없으시다는 점을
유념해야 할 것입니다.

그러나 그것은 인간의 종교적 망상이 만들어낸
황당한 결론이라기보다는
'인간이 신적인 존재가 된다는 것은
무엇을 의미하며,
신의 형상으로 지음 받은 인간은
어떠한 존재여야만 하는가?'라는
질문에 대한 하나의 해답일 수 있습니다.
즉, 예수님에게서 참된 신의 형상을 보게 되고
그의 삶을 통해 신앙적, 윤리적 해답을 얻은 후에
우리가 따라야 할 참된 하나님의 형상으로 그를 고백하면서
자연스럽게 그분을 선재적 위치에 두게 된 것입니다.

이처럼 예수님의 신성에 대한 고백은
신이 되기를 바라는 인간의
영적 갈망의 표현이며
이 세계를 초월하기를 원하는
소극적인 자기 고백이라고 볼 수 있겠습니다.

아직 예수님의 선재를 고백하지 않던
히브리서 저자의 태도 속에서도

우리는 이러한 갈망을 발견할 수 있으며,
그분을 따라 세상을 초월하기 원하는
간절한 소망을 엿볼 수 있습니다.

히12:2 믿음의 창시자요 완성자이신 예수를 바라봅시다. 그는 자기 앞에 놓여 있는 기쁨을 내다보고서, 부끄러움을 마음에 두지 않으시고, 십자가를 참으셨습니다. 그리하여 그는 하나님의 보좌 오른쪽에 앉으셨습니다.
3 자기에 대한 죄인들의 이러한 반항을 참아내신 분을 생각하십시오. 그리하면 여러분은 낙심하여 지치는 일이 없을 것입니다.

35. 시편 103편 묵상

2017년 10월 15일

시편 103편

1 내 영혼아, 주님을 찬송하여라. 마음을 다하여 그 거룩하신 이름을 찬
송하여라.
2 내 영혼아, 주님을 찬송하여라. 주님이 베푸신 모든 은혜를 잊지 말아라.
3 주님은 너의 모든 죄를 용서해 주시는 분, 모든 병을 고쳐 주시는 분,
4 생명을 파멸에서 속량해 주시는 분, 사랑과 자비로 단장하여 주시는 분,
5 평생을 좋은 것으로 흡족히 채워 주시는 분, 네 젊음을 독수리처럼 늘
새롭게 해 주시는 분이시다.
6 주님은 공의를 세우시며 억눌린 모든 사람의 권리를 변호하신다.
7 모세에게 주님의 뜻을 알려 주셨고, 이스라엘 자손에게 주님의 행적들
을 알려 주셨다.
8 주님은 자비롭고, 은혜로우시며, 노하기를 더디하시며, 사랑이 그지없으
시다.
9 두고두고 꾸짖지 않으시며, 노를 끝없이 품지 않으신다.
10 우리 죄를, 지은 그대로 갚지 않으시고 우리 잘못을, 저지른 그대로
갚지 않으신다.
11 하늘이 땅에서 높음같이, 주님을 두려워하는 사람에게는, 그 사랑도
크시다.
12 동이 서에서부터 먼 것처럼, 우리의 반역을 우리에게서 멀리 치우시며,
13 부모가 자식을 가엾게 여기듯이, 주님께서는 주님을 두려워하는 사람
을 가엾게 여기신다.
14 주님께서는 우리가 어떻게 창조되었음을 알고 계시기 때문이며, 우리
가 한갓 티끌임을 알고 계시기 때문이다.
15 인생은, 그 날이 풀과 같고, 피고 지는 들꽃 같아,
16 바람 한 번 지나가면 곧 시들어, 그 있던 자리마저 알 수 없는 것이다.
17 그러나 주님을 경외하는 사람에게는 주님의 사랑이 영원에서 영원까
지 이르고, 주님의 의로우심은 자손 대대에 이를 것이니,
18 곧 주님의 언약을 지키고 주님의 법도를 기억하여 따르는 사람에게
이를 것이다.
19 주님은 그 보좌를 하늘에 든든히 세우시고, 그의 나라는 만유를 통치
하신다.

20 주님의 모든 천사들아, 주님의 말씀을 듣고 따르는 힘찬 용사들아, 주님을 찬양하여라.
21 주님의 모든 군대들아, 그의 뜻을 이루는 종들아, 주님을 찬양하여라.
22 주님께 지음 받은 사람들아, 주님께서 통치하시는 모든 곳에서 주님을 찬송하여라. 내 영혼아, 주님을 찬송하여라.

연휴와 흩어지는 예배로
장기간 떨어져 있던 새들녘 가족들과 함께
가볍고 본질적인 말씀으로
새롭게 가을을 시작해 보려고 합니다.
시편 103편 찬양입니다.

1 내 영혼아, 주님을 찬송하여라. 마음을 다하여 그 거룩하신 이름을 찬송하여라.
2 내 영혼아, 주님을 찬송하여라. 주님이 베푸신 모든 은혜를 잊지 말아라.
3 주님은 너의 모든 죄를 용서해 주시는 분, 모든 병을 고쳐 주시는 분,
4 생명을 파멸에서 속량해 주시는 분, 사랑과 자비로 단장하여 주시는 분,
5 평생을 좋은 것으로 흡족히 채워 주시는 분, 네 젊음을 독수리처럼 늘 새롭게 해 주시는 분이시다.
6 주님은 공의를 세우시며 억눌린 모든 사람의 권리를 변호하신다.

시편 103편은 아름다운 찬양시이며
이 찬양시가 노래하는 하나님은 완전하신 분입니다.

이 노래가 울려 퍼졌던 공동체는
유대인들의 공동체였습니다.
우리가 생각하는 그들의 하나님은
예수 그리스도가 전파하신 하나님보다
더 두렵고, 더 용서가 없고
더 메마른 분으로 알려졌을 것이라
생각할 수도 있습니다.

그렇기 때문에 예수 그리스도가 필요했고
그분이 오셨던 것이라 생각해 볼 만도 합니다.
아니면 왜 그분이 필요했던 것일까요?
그래서 모든 신약의 서신들은
예수 그리스도로부터 참된 용서가 이루어졌다고
말하고 있는데 그 말인즉
구약의 신앙 속에서는 참된 용서가 없었다는 뜻입니다.

그러나 오늘 이 시편은
참된 용서와 자비와 사랑의 하나님을
노래하고 있습니다.
이 노래를 부르며 이 신앙 속에 살던 사람들은
분명 예수님의 십자가 사랑을 증거하던
그리스도인들의 신앙을 심각하게 의심했을 것입니다.

7 모세에게 주님의 뜻을 알려 주셨고, 이스라엘 자손에게 주님의 행적들을 알려 주셨다.
8 주님은 자비롭고, 은혜로우시며, 노하기를 더디하시며, 사랑이 그지없으시다.
9 두고두고 꾸짖지 않으시며, 노를 끝없이 품지 않으신다.
10 우리 죄를, 지은 그대로 갚지 않으시고 우리 잘못을, 저지른 그대로 갚지 않으신다.
11 하늘이 땅에서 높음같이, 주님을 두려워하는 사람에게는, 그 사랑도 크시다.
12 동이 서에서부터 먼 것처럼, 우리의 반역을 우리에게서 멀리 치우시며,
13 부모가 자식을 가엾게 여기듯이, 주님께서는 주님을 두려워하는 사람을 가엾게 여기신다.

이렇게 자비로운 하나님을 찬양하는
시편의 고백이 있기 때문에
우리가, 즉 그리스도인들이
아직도 시편을 읽으며 감동받고

시편을 통해 기도하고 찬양하는 것이
지극히 당연한 것인지도 모르겠습니다.
따라서 나치에 저항한 독일 신학자 본 회퍼는
시편을 항상 읽으며 묵상하고 기도하기를
항상 강조해 왔던 것입니다.

14 주님께서는 우리가 어떻게 창조되었음을 알고 계시기 때문이며, 우리가 한갓 티끌임을 알고 계시기 때문이다.
15 인생은, 그 날이 풀과 같고, 피고 지는 들꽃 같아,
16 바람 한 번 지나가면 곧 시들어, 그 있던 자리마저 알 수 없는 것이다.
17 그러나 주님을 경외하는 사람에게는 주님의 사랑이 영원에서 영원까지 이르고, 주님의 의로우심은 자손 대대에 이를 것이니,
18 곧 주님의 언약을 지키고 주님의 법도를 기억하여 따르는 사람에게 이를 것이다.

인간이라는 존재의 연약함과
삶의 무상함을 시편처럼 구구절절
표현하고 있는 성서 안의 책은
어디에도 없을 것입니다.
시편의 말씀은
계속하여 우리 존재를 돌아보게 만들고
한없이 교만해질 수 있는 우리를
하나님 앞에 다시 무릎 꿇게 만듭니다.
시편의 말씀에 긍정할 수 없다면
비록 믿음이 있더라도
영성의 성숙과 깊이를 의심해 봐야 할 것입니다.

그러므로 시편 묵상은
자신을 점검하기에 가장 좋은
성서의 말씀이며
따라서 하나님의 말씀입니다.
성서의 다른 말씀들은

이야기와 줄거리가 주를 이루지만
시편은 직설적인 고백을 통하여
우리가 하나님 앞에서 어떻게 기도하며
사고해야 할 것인가에 대해
모범을 보여 주고 있습니다.

어떤 이유에서든 기도가 힘들다면
시편을 펼쳐 읽으며
시편이 기도하도록 하는 것도
좋은 방법입니다.
시편의 기도에는 가식이 없습니다.
시편은 하나님께 대한 원망과 탄원을
인간의 나약함 속에서 부끄럼 없이
쏟아내기도 합니다.
우리를 괴롭히는 원수들에 대해서도
시편은 광기어린 목소리로
저주하기도 합니다.
따라서 시편을 통해서 우리는
우리의 진실에 도달하는 법을 배우게 됩니다.
거기에서 기도가 다시 시작될 수 있습니다.

19 주님은 그 보좌를 하늘에 든든히 세우시고, 그의 나라는 만유를 통치하신다.
20 주님의 모든 천사들아, 주님의 말씀을 듣고 따르는, 힘찬 용사들아, 주님을 찬양하여라.
21 주님의 모든 군대들아, 그의 뜻을 이루는 종들아, 주님을 찬양하여라.
22 주님께 지음 받은 사람들아, 주님께서 통치하시는 모든 곳에서 주님을 찬송하여라. 내 영혼아, 주님을 찬송하여라.

심지어 시편 103편의 저자는 주님의 나라가
이미 이루어졌음을 의심하지 않습니다.
그는 하나님을 만유의 통치자로 찬양합니다.

그러한 세계는 지금껏 한 번도
눈으로 보이게 이루어진 적은 없습니다.
하나의 정치 체제로 나타난 적도 없습니다.
그러나 이 시편의 저자는
예루살렘 중심적인 종말론 없이도
하늘에 계신 하나님의 세계 통치를
그의 나라로 긍정하고 있습니다.

사실 예수께서도 다가오는 하나님 나라를 선포하셨지만
우리에게 하늘에서 은밀히 보시고 돌보시는
하나님을 믿으라고 가르쳐 주셨습니다.
그분이 현재적인 하나님의 세계 통치를 의심하거나
지금의 상태를 불완전한 하나님 나라라고
생각하신 것 같지는 않습니다.
그런 점에서 또다시 그분의 하나님 나라 선포가
내면적인 성격의 것이라는 점이 인식됩니다.

종말론은 사실 현실에 대한 불만과
이러한 상황을 만들어낸 하나님에 대한 불만을
미래에 대한 소망으로 포장하여
감추려는 성격이 강합니다.
그럼 점에서 현실의 불완전함과 고난 속에서도
하나님의 통치를 긍정하고
하나님의 뜻을 이루는 용사들, 군인들,
종이 될 것을 기뻐하는 이 시편의 찬양이
그리스도교적 신앙을 말하고 있다고 생각됩니다.
이 시편의 말씀에 비추어 볼 때
예수의 십자가 고난의 용기 있는 발걸음과
아버지의 뜻과 현실에 순응하는 그분의 겸손한 태도가
저에게 더 깊은 감동을 주며 다가오게 됩니다.

무더운 더위가 지나고
차갑고 신선한 기운이 느껴지는 가을이 왔습니다.
잠시라도 혼자만의 시간을 가지면서
홀로 기도하거나 시편을 읽으며 기도하고,
말씀을 읽고 독서를 하며
내면의 하나님 나라를 확장시키는
시간을 가지시기 바랍니다.

36. 예수 그리스도의 이름

2017년 10월 22일

사도행전 8장 12절
그런데 빌립이 하나님 나라와 예수 그리스도의 이름에 관한 기쁜 소식을 전하니, 남자나 여자나 다 그의 말을 믿고서 세례를 받았다.

우리는 요즘 구약신학을 공부하며
하나님의 이름에 대해 배우고 있습니다.
고대인들에게 신의 이름의 중요성은
우리가 생각한 이상으로
큰 의미를 지닌 것 같습니다.
특히 다신교적 종교 상황에서
어떤 신의 이름을 부르는가는
한 사람과 한 가족, 한 민족의 운명을 결정하는
중대 사안이었던 것으로 여겨집니다.
때와 상황에 맞는 신을 부르는 것,
그것이 다신교적 신앙에서는 지혜였을 것입니다.

구약시대 후기
제사장 문서인 P문서에 의해서
하나님의 이름이 불리는 역사가 정리되었습니다.
역사가이자 신학자인 그들은
이스라엘 역사에서 조상들에게
다양하게 불려진 하나님의 이름이
사실은 여러 다른 신들을 섬기던 전통을
드러내고 있는 것이 아니라,
한 분 하나님이 시대에 따라
자신의 이름을 다르게 계시한 것이라 해석하고
이를 3단계로 나누어 이야기를 정리했습니다.

즉, 아브라함 이전까지는 '엘로힘',
아브라함부터 모세이전까지는 '엘 샤다이',
모세 이후부터 '야훼'.

그러나 아담과 하와 시절부터
이미 야훼의 이름이 계시되었고
그 때부터 이미 부르기 시작했다는
창세기 4:26의 다른 기록도 있었던 바,
소위 J문서에 의해 우리는
아담과 하와부터 모세 이전까지
야훼라는 이름이 등장하는
여러 이야기들 또한 소유하고 있습니다.

이 두 부류의 이야기가 섞여 있는 바람에
성서는 혹독한 문서비평의 과정을 거쳐 왔고
성경의 존엄성과 신적 위엄성을
상당히 잃어버리는 결과를 초래하게 되었습니다.
이로 인해 기독교는 자신을 십자가에 못 박았고
심지어 죽어버렸습니다.
그러나 이 과정에서 기독교는
다른 종교들보다 먼저 자기 자신을 자각하게 되었고
자신의 모든 것을 세상에 개방하게 되었습니다.
이 모든 것이 하나님의 이름에 대한
연구가 초래한 결과입니다.

이런 상황에서 기독교가
부활할 수 있느냐의 문제는
여전히 하나님의 이름에 달려 있다고 볼 수 있습니다.
즉, 예수의 이름을 통해 나타나는
성령과 영성의 발현입니다.

행8:12 그런데 빌립이 하나님 나라와 예수 그리스도의 이름에 관한 기쁜 소식을 전하니, 남자나 여자나 다 그의 말을 믿고서 세례를 받았다.

오늘 본문을 보면
빌립은 하나님 나라 복음을 전했을 뿐만 아니라
다른 한 가지 요소,
예수 그리스도의 이름에 관한 복음을 전했습니다.

사도행전의 여러 설교들을 보면
예수께서 직접 전하신 복음 설교,
즉, 산상수훈이나 여러 비유들에 대한 메시지는
등장하지 않고 있습니다.
대신 그들에게 있어서 복음은 죄사함과
예수 그리스도의 이름이 주는
실제적인 효과였던 것으로 보입니다.
즉, 영성적이고 다소 카리스마적인 효과입니다.

비판적인 신학자들이 보기에
예수님 사후 초대교회 초기부터
'예수님 자신의 메시지'로서의 복음은 빛을 잃고
'예수에 대한' 복음이 강화되었다는 사실은
심각하게 못마땅한 부분이었습니다.
그런데 그것은 현실적으로
매우 중요한 신앙의 문제인
하나님의 이름의 문제와 관련이 있는 것 같습니다.

예수님 자신부터
그분은 하나님의 이름을 부르지 않고
아버지라는 명칭을 고수하셨습니다.
그리고 제자들은 예수님의 생전부터
예수의 이름으로 귀신을 내어 쫓았고,

심지어 예수를 따르지 않는 사람들도
예수의 이름으로 귀신을 내쫓는 모습을 보고
경악하게 됩니다.
즉, 예수라는 이름에 강력한 영적인 힘이
내포되어 있는 것을 알게 되었던 것입니다.

따라서 그들은 예수님 사후
예수의 이름으로 세례를 주고
예수의 이름으로 병을 고치고
예수의 이름으로 성령을 받게 하고
예수의 이름으로 기도를 하게 됩니다.
예수의 이름이 이제 새로운 신의 이름,
하나님의 이름으로 자리를 잡게 됩니다.
그렇게 불려지는 이 예수라는 이름의 주인공
예수는 곧 신, 하나님 이외의
다른 존재가 될 수 없게 됩니다.
그리하여 즉시 예수님의 신성과 선재성이 선포되고
세계의 통치권을 야훼로부터 물려받는
다니엘서의 '인자'로 등극됩니다.(단7:13~14)

이 세계의 통치권을 가지고 있다면
그 전의 통치자였던 야훼 하나님은 어떻게 되는 것입니까?
그 이름의 거룩성으로 인해
이미 오래전부터 발음조차 될 수 없어
'아도나이(주님)'로 대신 불리던 '야훼'라는 이름은
이제 더 이상 불리지 않게 되고
예수의 이름에 그 자리를 내어 줍니다.
'엘로힘'과 '엘 샤다이'를 거쳐 '야훼'로 불리던 하나님이
이제 그 이름의 힘을 '예수'에게 넘겨주고
자녀와의 관계 명칭인 '아버지'로 불리게 됩니다.

따라서 우리는 빌립이 선포하는 복음,
즉, 하나님의 나라와
예수 그리스도의 이름에 대한 복음이 의미하는 것을
그 이름에 대한 문제로부터 생각할 때에
우리의 정체성을 다시금 생각해 보게 됩니다.
이것은 예수님 자신의 의도와는
다르게 흐른 것이 분명하다고 생각합니다.
그러나 그분도 자신의 이름이 가지고 있는
강력한 능력을 체험하면서
이러한 일이 일어날 수밖에 없다는 것을
직감하셨을 것입니다.
이 '이름'의 문제는
신을 대체하고 종교를 바꾸는 정도의
굉장히 중요한 문제이기 때문입니다.

예수 이름을 통해 능력이 나타나지 않았다면
초대 교회는 짧은 신흥종교의 역사로
마무리되었을 가능성이 높습니다.
그러나 예수의 이름은
성령을 불러일으켰고
귀신을 쫓아 버리고
병든 자를 치료하며
예수 이름과 그 존재 자체가 복음이 되면서
오늘날에 이르고 있습니다.

이것이 예수님의 의도와는 달랐다고 하더라도
그 이름이 지닌 놀라움의 무게가 만들어 낸
어쩔 수 없는 흐름이었기에
그분의 삶과 죽음이
그분이 원하는 대로만 가지 않았듯이
그분 사후의 이 흐름 또한

그분이 받아들였어야 할
십자가의 다른 모습일 것입니다.

만일 신학이 역사적 예수를 살리고
예수 이름의 능력을 죽인다면
이 또한 거대한 불행이 될 것입니다.
그 존재와 이름의 신비가 결합된
예수 그리스도의 말할 수 없는 기묘함이
우리가 그리스도 예수 안에 존재한다는
바울의 신앙고백의 놀라움과 동일하게
우리 안에 경험되지 못한다면
우리는 그리스도교 역사와
동떨어진 자들이 될 가능성이 높습니다.

신학이 제거할 수 없는
예수 이름의 신비와 능력이
우리의 삶 속에서도
계속적으로 경험되어지기를 바랍니다.

37. 불행에 대한 이해

2017년 10월 29일

누가복음 13:1~5
1 바로 그 때에 몇몇 사람이 와서, 빌라도가 갈릴리 사람들을 학살해서 그 피를 그들이 바치려던 희생제물에 섞었다는 사실을 예수께 일러드렸다.
2 예수께서 그들에게 대답하셨다. "이 갈릴리 사람들이 이런 변을 당했다고 해서, 다른 모든 갈릴리 사람보다 더 큰 죄인이라고 생각하느냐?
3 그렇지 않다. 내가 너희에게 말한다. 너희도 회개하지 않으면, 모두 그렇게 망할 것이다.
4 또 실로암에 있는 탑이 무너져서 치여 죽은 열여덟 사람은 예루살렘에 사는 다른 모든 사람보다 더 많이 죄를 지은 사람이라고 생각하느냐?
5 그렇지 않다. 내가 너희에게 말한다. 너희도 회개하지 않으면, 모두 그렇게 망할 것이다."

오늘 이 본문의 말씀은
이 세상의 불행에 대해
우리가 어떤 마음으로 대해야 할지를 생각해 보게 하는
예수님의 거의 유일한 말씀입니다.

본문에는 당대의 사람들이
그들의 주변에서 일어나는 불행한 사건들을 해석하는
일반적인 방식이 반영되고 있습니다.
즉, 모든 사건을 죄의 경중을 따라 논하는 방식입니다.
그런데 어떤 사건에 있어
그 사건 당사자들의 죄를 논한다는 것은
이 사건의 배후에 또 다른 힘,
즉, 하나님이 개입되어 있다는 것을 전제하고 있습니다.
여기에서 그들이 생각하고 있는 하나님은
죄가 많은 자들을 적극적으로 심판하시거나,
혹은 그들이 심각한 변을 당하는 것을

묵인하시는 하나님으로 그려지고 있습니다.
그래서 죄를 많이 지으면 저런 큰일을 당하게 된다고
사람들은 생각하고 있었습니다.

이러한 생각의 배후에는 구약성서의 영향이 큽니다.
특히 모세 오경에서 하나님은
큰 죄를 저지른 사람이나 가문을
이스라엘 중에서 제거해 버림으로써
민족 전체의 거룩함을 유지시키는 분으로
서술되고 있기 때문입니다.
따라서 사람들은 뭔가 눈에 띄는 큰 사건이 일어나면
하나님이 악한 자들을 제거하시는 것으로
쉽게 해석하곤 했습니다.

그런데 이러한 해석의 맹점은
우리가 현실에서 겪어 보면 알게 되지만
크고 끔찍한 죽음의 사건이 일어난다 해서
그 사건의 당사자들이
다른 이들보다 죄가 유난히 많거나
일상적인 수준 이상의 악인들이 아니라는 사실입니다.
그럼에도 불구하고 이러한 사실을
암묵 중에 알고 있는 사람들조차
불행한 사건이 일어나면
그들이 큰 죄인인 양 해석하게 되는 것은
하나님의 세상 속에서의 활동을
쉽게 이해 가능한 선에서 해석함으로써
하나님을 믿는 그들의 믿음이
파괴되지 않도록 보호하려는 면이 있습니다.
즉, 다음과 같은 기본적인 믿음의 명제들을
지키려는 경향이 있는 것입니다.

'하나님은 존재하신다.'
'하나님은 이 세상에서 활동하신다.'
'하나님은 선하시다.'
'하나님은 악인을 벌하고 의인을 보호하신다.'

그러나 예수님은 이러한 그들의 생각에
약간의 불만을 느끼고 계십니다.
무엇보다 이러한 생각 속에서
자신들이 그 사건을 당한 사람들보다
의롭다고 느끼는 구별의식에 대해
예수께서는 부당하다고 생각하고 계십니다.
그들에게 회개를 촉구하며
회개하지 않으면 너희도 망할 것이라 경고하신 것은
회개해야 하나님의 보호를 받을 것이라는 의미라기보다는
너희 또한 뜻밖에 불행을 당할 수 있는 죄인이며
그렇게 생명을 중요하게 여긴다면
이러한 사건들을 볼 때마다 남을 정죄하는 것에서 벗어나
자신을 돌아보고 죄에서 돌이키라는
말씀을 주시는 것으로 여겨집니다.

이러한 말씀의 배후에서
세상에서 일어나는 불행은 죄 때문이 아니라는,
구약의 율법적 해석을 벗어나는
사상의 급진전이 이루어지고 있습니다.

그러나 세상에서 일어나는 사건의 원인 규명이
인간의 죄와 하나님의 심판,
인간의 의와 하나님의 축복이라는
명확한 해석의 범주를 넘어서는 순간,
그러면서 이 모든 것이 신비롭고 알 수 없는
하나님의 주권으로 돌려지는 순간,

아무리 하나님의 뜻과 그 의지를 강조하게 되더라도
이는 결국 다음과 같은 무신론의 싹을 틔우게 됩니다.

‘인간의 죄와 의에 관계없이
이 세상의 행복과 불행을 유발시키는 하나님,
골고다와 십자가에서 예수의 외침에 응답하지 않는 하나님,
인간의 기도와 외침에 상관없이 자기 뜻을
역사에 관철시키는 하나님,
인간이 없는 하나님,
인간이 의미 없는 하나님은
인간이 하나님이라 부를 수 없는 하나님으로서
그런 하나님은 차라리 없다고 해야 하는 것이 아닌가?’

인류의 역사에 대한 실망과
성서의 오류성에 대한 실망,
교회의 기복적인 종교성에 대한 실망,
과학과 진화론의 발전 등이
신은 역사를 일으켰을 뿐,
그 밖으로 나가 개입하지 않는다는 이신론과
십자가에서 신 자신이
자신의 죽음을 선언했다는
신 죽음의 신학,
신은 우주와 생명의 에너지 일뿐
기도를 듣는 등의 인격적 교류는 불가능하다는
비인격적, 자연적 유신론 신앙 등의
배경으로 작용하여 현재에 이르고 있습니다.

그럼에도 불구하고 이 모든 다양한 신학들은
예수 그리스도의 사랑의 헌신과
그 메시지에 깊이 감동하며
예수를 떠나지 못하고 있습니다.

그럼으로써 그들 또한
이 세상의 불행에 대하여 사변을 멈추고
행동으로써 불행을 일으키는 부조리와 맞서며
정의를 실현할 것을 소망하고 있습니다.

혹시 우리가 불행에 직면하게 된다 하더라도
그로 인해 하나님의 부재에 실망하기보다는
다음과 같은 본 회퍼의 말에 힘을 얻는 것이
더 나을 것입니다.

"하나님은 우리들이
하나님 없이 생활할 수 있는 자로서
살지 않으면 안 된다는 것을
우리들에게 알려주신다."
(「옥중 서신」 중)

38. 예수 그리스도의 신실함

2017년 11월 5일

갈라디아서 2:15~21
15 우리는 본디 유대 사람이요, 이방인 출신의 죄인이 아닙니다.
16 그러나 사람이, 율법을 행하는 행위로 의롭게 되는 것이 아니라, 예수
그리스도를 믿는 믿음으로 의롭게 되는 것임을 알고, 우리도 그리스도 예
수를 믿은 것입니다. 그것은, 우리가 율법을 행하는 행위로가 아니라, 그
리스도를 믿는 믿음으로 의롭다고 하심을 받고자 했던 것입니다. 율법을
행하는 행위로는, 아무도 의롭게 될 수 없기 때문입니다.
17 우리가 그리스도 안에서 의롭다고 하심을 받으려고 하다가, 우리가 죄
인으로 드러난다면, 그리스도는 우리로 하여금 죄를 짓게 하시는 분이라
는 말입니까? 그럴 수 없습니다.
18 내가 헐어 버린 것을 다시 세우면, 나는 나 스스로를 범법자로 만드
는 것입니다.
19 나는 율법과의 관계에서는 율법으로 말미암아 죽어버렸습니다. 그것은
내가 하나님과의 관계 안에서 살려고 하는 것입니다.
20 나는 그리스도와 함께 십자가에 못박혔습니다. 이제 살고 있는 것은
내가 아닙니다. 그리스도께서 내 안에서 살고 계십니다. 내가 지금 육신
안에서 살고 있는 삶은, 나를 사랑하셔서 나를 위하여 자기 몸을 내어주
신 하나님의 아들을 믿는 믿음 안에서 살아가는 것입니다.
21 나는 하나님의 은혜를 헛되게 하지 않습니다. 의롭다고 하여 주시는 것
이 율법으로 되는 것이라면, 그리스도께서는 헛되이 죽으신 것이 됩니다.

기독교는 예수 그리스도에 대한
믿음 위에 세워져 있습니다.
예수는 기독교의 원천이자 중심이며 한계이고
그분의 존재와 가르침과 행위는
우리의 믿음의 대상입니다.

물론 현대인들에게 있어
예수 그리스도에 대한 믿음은

전통적인 방식, 성경에 기록된 그대로
모든 것을 다 믿는 믿음이 되지 못 할 수도 있습니다.
특히 신비적으로 채색된 예수님의 이적 행위들,
심지어는 그분의 가르침에 있어서도
시대에 뒤떨어져 보이는 것들을 포함해
모든 것을 다 받아들이지 않을 수도 있습니다.
그분의 존재에 대해서도
하나님으로서가 아니라
인간이요, 형제요, 스승으로서 받아들이는 한에서
기독교인으로 남아 있을 수도 있습니다.
그분을 반대하지 않는 자,
그 이름을 자신의 이익을 위해 사용하는
상업적 성직자까지도
기독교인의 범주에 들어감을
예수께서는 차마 반대하지 않으셨을 것입니다.

어쨌든 예수에 대한 믿음을 가진 자,
전체적으로든, 부분적으로든
예수에 대한 믿음을 소유한 자들이
그리스도인입니다.

그런데 오늘 본문에서 바울은
예수 그리스도를 믿는 자들이
의롭게 될 것임을 말하고 있습니다.
그 대상은 하나님께 입니다.
우리가 예수 그리스도를 믿는다면
하나님께 의롭게 받아들여진다는 것입니다.

문제는 이 본문에 대한 새로운 해석으로 인해
강조점이 달라진다는 것입니다.
새로운 해석은

우리가 의롭게 되는 것은
예수 그리스도를 믿어서 되는 것이지만
그 의로움의 인정은
우리의 믿음 때문이 아니라
예수 그리스도의 신실함 때문이라고 주장합니다.
즉, 우리의 믿음이 우리를 의롭게 하는 것이 아니라
우리가 믿는 예수 그리스도의 신실함이
우리를 의롭게 한다는 것입니다.

16절을 다시 봅니다.

> **갈2:16 그러나 사람이, 율법을 행하는 행위로 의롭게 되는 것이 아니라, 예수 그리스도를 믿는 믿음으로 의롭게 되는 것임을 알고, 우리도 그리스도 예수를 믿은 것입니다. 그것은, 우리가 율법을 행하는 행위로가 아니라, 그리스도를 믿는 믿음으로 의롭다고 하심을 받고자 했던 것입니다. 율법을 행하는 행위로는, 아무도 의롭게 될 수 없기 때문입니다.**

먼저 오해를 일으키는 '예수 그리스도를 믿는 믿음'을
원어대로, "예수의 믿음"으로 옮겨봅니다.
그리고 그 '믿음'을 유대적 개념인 '신실함'으로 옮겨
본문을 다시 보도록 하겠습니다.

> **갈2:16 그러나 사람이, 율법을 행하는 행위로 의롭게 되는 것이 아니라, 예수 그리스도의 신실함으로 의롭게 되는 것임을 알고, 우리도 그리스도 예수를 믿은 것입니다. 그것은, 우리가 율법을 행하는 행위로가 아니라, 그리스도의 신실함으로 의롭다고 하심을 받고자 했던 것입니다. 율법을 행하는 행위로는, 아무도 의롭게 될 수 없기 때문입니다.**

왜 지금까지 '예수의 신실함'으로 기록된 헬라어를
'예수 그리스도를 믿는 믿음'으로 번역했는지에 대해서는
정확히 그 역사를 알 수는 없습니다.
연구된 결과로는 A.D. 4세기 경부터

'예수를 믿는 믿음'으로 해석하는 경향이 강해져
오늘에 이르게 되었다는 것입니다.
그러나 문법적 분석에 의하면
바울은 분명 '예수의 믿음', '예수의 신실함'을
표현하려 했던 것이 분명하다고 여겨지고 있습니다.
그리고 그렇게 해석할 때에
중요한 것은 우리의 믿음이 아니라
예수 그리스도의 믿음, 그분의 신실함으로
바뀌어져 버립니다.

그렇다면 내가 신실함을 보여주신 그분을 믿는다는 것,
그분의 신실함으로 의롭게 된다는 것은
무엇을 의미하는 것입니까?

갈2:19 나는 율법과의 관계에서는 율법으로 말미암아 죽어버렸습니다. 그것은 내가 하나님과의 관계 안에서 살려고 하는 것입니다.
20 나는 그리스도와 함께 십자가에 못박혔습니다. 이제 살고 있는 것은 내가 아닙니다. 그리스도께서 내 안에서 살고 계십니다. 내가 지금 육신 안에서 살고 있는 삶은, 나를 사랑하셔서 나를 위하여 자기 몸을 내어주신 하나님의 아들의 신실함 안에서 살아가는 것입니다.

바울은 우리가 예수를 믿으면
그 아들의 신실함 안에서
하나님과의 관계에 들어간다고 말하고 있습니다.
어떻게 그 관계가 형성되었습니까?
그것은 우리를 사랑하셔서
우리를 위하여 자기 몸을 내어주신
하나님의 아들의 신실함 때문에 가능해졌다는 것입니다.
하나님께 대한 신실한 순종과 희생으로 인해
우리가 하나님과의 관계 안으로 들어가게 됩니다.

그 관계 안으로 들어간다는 것은
결국 그리스도와의 하나됨을 말합니다.
그래서 바울은 20절에서
이제 내가 사는 것이 아니라
그리스도께서 내 안에 살고 계신다고 말합니다.
이는 상징적인 표현이 아니라
성령을 통해 이루어지는 실제임을
바울은 3장 첫 머리에서 말합니다.

갈3:2 나는 여러분에게서 이 한 가지만을 알고 싶습니다. 여러분은 율법을 행하는 행위로 성령을 받았습니까? 그렇지 않으면, 믿음의 소식을 들어서 성령을 받았습니까?

여기서의 믿음의 소식 또한
내가 믿음으로 의롭게 된다는 소식이 아니라
예수 그리스도의 신실함에 대한 소식으로 해석됩니다.

이러한 해석의 전환은 우리로 하여금
내가 믿음을 가지고 있는지, 없는지의 문제보다
예수 그리스도의 신실함인 십자가의 고난에
더 큰 무게를 두게 만듭니다.
그리하여 우리는 우리의 믿음과
믿음에의 확신에 대한 집착보다
그리스도의 고난에 대해 더 묵상하게 되며
우리가 그리스도 안에 거하고 있는지,
성령 안에 살고 있는지를 점검하게 됩니다.

그리스도인이란
예수 그리스도가 십자가에서 죽기까지 순종한
신실함 속에서 구원의 은혜를 입어
하나님과의 관계에 들어간 자,

성령으로 그리스도와 하나된 자,
20절에서 말하는 바 외에
더 좋은 표현이 없는,
그 신실함 속에서 살아가는 자입니다.

> **갈2:20 나는 그리스도와 함께 십자가에 못박혔습니다. 이제 살고 있는 것은 내가 아닙니다. 그리스도께서 내 안에서 살고 계십니다. 내가 지금 육신 안에서 살고 있는 삶은, 나를 사랑하셔서 나를 위하여 자기 몸을 내어주신 하나님의 아들의 신실함 안에서 살아가는 것입니다.**

우리는 그분의 신실함을
내가 받은 은혜이자, 사랑이자, 위로로 여기고
나 또한 예수 그리스도와 같은
신실한 순종으로 살아가는 자,
성령 안에서,
하나님과의 관계 속에서 살아가는 자가 되도록
노력해야 할 것입니다.

39. 유다서 묵상

2017년 11월 12일

유다서 1:17~23
17 사랑하는 자들아 너희는 우리 주 예수 그리스도의 사도들이 미리 한 말을 기억하라
18 그들이 너희에게 말하기를 마지막 때에 자기의 경건하지 않은 정욕대로 행하며 조롱하는 자들이 있으리라 하였나니
19 이 사람들은 분열을 일으키는 자며 육에 속한 자며 성령이 없는 자니라
20 사랑하는 자들아 너희는 너희의 지극히 거룩한 믿음 위에 자신을 세우며 성령으로 기도하며
21 하나님의 사랑 안에서 자신을 지키며 영생에 이르도록 우리 주 예수 그리스도의 긍휼을 기다리라
22 어떤 의심하는 자들을 긍휼히 여기라
23 또 어떤 자를 불에서 끌어내어 구원하라 또 어떤 자를 그 육체로 더럽힌 옷까지도 미워하되 두려움으로 긍휼히 여기라

오늘은 신약에서 가장 짧은 서신들 중 하나인
유다서를 함께 나누도록 하겠습니다.

유1:1 예수 그리스도의 종이요 야고보의 형제인 유다는 부르심을 받은 자 곧 하나님 아버지 안에서 사랑을 얻고 예수 그리스도를 위하여 지키심을 받은 자들에게 편지하노라
2 긍휼과 평강과 사랑이 너희에게 더욱 많을지어다

저자는 자신을
예수 그리스도의 종이요
야고보의 형제 유다라고 소개하고 있습니다.
이 소개로 인해 저자는 열 두 사도 중 하나인
야고보의 아들 유다나 가룟 유다가 아니라
예수님의 친형제였으며

예루살렘 교회의 수장이었던
야고보의 형제임을,
따라서 자신도 예수님의 친형제임을 밝히고 있습니다.
그러나 저자는 형제 관계라는 직접적인 표현을 피하고
예수 그리스도의 종이라는 것을 강조함으로써
스스로 겸손한 태도를 보이고 있습니다.
예수의 형제 유다의 활동에 대한
아무런 정보도 가지고 있지 못한 것이 아쉬울 뿐입니다.

유1:3 사랑하는 자들아 우리가 일반으로 받은 구원에 관하여 내가 너희에게 편지하려는 생각이 간절하던 차에 성도에게 단번에 주신 믿음의 도를 위하여 힘써 싸우라는 편지로 너희를 권하여야 할 필요를 느꼈노니
4 이는 가만히 들어온 사람 몇이 있음이라 그들은 옛적부터 이 판결을 받기로 미리 기록된 자니 경건하지 아니하여 우리 하나님의 은혜를 도리어 방탕한 것으로 바꾸고 홀로 하나이신 주재 곧 우리 주 예수 그리스도를 부인하는 자니라

여기에 유다가 편지를 쓴 목적이 드러나고 있습니다.
'가만히 들어온 사람'들의 잘못된 가르침 때문에
유다는 편지를 쓰고 있습니다.
그들의 가르침이 하나님의 은혜를 방탕한 것으로 바꾸고
예수 그리스도의 주 되심을 부인했다는 것입니다.
하나님의 은혜를 방탕한 것으로 바꾸었다는 표현에서
그들이 죄인을 용서하시는 사죄의 은총을
죄를 방임하는 수준까지 악용했던 것으로 짐작할 수 있습니다.

그들이 죄를 지어도 괜찮다고 주장하지는 않았겠지만
이는 심리적으로, 현실적으로 초대교회 때부터 나타났던
그리스도교 신앙의 병폐였음이 분명합니다.
이러한 사고는 여전히 우리들에게도 존재합니다.
예수 그리스도께서 보여주신 하나님의 사랑이
우리들의 연약함을 모두 받아 주실 것이라는

소극적인 형태에서부터
내가 무슨 일을 하든지 다 긍정하실 것이라는
적극적인 형태에 이르기까지
하나님의 사랑이 방종의 형식으로 받아들여지는 것에
저자는 극도의 불편함을 드러내고 있습니다.

그리고 바로 그러한 태도가
예수 그리스도의 통치를 부정하는 것이라고 말합니다.
예수 그리스도의 통치를 명시적으로 부정하는 사람들이
공동체 안에 들어왔을 리는 없습니다.
그러나 그들의 자유로운 생활 태도는
결국 예수 그리스도의 외적인 통치를 인정할지라도
예수께서 우리의 영혼, 우리의 마음, 우리의 생각을 지배하도록
자신을 내어놓지 않는 마음을 드러내기에
그리스도의 통치를 부정하고 있다는 것입니다.

물론 그들은 그리스도의 통치라는 것이
결국 자유라는 것을 주장했을 것입니다.
지금도 그러한 신앙의 자세가 있습니다.
그러나 우리는 예수께서 보여주신 놀라운 삶의 모범이
세속적 자유와 사랑과 영성의 깊이가 조화된
신비적 형태의 삶이었다는 것을 기억해야 합니다.
그분의 기도와 전도의 삶은
세속적 자유와 함께 결합되어
치유의 형태로 드러남으로써
세속을 단절하던 자들에게 충격을 주었고,
세속에 빠졌던 자들에게는
하나님께 나아가는 가능성을 열어 주었습니다.
이 양면성을 조화롭게 완성시키는 것이
그리스도인의 사명일 것입니다.

유1:5 너희가 본래 모든 사실을 알고 있으나 내가 너희로 다시 생각나게 하고자 하노라 주께서 백성을 애굽에서 구원하여 내시고 후에 믿지 아니하는 자들을 멸하셨으며
6 또 자기 지위를 지키지 아니하고 자기 처소를 떠난 천사들을 큰 날의 심판까지 영원한 결박으로 흑암에 가두셨으며
7 소돔과 고모라와 그 이웃 도시들도 그들과 같은 행동으로 음란하며 다른 육체를 따라가다가 영원한 불의 형벌을 받음으로 거울이 되었느니라
8 그러한데 꿈꾸는 이 사람들도 그와 같이 육체를 더럽히며 권위를 업신여기며 영광을 비방하는도다

저자는 권위 있는 이야기들에 호소함으로써
자신의 주장이 옳다는 것을 입증하려 하고 있습니다.
특이한 점은 우리가 구약성서에서
전혀 들어 본 적이 없는 이야기들을
저자로부터 듣게 된다는 것입니다.

6절의 타락한 천사들에 대한 이야기는
성경에는 없지만 유대교 안에 전승되던 이야기입니다.
타락한 천사들은 창세기 6장 4절의 이야기를 통해
인간과 성관계를 맺은 것으로 알려져 있었습니다.

7절의 소돔과 고모라 이야기는
흔히 해석하듯 동성애를 비판하는 것이 아니라
타락한 천사와 같이 이번에는 인간들이
천사라는 다른 육체와 관계를 맺으려 한
비정상적인 정욕을 비판하는 것으로 보입니다.

8절의 꿈꾸는 사람들은 앞서 언급하였듯이
하나님의 은혜를 방탕하게 만든 자들입니다.
그들은 타락한 천사나 소돔과 고모라의 사람들이
자신들의 한계를 지키지 않고 정욕에 이끌렸듯이
하나님의 은혜 안에 거하지 않고

세상을 누리면서 방탕하게 자유를 추구했던 것입니다.

이렇듯 권위와 영광을 업신여기는 행위는
당시 영지주의자들의 영향을 받은 것으로 보입니다.
어떤 그룹의 영지주의자들은
자신이 꿈과 계시를 받았다고 주장하고
물질계를 창조한 신을 낮은 등급으로 칭하면서
현 세계의 부조리함을 창조자의 무능함으로 돌렸습니다.
그들에게 있어 구원은 이 세계의 규범들을 무시하고
자유를 누리는 것이었습니다.

유1:9 천사장 미가엘이 모세의 시체에 관하여 마귀와 다투어 변론할 때에 감히 비방하는 판결을 내리지 못하고 다만 말하되 주께서 너를 꾸짖으시기를 원하노라 하였거늘
10 이 사람들은 무엇이든지 그 알지 못하는 것을 비방하는도다 또 그들은 이성 없는 짐승같이 본능으로 아는 그것으로 멸망하느니라

그들의 방탕한 태도가 이 구절에서는
모세의 시체를 요구하던 마귀를 비방하지 않고
주님의 심판을 요구하던 천사들의 절제된 행위와 비교되면서
짐승과 같은 본능으로 살아가는 것으로 치부됩니다.
여기에서 모세의 시체를 놓고 벌어지는
천사들과 마귀의 논쟁은 유대교의 전설과 같은 것으로
모세가 이집트인을 살해했던 죄에 대한 값으로
마귀가 모세의 시체를 요구했다는
이야기에 근거하고 있습니다.

유1:11 화 있을진저 이 사람들이여, 가인의 길에 행하였으며 삯을 위하여 발람의 어그러진 길로 몰려 갔으며 고라의 패역을 따라 멸망을 받았도다
12 그들은 기탄 없이 너희와 함께 먹으니 너희의 애찬에 암초요 자기 몸만 기르는 목자요 바람에 불려가는 물 없는 구름이요 죽고 또 죽어 뿌리까지 뽑힌 열매 없는 가을 나무요

13 자기 수치의 거품을 뿜는 바다의 거친 물결이요 영원히 예비된 캄캄한 흑암으로 돌아갈 유리하는 별들이라

저자는 그들이 공동체 안에서
지도자로 자처하며 함께 공동식사를 하는 것에
신랄한 비판을 가하고 있는데
그 표현이 가히 문학적으로 아름답기까지 합니다.
저자의 절제되고 깊이가 있는 이러한 비판 정신은
모든 그리스도인이 본받아야 할 자세라고 생각됩니다.

유1:14 아담의 칠대 손 에녹이 이 사람들에 대하여도 예언하여 이르되 보라 주께서 그 수만의 거룩한 자와 함께 임하셨나니
15 이는 뭇 사람을 심판하사 모든 경건하지 않은 자가 경건하지 않게 행한 모든 경건하지 않은 일과 또 경건하지 않은 죄인들이 주를 거슬러 한 모든 완악한 말로 말미암아 그들을 정죄하려 하심이라 하였느니라
16 이 사람들은 원망하는 자며 불만을 토하는 자며 그 정욕대로 행하는 자라 그 입으로 자랑하는 말을 하며 이익을 위하여 아첨하느니라

한 번 더 저자는
주전 2세기에 기록된 외경 에녹1서를 인용하면서
그들의 자유분방한 삶을 비판합니다.
그들의 자유는 원망과 불만,
그리고 그들의 이익을 추구하는 태도에
기초하고 있다는 것입니다.

이렇게 해서 우리는 오늘 우리가 읽은
본문의 말씀에 이르게 됩니다.

유1:17 사랑하는 자들아 너희는 우리 주 예수 그리스도의 사도들이 미리 한 말을 기억하라
18 그들이 너희에게 말하기를 마지막 때에 자기의 경건하지 않은 정욕대로 행하며 조롱하는 자들이 있으리라 하였나니

19 이 사람들은 분열을 일으키는 자며 육에 속한 자며 성령이 없는 자니라
20 사랑하는 자들아 너희는 너희의 지극히 거룩한 믿음 위에 자신을 세
우며 성령으로 기도하며
21 하나님의 사랑 안에서 자신을 지키며 영생에 이르도록 우리 주 예수
그리스도의 긍휼을 기다리라
22 어떤 의심하는 자들을 긍휼히 여기라
23 또 어떤 자를 불에서 끌어내어 구원하라 또 어떤 자를 그 육체로 더
럽힌 옷까지도 미워하되 두려움으로 긍휼히 여기라

저자는 서신의 결론으로
독자들에게 여러 권면을 해 주고 있습니다.
이 권면의 한 말씀 한 말씀이
우리의 가슴 속에 깊이 새겨집니다.
우리에게 주신 성령과 그 믿음 위에
우리 자신을 세우고 기도하는 삶,
하나님의 사랑 안에서 우리 자신을 지키는 삶,
연약한 우리가 주 예수 그리스도의 긍휼을 기다리는 삶,
상처와 연약함과 악에서 헤매고 있는 자들을
구원하려 애쓰는 삶.
우리 또한 이러한 삶으로 열매 맺도록 노력해야 할 것입니다.

40. 창조 신앙

2017년 11월 19일

시편 104:1~4
1 내 영혼아, 주님을 찬송하여라. 주, 나의 하나님, 주님은 더없이 위대하
십니다. 권위와 위엄을 갖추셨습니다.
2 주님은 빛을 옷처럼 걸치시는 분, 하늘을 천막처럼 펼치신 분,
3 물 위에 누각의 들보를 놓으신 분, 구름으로 병거를 삼으시며, 바람 날
개를 타고 다니시는 분,
4 바람을 심부름꾼으로 삼으신 분, 번갯불을 시종으로 삼으신 분이십니다.

이스라엘의 가장 근본적인 신앙 체험은
출애굽 사건에서 비롯되었다는 것이
대부분의 구약학자들의 의견입니다.
그래서 많은 시편과 예언서에서
이스라엘의 출애굽 사건이 계속 언급되며
그 구원의 하나님을 향해
현실의 문제에 대한 계속적인 구원 요청이 이루어집니다.

거기에 더 해 또 하나의 다른 요소가
이스라엘 신앙의 가장 큰 부분을 차지하고 있는데
그것은 창조 신앙입니다.
창조 신앙은 보편적인 자연에 대한 체험에 기초하고 있고
출애굽 사건을 일으킨 하나님의 능력에 대해 설명해 주기에
그 어떤 이스라엘의 신앙보다도
가장 근본적인 신앙이라고 생각하기도 합니다.
따라서 우리가 구약을 이해하기 위해서는
그들의 시각에서 자연을 설명하고 있는
창조신앙에 대해 이해할 필요가 있습니다.

시104:2 주님은 빛을 옷처럼 걸치시는 분, 하늘을 천막처럼 펼치신 분,
3 물 위에 누각의 들보를 놓으신 분, 구름으로 병거를 삼으시며, 바람 날
개를 타고 다니시는 분,
4 바람을 심부름꾼으로 삼으신 분, 번갯불을 시종으로 삼으신 분이십니다.

먼저 하늘은 하나님의 공간입니다.
구약의 자연 세계관에 의하면
세계는 원반형의 땅-바다와
그것을 덮고 있는 반구형의 하늘로 이루어져 있는데
이 하늘은 현대인이 생각하듯
우주로 무한히 펼쳐져 있는 공간이 아닙니다.
창세기 1장에서 혼돈의 물은
윗물과 아랫물로 나뉘어졌는데
그 때 나누어진 윗물이 반구형의 뚜껑과 같이 되어
하늘이 된 것입니다.
바로 그곳이 하나님이 정자를 지어 살고 계시는 곳입니다.
하나님은 거기서 구름과 바람을 타고 다니시고
때때로 윗물의 문을 열어 비를 내리시기도 하시는
하늘에서 일어나는 자연 현상의 주관자이시며
세상을 내려다보고 계시는 분이십니다.

'하늘에 계신 우리 아버지'를 부르며 기도하신
예수님의 표현에 이런 세계관이 녹아 있다는 것을
상기할 필요가 있습니다.
만약 우리가 이러한 세계관에 동감하지 않으면서도
'하늘에 계시는'이라는 표현을
당대의 사람들이 생각하던 문자적 의미의
하늘의 공간을 생각하며 말한다면,
세계관의 충돌로 말미암아 마음속에 균열이 생기게 됩니다.
이 균열을 감지하지 못하는 사람은
무조건적 맹신에 중독되어 있을 가능성이 높습니다.

그러나 현명한 대부분의 신앙인들은
스스로 알게 모르게 '하늘에 계신'이라는 표현을
적절하게 추상화하여 이 충돌을 빗겨가고 있습니다.
다만 이런 현명한 신앙인들 중
자신이 성서의 문자까지 무오한 하나님의 말씀으로
믿고 있다고 생각하는 분들은
자신들이 이를 추상화하고 있음을
인정하지 못 할 뿐입니다.

시104:5 주님께서는 땅의 기초를 든든히 놓으셔서, 땅이 영원히 흔들리지 않게 하셨습니다.
6 옷으로 몸을 감싸듯, 깊은 물로 땅을 덮으시더니, 물이 높이 솟아서 산들을 덮었습니다.
7 그러나 주님께서 한 번 꾸짖으시니 물이 도망치고, 주님의 천둥소리에 물이 서둘러서 물러갑니다.
8 물은 산을 넘고, 골짜기를 타고 내려가서, 주님께서 정하여 주신 그 자리로 흘러갑니다.
9 주님은 경계를 정하여 놓고 물이 거기를 넘지 못하게 하시며, 물이 되돌아와서 땅을 덮지 못하게 하십니다.

주님은 땅과 바다를 만드신 분이십니다.
창세기 1장에 따르면
원래 윗물과 아랫물이 나뉘면서
아래에는 물밖에 없었습니다.
그러나 이내 물에서 땅이 드러나게 되었는데
이 시편에서는 땅이 원래 있었던 것으로 말하고
물이 가득히 부어졌다가
주님의 호통에 의해 밀려나서
바다로 빠져나간 것으로 묘사합니다.
파도를 밀어붙이며 호시탐탐 땅의 경계를 넘보는
혼돈의 세력인 바다의 한계가
고대인의 눈에는

하나님의 경계 설정에 따른 능력으로
이해되고 있습니다.

시104:10 주님은, 골짜기마다 샘물이 솟아나게 하시어, 산과 산 사이로 흐르게 하시니,
11 들짐승이 모두 마시고, 목마른 들나귀들이 갈증을 풉니다.
12 하늘의 새들도 샘 곁에 깃들며, 우거진 나뭇잎 사이에서 지저귑니다.
13 누각 높은 곳에서 산에 물을 대주시니, 이 땅은 주님께서 내신 열매로 만족합니다.
14 주님은, 들짐승들이 뜯을 풀이 자라게 하시고, 사람들이 밭갈이로 채소를 얻게 하시고, 땅에서 먹거리를 얻게 하셨습니다.
15 사람의 마음을 즐겁게 하는 포도주를 주시고, 얼굴에 윤기가 나게 하는 기름을 주시고, 사람의 힘을 북돋아 주는 먹거리도 주셨습니다.

사람과 동물이 마실 수 있는 샘물은
땅에서 솟아납니다.
그런데 땅이 그런 물을 낼 수 있는 것은
하늘의 누각에서 하나님이 윗물을 풀어
비로 내려 주시기 때문입니다.
원래 동일한 물이 윗물과 아랫물로 나뉘었지만
하나님이 내려 주시는 하늘의 물은
마실 수 있는 담수, 생명의 물이라는 생각이
전제되어지고 있습니다.
그 비로 인해 풀이 나고 들짐승이 풀을 먹고
사람은 채소와 과일을,
그리고 포도주를 마실 수 있는 기쁨이 허락되었습니다.

생명이 서로 순환하는 자연의 시스템이
고대인들에게는 그 하나하나가
하나님이 주관하시는 권능의 힘으로 느껴졌고
그럴수록 하나님을 찬양하는 노래가 흘러나왔습니다.

시104:27 이 모든 피조물이 주님만 바라보며, 때를 따라서 먹이 주시기를 기다립니다.
28 주님께서 그들에게 먹이를 주시면, 그들은 받아 먹고, 주님께서 손을 펴 먹을 것을 주시면 그들은 만족해 합니다.
29 그러나 주님께서 얼굴을 숨기시면 그들은 떨면서 두려워하고, 주님께서 호흡을 거두어들이시면 그들은 죽어서 본래의 흙으로 돌아갑니다.
30 주님께서 주님의 영을 불어넣으시면, 그들이 다시 창조됩니다. 주님께서는 땅의 모습을 다시 새롭게 하십니다.

서로 먹고 먹히는 약육강식의 세계가
저자의 눈에는 하나님의 주관 하에
그들의 생명을 위해 먹이를 주시는 행위로 인식됩니다.
특히 죽음은 숨을 거두어들이는 행위로 묘사되는데
숨, 바람은 하나님의 것입니다.
하나님은 그것을 거두어들이셨다가
새로운 생명체에게 다시 불어넣습니다.
그러면 새로운 창조가 일어나는 것입니다.

생명이 하나님의 숨, 바람을 받는 것이라면
성령을 받는다는 것은
거룩한 호흡을 새롭게 부여받은 것으로 이해될 수 있습니다.
성령을 받은 자들은
자신의 한 숨 한 숨이 거룩한 생명의 호흡임을
인식할 수 있는 자들이 되어야 합니다.
그것은 하나님의 숨이며, 가장 성스러운 생명입니다.

시104:31 주님의 영광은 영원하여라. 주님은 친히 행하신 일로 기뻐하신다.
32 주님이 굽어보기만 하셔도 땅은 떨고, 주님이 산에 닿기만 하셔도 산이 연기를 뿜는다.
33 내가 살아 있는 동안, 나는 주님을 노래할 것이다. 숨을 거두는 그 때까지 나의 하나님께 노래할 것이다.
34 내 묵상을 주님이 기꺼이 받아 주시면 좋으련만! 그러면 나는 주님의

품 안에서 즐겁기만 할 것이다.
35 죄인들아, 이 땅에서 사라져라. 악인들아, 너희도 영원히 사라져라. 내 영혼아, 주님을 찬송하여라. 할렐루야.

시인은 지진과 화산의 활동이
하나님의 위엄에 땅이 꿈틀거리는 것임을 노래하며
하나님의 영광을 찬양합니다.
그리고 하나님을 없이 여기는 죄인들과 악인들을 저주하고
하나님을 찬미하며 시를 마무리합니다.

최근 우리나라에 일어난 강력한 지진에
온 나라가 놀라고 두려움에 떨었습니다.
고대인들이라면 이러한 지진을
하나님이 자신이 살아 있음을 알리는
거룩하고 두려운 메시지로,
죄인들과 악인들에게 심판자가 있음을 경각시키는
엄중한 경고로 생각했을 것입니다.

그러나 지금까지 서술한 창조신앙은
시대에 뒤쳐져 후퇴한 상태입니다.
즉, 우주라는 광대한 세계의 규모가
하나님의 더없이 광대함을 증대시키기는 하였지만,
그토록 광대한 세계가
변함없는 수학적 질서로 운행되고 있다는 사실이
하나님을 비인격적 자연 법칙으로 환원시키려 합니다.

그러나 이러한 물리적 세계관에
하나님이 이 세계의 존재 원리이자 세계 자체라는
범신론적 세계관을 더해 본다면
물리적 우주 전체와 그 원리,
인류와 인류의 투쟁과 역사,

자연과 하나님을 탐구하는 인류의 시선 자체 까지도
하나님 자신이자, 자신의 역사로 인식되어지며,
무신론보다 생동감 있게
하나님을 받아들일 수 있는 관점을 열어주게 됩니다.
이는 우리의 시선은 하나님의 시선이며,
우리의 하나님에 대한 사랑은
하나님의 자기 자신에 대한 사랑이라는 스피노자의 표현이
아직도 뜨거운 관심을 받고 있는 이유이기도 합니다.

무신론적인 과학과 진화론이 득세하고 있지만
기독교인들은 그 안에서도
창조의 신비와 생명의 신비를 발견하고
하나님을 찬양하는 자들로 남아 있게 될 것입니다.

41. 개혁가 예수

2017년 11월 26일

마가복음 2:21~22
21 "생베 조각을 낡은 옷에 대고 깁는 사람은 없다. 그렇게 하면 새로 댄 조각이 낡은 데를 당겨서, 더욱더 심하게 찢어진다.
22 또, 새 포도주를 낡은 가죽 부대에 담는 사람은 없다. 그렇게 하면 포도주가 가죽 부대를 터뜨려서, 포도주도 가죽 부대도 다 버리게 된다. 새 포도주는 새 가죽 부대에 담아야 한다."

마틴 루터의 종교개혁 500주년을 기념하는 해가
이제 끝에 다다르고 있습니다.
여러 단체들의 기념행사들이 진행되는 와중에
금년에도 역시 많은 목회자들의 성폭행 사건과
대형교회의 세습이 계속 자행되어
앞으로 무엇을 개혁해야 할지
과제를 확인하는 한 해가 되고 있습니다.
인터넷에는 기독교의 가장 큰 방해 세력이
교회라는 말이 떠돌아다니고 있습니다.

개혁은 정말 힘든 일입니다.
우리가 다 알고 있듯이
나 스스로 자신을 바꾸는 것도 너무나 어려운 일입니다.
개혁을 하기 원한다면
자신의 책상 정리부터 하라는 말도 있습니다.
우리의 삶에 고착되어 있는
일상의 습관을 폐지하고 개혁한다는 것이
이 세상에서 가장 힘든 일임을 안다면
전체를 개혁한다는 것 또한
얼마나 힘든 것인지를 알 수 있게 됩니다.

예수님은 새로운 인간입니다.
그분은 새로운 척을 하던 분이 아니라
뼛속까지 새로움이 몸에 배었기에
다른 사람들이 그에게 맞추지 못한다면
다툼과 분쟁을 일으킬 수밖에 없는 존재였습니다.
아마도 그것이 '세상에 평화가 아니라 칼을 주러 왔다'는
그분 자신의 고백의 의미였을 것입니다.

오늘 본문에는
자신이 새로운 세상을 열어 보이고 있다고 생각했던
이스라엘의 한 남자의 발언이 기록되어 있습니다.

> **막2:21 "생베 조각을 낡은 옷에 대고 깁는 사람은 없다. 그렇게 하면 새로 댄 조각이 낡은 데를 당겨서, 더욱더 심하게 찢어진다.**
> **22 또, 새 포도주를 낡은 가죽 부대에 담는 사람은 없다. 그렇게 하면 포도주가 가죽 부대를 터뜨려서, 포도주도 가죽 부대도 다 버리게 된다. 새 포도주는 새 가죽 부대에 담아야 한다."**

인간은 과거의 존재입니다.
우리의 감정과 행동의 습관을 결정하고 있는
모든 무의식적인 패턴들은 과거의 경험의 산물입니다.
여기에서 벗어나기 위해서는 시선을 미래로 향하고
앞으로 만들어질 또 다른 과거가
지금까지 만들어 놓은 과거를 압도할 때까지
새로움을 향해 끝없이 나아가야 합니다.

그러나 예수님의 표현은
이렇게 느슨하지 않습니다.
생베 조각은 낡은 옷을 찢어버릴 것이고
새 포도주는 낡은 가죽부대를
터뜨려 버릴 것이라고 말씀하십니다.

그리고는 본인 스스로가 어떠한 타협 없이
자신을 반대하는 자들에 대해 죽음으로 응답하셨습니다.

이 말씀 다음에 나오는 말씀은
아마도 그분의 개혁의 중심 과제가 무엇인지를
우리에게 알려주는 듯합니다.

막2:23 안식일에 예수께서 밀밭 사이로 지나가시게 되었다. 제자들이 길을 내면서, 밀 이삭을 자르기 시작하였다.
24 바리새파 사람이 예수께 말하였다. "보십시오, 어찌하여 이 사람들은 안식일에 해서는 안 되는 일을 합니까?"
25 예수께서 그들에게 말씀하셨다. "다윗과 그 일행이 먹을 것이 없어서 굶주릴 때에, 다윗이 어떻게 하였는지를 너희는 읽지 못하였느냐?
26 아비아달 대제사장 때에, 다윗이 하나님의 집에 들어가서, 제사장들 밖에는 먹어서는 안 되는 제단 빵을 먹고, 그 일행에게도 주지 않았느냐?"
27 그리고 예수께서는 그들에게 말씀하셨다. "안식일이 사람을 위하여 생긴 것이지, 사람이 안식일을 위하여 생긴 것이 아니다.

출애굽기 안식일 규정에 의하면
안식일에는 그 때가 추수 때라 하더라도
추수가 금지되어 있었습니다.
따라서 바리새인들은 밀 이삭을 자르는 제자들의 행위를
율법에 의거하여 정당하게 반박하고 있습니다.
그러나 예수께서는 놀랍게도
다윗과 제사장의 자유로운 행위 속에서
율법을 능가하는 그 무엇을 보고 계셨습니다.
제단 빵은 레위기 규정에 의하면
지극히 거룩하여 아론의 자손들만이 먹을 수 있는 것으로
다윗의 일행이 먹어서는 안 되었던 것입니다.
그러나 제사장이 거룩한 빵을 내어 주었다는 것,
그 사실에서 예수께서는
하나님의 거룩함이란 인간을 향해 개방되어 있으며

더 나아가 거룩한 구별은
결국 인간을 위한 것이라는 사상에 도달하게 됩니다.
즉, 안식일이 사람을 위해 있는 것이지
사람이 안식일을 위해 있지 않습니다.

이 말씀은 안식일 규정을 철폐한다거나
안식일에 일할 수 있는
노동권을 보장하라는 말씀이라기보다
하나님이 인간에게 주신 모든 계명은
인간을 위한 것이며,
인간을 신성의 거룩함에 초청하는 것이며,
인간을 하나님 안에서 하나님과 함께 존재하는 자로
부르셨다는 것을 말하고자 합니다.

계명의 준수와 복종을
민족의 흥망성쇠와 연결시켰던 당시의 신앙이
계명 하나하나에 부과하던
무조건적 복종의 강박관념에서 벗어나
계명 하나하나에 숨어 있는
인간을 향한 하나님의 사랑과 자유와 영성을 발견하고
인간이 그 계명을 통해
신성을 누리도록 변화시키는 것.
예수께서는 자신의 개혁의 방향을
이렇게 설정하셨던 것으로 보입니다.

그러나 새 포도주를 담을 새 부대가
옛 가죽 부대를 찢어 버림으로 마련될 수밖에 없다면,
그와 같은 개혁의 칼끝이
결국 거룩함을 철통같이 보존하고 있던
성전에 대한 무효화 시위를 통해
극단적인 것으로 드러났을 때

그분의 죽음은 이미 돌이킬 수 없는
선을 넘어가게 되었던 것입니다.

그러나 단지 한 인간의 죽음으로
마지막 요새인 성전을 무효화시킬 수 있는 길은
예수의 죽음이 대속적 희생 제사라는,
절대적이고 일회적인 영원한 속죄 제사라는
사상의 대반격 이외에는 없었습니다.
추후 성공적이었던 것으로 드러난 이 사상은
어쩌면 예수님 자신이 은밀히 의도한,
자신의 죽음으로 만든 최후의 작품이었을 수도 있겠다는
생각이 번쩍 들게 됩니다.
그분 자신이 진정 그토록 개혁을 바라시던 분이었다면,
강력한 요새와 같던 성전이
돌 하나도 돌 위에 남지 않기를 바라시던 분이었다면,
그 성전과 성전 제사를 영원히 사라지게 할
그 무엇인가를 자신이 할 수만 있다면
죽음이라도 불사할 수 있다고 생각하셨을 분이라면,
대속적 죽음이라는 운명을
자신이 져야 할 십자가로 생각하셨을 수도 있습니다.

겟세마네의 그분의 눈물의 기도를 묵상합니다.
그분이 마시기를 주저하고 고민하던
그 고난의 잔의 비밀을 우리가 다 알 수는 없지만
그 또한 우리를 위한 것이었음을
의심할 여지가 없을 것입니다.
우리는 예수의 말씀을 믿고 따르고
그분의 복음을 통해 하나님의 사랑을 경험한 자로서
그분이 이루신 희생과 개혁의
참된 열매가 되기를 바랍니다.

42. 예수, 오시는 분

2017년 12월 10일

누가복음 1:46~55
46 그리하여 마리아가 말하였다. "내 영혼이 주님을 찬양하며
47 내 마음이 내 구주 하나님을 좋아함은,
48 그가 이 여종의 비천함을 보살펴 주셨기 때문입니다. 이제부터는 모든 세대가 나를 행복하다 할 것입니다.
49 힘센 분이 나에게 큰 일을 하셨기 때문입니다. 그의 이름은 거룩하고,
50 그의 자비하심은, 그를 두려워하는 사람들에게 대대로 있을 것입니다.
51 그는 그 팔로 권능을 행하시고 마음이 교만한 사람들을 흩으셨으니,
52 제왕들을 왕좌에서 끌어내리시고 비천한 사람을 높이셨습니다.
53 주린 사람들을 좋은 것으로 배부르게 하시고, 부한 사람들을 빈손으로 떠나보내셨습니다.
54 그는 자비를 기억하셔서, 자기의 종 이스라엘을 도우셨습니다.
55 우리 조상들에게 말씀하신 대로, 그 자비는 아브라함과 그 자손에게 영원토록 있을 것입니다."

예수의 오심을 기념하며
크리스마스를 기다리는 대강절입니다.
서구 문화에서 크리스마스가
가족들이 모이는 명절의 역할을 해 왔던데 반해
우리나라에서는 크리스마스의 지나친 교회 행사 중심,
즉, 24일 저녁부터 행사가 이어지고
밤을 새며 새벽송을 돌고, 밤새 놀던
교회의 문화가 세속화되어
이제 젊은이들이 잘 모이는 곳이라면
24일 밤은 자정이 넘고 새벽이 되도록 사람들로 가득차서
온갖 축제와 모임이 이어지고
밤 새 놀던 사람들이 집에 가지 못해
모텔에 방 잡기가 힘든 날이 되었습니다.

이는 마치 아기 예수가 태어나던 날
유대 땅에 호적을 등록하려던 사람들로 인해
모텔에 방이 없어
구유에 아기 예수를 뉘었다는
누가복음의 이야기를 실감나게 만드는 현장입니다.

이제 예수는 사람들에게 기다림의 대상이 아닐 뿐 아니라
인문학적 교사의 역할조차 못하는 인물이 되고 말았습니다.
교회의 복음이 세상에는 어둠으로 인식되고
교회의 부패가 예수라는 인물의 이름을
더 이상 더럽힐 수 없을 만큼 더럽히고 있습니다.

예수가 왜 왔으며 그의 가르침이 무엇인가에 대한
끊임없는 신학적 논쟁들을 뒤로하고
단순히 그분의 삶과 죽음만을 바라본다면
이를 희생이라고 표현할 수 있겠습니다.
그 무엇을 위해서인지 알 수도 없을 만큼 긴 침묵으로
그분은 십자가에서 희생되셨습니다.
누구를 위한 대속을 말하기 전에
그분 자신이 종교와 정치가들의 권력에 희생되었습니다.
로마의 네로 황제가 친히 지어 주고
유대인들이 생명처럼 아끼던 성전에서
감히 그 권위에 도전하고 행패를 부렸다는 이유에서
그 사람의 목숨은 로마와 유대인들의 합의하에
본보기라도 보이듯 죽음으로 내몰렸습니다.

이러한 그분의 허망한 삶과 죽음이
누구에게 의미를 줄 수 있겠습니까?
권력과 부를 누리던 자들이 그분께 위협을 느꼈다면,
그래서 그분을 죽음에 내몰았던 것이라면
그분에게서 평안과 위로를 얻었던 사람들은

과연 누구였겠습니까?

오늘 우리가 읽은 본문이 이 물음에 답해 주고 있습니다.
본문의 말씀은 예수를 잉태하고 있던 마리아가
세례 요한을 잉태하고 있던 친척 엘리사벳과 만난 후
서로 느끼던 감동을 시의 형태로 표현하고 있는
누가의 작품입니다.

눅1:50 그의 자비하심은, 그를 두려워하는 사람들에게 대대로 있을 것입니다.
51 그는 그 팔로 권능을 행하시고 마음이 교만한 사람들을 흩으셨으니,

예수님은 하나님에 대한 두려움,
경외를 일으키셨던 분입니다.
예수님은 그의 치유와 말씀의 권능을 통해
하나님이 그와 함께하심을 보여주어
세상을 재물과 힘과 권력으로 지배하려는 이들에게
그들보다 높은 하늘의 권위가 있음을 알려주고
그들의 교만을 깨뜨리려 하십니다.

눅1:52 제왕들을 왕좌에서 끌어내리시고 비천한 사람을 높이셨습니다.
53 주린 사람들을 좋은 것으로 배부르게 하시고, 부한 사람들을 빈손으로 떠나보내셨습니다.

따라서 그분의 시선은 세상의 비천한 자들과
부자와 권력자들에 희생된
주리고 가난한 자들에게 향합니다.
부와 권력은 그것을 지닌 자들이
적극적으로 그것을 나누려 하지 않는다면
다른 이들의 희생을 계속적으로 유발시킬 수밖에 없습니다.
적자생존과 약육강식의 자연의 법칙을 넘어

인간의 탐욕이 만든 당연한 결과입니다.

그러나 예수께서는 이에 저항하십니다.
그는 권력을 흩어버리고 재화를 분배시킵니다.
비천한 자들의 권위가 높아지고
배고픈 자들의 배가 채워지는
그러한 세상이 꿈꿔지도록,
예수, 그분의 말씀과 희생이
세상을 바꾸어 놓았다는 것을
누가의 마리아의 노래가 증언하고 있습니다.

예수 그리스도의 재림에 대한 소망은
이렇게 바뀔 세상에 대한 끊임없는 기대를
포기하지 않게 만든다는 점에서
그 의미를 찾을 수 있을 것입니다.
또한 보혜사 성령,
예수의 대변자인 성령에 대한 갈망 또한
카타르시스적인 내적 희열의 욕구를 채우기 위한 것이 아니라
이러한 예수의 말씀에 따른 정신의 내면화와
외적 행동을 촉구하는 것임이 분명합니다.

오늘 우리는 또다시 예수를 기다립니다.
예수님을 육체적 존재로 기다린다면
그것은 바울과 사도들의 유대 종말론적 신앙일 것입니다.
예수님을 말씀과 정신과 영으로서 기다린다면
그것은 요한복음의 현재적 종말론 신앙일 것입니다.
우리의 기다림이 어떠한 기다림이건
예수께서 이 세상의 약하고 가난한 자들에 대한
우리의 헌신을 요구하고 있다는 사실을
잊어서는 안 될 것입니다.

43. 별이 비추는 예수

2017년 12월 17일

마태복음 2:1~12
1 헤롯 왕 때에, 예수께서 유대 베들레헴에서 나셨다. 그런데 동방으로부
터 박사들이 예루살렘에 와서
2 말하였다. "유대인의 왕으로 나신 이가 어디에 계십니까? 우리가 동방
에서 그의 별을 보고, 그에게 경배하러 왔습니다."
3 헤롯 왕은 이 말을 듣고 당황하였고, 온 예루살렘 사람들도 그와 함께
당황하였다.
4 왕은 백성의 대제사장들과 율법 교사들을 다 모아 놓고서, 그리스도가
어디에서 태어나실지를 그들에게 물어 보았다.
5 그들이 왕에게 말하였다. "유대 베들레헴입니다. 예언자가 이렇게 기록
하여 놓았습니다.
6 '너 유대 땅에 있는 베들레헴아, 너는 유대 고을 가운데서 아주 작지가
않다. 너에게서 통치자가 나올 것이니, 그가 내 백성 이스라엘을 다스릴
것이다.'"
7 그 때에 헤롯은 그 박사들을 가만히 불러서, 별이 나타난 때를 캐어묻고,
8 그들을 베들레헴으로 보내며 말하였다. "가서, 그 아기를 샅샅이 찾아보
시오. 찾거든, 나에게 알려 주시오. 나도 가서, 그에게 경배할 생각이오."
9 그들은 왕의 말을 듣고 떠났다. 그런데 동방에서 본 그 별이 그들 앞에
나타나서 그들을 인도해 가다가, 아기가 있는 곳에 이르러서, 그 위에 멈
추었다.
10 그들은 그 별을 보고, 무척이나 크게 기뻐하였다.
11 그들은 그 집에 들어가서, 아기가 그의 어머니 마리아와 함께 있는
것을 보고, 엎드려서 그에게 경배하였다. 그리고 그들의 보물 상자를 열
어서, 아기에게 황금과 유향과 몰약을 예물로 드렸다.
12 그리고 그들은 꿈에 헤롯에게 돌아가지 말라는 지시를 받아, 다른 길
로 자기 나라에 돌아갔다.

구약에는 상당히 일찍부터
메시아를 별로 표현하는 구절이

전해져 내려오고 있었습니다.

> **민24:17 나는 한 모습을 본다. 그러나 당장 나타날 모습은 아니다. 나는 그 모습을 환히 본다. 그러나 가까이에 있는 모습은 아니다. 한 별이 야곱에게서 나올 것이다. 한 통치 지팡이가 이스라엘에서 일어설 것이다. 그가 모압의 이마를 칠 것이다. 셋 자손의 영토를 칠 것이다.**

이 하나의 별은 아브라함에게 약속했던 자손,
즉, 하늘의 무수한 별처럼 많은 자손을 약속했던
그 자손 중 하나의 별을 말할 수도 있습니다.
아무튼 외세의 세력을 진압하는 장군으로서의
고대적 통치자 표상이 주 역할을 하고 있는
이 구절로 말미암아 이후의 메시아는
별 하나로 그 의미를 축소할 수 있었고
현재의 이스라엘의 국기에도
별 하나가 자리 잡고 있습니다.

별은 항상 길잡이가 되어 왔습니다.
여행을 하고 항해를 하는 사람들에게
별들은 절대적인 길잡이가 되어 주었습니다.
단지 지리적인 문제에서가 아니라
점성술사들은 별들을 통해
역사의 운명과 개인의 운명까지
알아내기 위해 노력했었습니다.

그러나 신명기에서는
별들을 신으로 숭배하는 것을 금지했습니다.

> **신4:19 눈을 들어서 하늘에 있는 해와 달과 별들, 하늘의 모든 천체를 보고 미혹되어서, 절을 하며 그것들을 섬겨서는 안 됩니다. 하늘에 있는 해와 달과 별과 같은 천체는 주 당신들의 하나님이 이 세상에 있는 다른 민족들이나 섬기라고 주신 것입니다.**

그러나 이러한 숭배와는 별도로
바벨론에서는 점성술이 천문학적 차원으로 발전하여
이미 연구되고 있었습니다.
별이 연구될수록 그것은
사람들의 길잡이와 안내 역할을 더 잘 수행하였지만
인간 역사의 방향도 안내한다는 생각을
사라지게 하지는 못했습니다.

마태복음은 이러한 점성술사들이
먼 동방에서, 즉 바벨론에서부터
예수님께 찾아왔었다는
신비로운 이야기를 전해 주고 있습니다.
마태는 마구간에서 초라하게 태어난
누가의 예수 이야기를 모릅니다.
마태에게 있어 예수님은
다윗의 자손으로 태어난 메시아, 왕이기에
그분의 탄생을 기념할 특별한 축하 행사를
하나님이 기획하신 것으로 그리고 있습니다.

동방의 점성술사들이 그 축하 행사의 주인공으로
그들은 특별한 별 하나를 바라보고
예루살렘까지 오게 됩니다.
그리고 왕실을 찾아가 왕의 탄생을 묻습니다.

여기에서 그들의 여행 이야기는
헤롯이 유아들을 죽인 이야기와 섞이게 되는데
아무튼 점성술사들은 성서 연구자들의 조언으로
베들레헴으로 가게 됩니다.
참고로 말하자면 여기에 인용된 구약의 말씀은
조금 잘못 인용되었습니다.

마5:5 그들이 왕에게 말하였다. "유대 베들레헴입니다. 예언자가 이렇게 기록하여 놓았습니다.
6 '너 유대 땅에 있는 베들레헴아, 너는 유대 고을 가운데서 아주 작지가 않다. 너에게서 통치자가 나올 것이니, 그가 내 백성 이스라엘을 다스릴 것이다.'"

이 말씀은 다음 두 말씀을 섞은 것입니다.

미가5:2 그러나 너 베들레헴 에브라다야, 너는 유다의 여러 족속 가운데서 작은 족속이지만, 이스라엘을 다스릴 자가 네게서 내게로 나올 것이다.

삼하5:2 ...그리고 주님께서 '네가 나의 백성 이스라엘의 목자가 될 것이며, 네가 이스라엘의 통치자가 될 것이다' 하고 말씀하실 때에도 바로 임금님을 가리켜 말씀하신 것입니다.

그런데 마태는 미가의 말씀을 옮기면서
'작다'라고 번역해야 할 것을 '작지 않다'라고 번역하여
실수 혹은 베들레헴을 높이려는 의도성을 보이고 있습니다.

아무튼 베들레헴으로 목적지를 잡자
먼 동방에서 보았던 그 별이 나타나서
그들을 아기가 있는 집까지 인도해 주었습니다.
하늘의 높은 별이 정확하게 집까지 인도했다는 데에서
UFO 신봉자들에게 그 별이 외계인이라는
단서를 주게 만들고 있는 이 이야기는
어쨌든 먼 이방인들이 예수님을 찾아왔다는 점에서
하나님 나라의 세계적 차원의 비전을
열어 주고 있습니다.

아이를 만난 점성술사들은 곧바로
황금과 유향과 몰약을 꺼내 바침으로써 그에게 예를 다합니다.
예물의 종류가 셋이고 점성술사들도 세 명이었다는 생각은

크리스마스 연극 행사를 위한 배역 편성의 편의성 때문에
생긴 게 아닐까 추측해 봅니다.
황금과 유향과 몰약은 각각이 특별한 의미를 지니고 있다기보다
당대의 대표적인 귀한 선물들입니다.
특히 몰약이 예수의 죽음과 장례를 암시한다는 해석은
멀리해야 할 것으로 학자들이 권고하고 있습니다.
유향과 몰약은 비슷한 향이 나는 향수로
죽은 사람을 위해 사용하는 것만이 아니기 때문입니다.

아가3:6 거친 들을 헤치며, 연기 치솟듯 올라오는 저 사람은 누구인가? 몰약과 유향 냄새 풍기며, 장사꾼들이 가지고 있는 온갖 향수 냄새 풍기며 오는구나.

예물을 바친 후 동방으로 돌아가는 것으로 끝나는
이 점성술사들의 이야기는
저자가 표현하고자 했던 예수 메시야의 존재와 그 의의가
당시에도 여전히 세계적인 지평을 확보하고 있다는
내적인 주장을 펼치고 있습니다.
그리고 하나님께서 그의 탄생을 주도하셨던 역사의 주체이셨듯이
현재 또한 하나님은 역사의 주관자이시며
세상을 이끌어 가시는 분이시라는 신앙을 표현해 주고 있습니다.

사실 마태가 표현하고 있는
이러한 신앙과 비전이 없었다면
전 세계로, 즉, 우리에게까지
예수 그리스도는 전파되지 않았을 것입니다.
그러나 동방의 점성술사들이 말한 왕으로서의 예수,
종말의 심판자이자 통치자로서의 예수만 바라 왔던 기독교는
이 이야기가 신화적인 것으로 치부되듯이
함께 사라져갈 위기에 봉착해 있습니다.

오늘날에 있어 우리는
예수의 존재에 대한 신앙,
즉 종말론적 세계 통치자로서의 신앙을 전파하기보다는
예수 말씀, 예수 사상의 위대함을 알리고,
온 인류에 대한 보편적 정당성을 가진 그 말씀이
사회 및 정치적 운동으로 나타나도록 하는 것에
더 큰 관심을 가져야 합니다.
예수 자신을 통치자로 신앙하는 것보다는
예수의 말씀이 세상의 질서를 지배하도록 노력하는 것이
예수를 왕이자 주로 고백하는 신약성서의 고백을
더 올바르게 오늘날에 적용시키는 것이라 생각됩니다.

지금 새로운 세상을 꿈꾸고 있는 사람들은
여전히 예수의 사랑과 나눔과 봉사와 희생정신에 동감하며
영감을 얻고 있습니다.
만약 그들이 예수를 모른다 할지라도
그들이 그와 같은 진리를 끝까지 따라간다면
어느덧 그들은 별을 따라가던 점성술사들처럼
예수가 거하고 있는 집에
다다를 수 있을지도 모르겠습니다.

현재 기독교는
세속적 성공을 위한 종교적 열광과
세속의 몰락을 기다리는 종말론적 열망이
과학이 휘두르는 이성적 칼부림에 사살당하면서
점점 죽어가고 있습니다.
그러나 예수 복음의 위대함과 그 가치는
도리어 세상에서 더욱 가치를 발휘하고 있습니다.

예수 복음을 완성하기 위해 그분이 죽으셔야 했듯이
예수 복음이 지닌 가치가 비종교적 세상에 뿌리내리기 위해

그 복음을 종교성으로 담지하고 있는 교회가 죽는 것은
당연한 결과일지 모르겠습니다.
그러나 교회는 별이 되어
그 복음의 주체였던 그 분의 존재를
크리스마스의 별처럼 세상에 비춰 줌으로써
언제든 그들이 예수가 계신 곳에 찾아올 수 있도록
안내하는 역할을 감당해 내야 할 것입니다.

44. 사랑하는 아들의 나라

2017년 12월 25일

골로새서 1:13~27
13 아버지께서 우리를 암흑의 권세에서 건져내셔서, 자기의 사랑하는 아
들의 나라로 옮기셨습니다.
14 우리는 그 아들 안에서 구속 곧 죄 사함을 받았습니다.
15 그 아들은 보이지 않는 하나님의 형상이시요, 모든 피조물보다 먼저
나신 분이십니다.
16 만물이 그분 안에서 창조되었습니다. 하늘에 있는 것들과 땅에 있는
것들, 보이는 것들과 보이지 않는 것들, 왕권이나 주권이나 권력이나 권
세나 할 것 없이, 모든 것이 그분으로 말미암아 창조되었고, 그분을 위하
여 창조되었습니다.
17 그분은 만물보다 먼저 계시고, 만물은 그분 안에서 존속합니다.
18 그분은 교회라는 몸의 머리이십니다. 그는 근원이시며, 죽은 사람들
가운데서 제일 먼저 살아나신 분이십니다. 이는 그분이 만물 가운데서 으
뜸이 되시기 위함입니다.
19 하나님께서는 그분의 안에 모든 충만함을 머무르게 하시기를 기뻐하
시고,
20 그분의 십자가의 피로 평화를 이루셔서, 그분으로 말미암아 만물을,
곧 땅에 있는 것들이나 하늘에 있는 것들이나 다, 자기와 기꺼이 화해시
켰습니다.
21 전에 여러분은 악한 일로 하나님을 멀리 떠나 있었고, 마음으로 하나
님과 원수가 되어 있었습니다.
22 그러나 지금은 하나님께서 그리스도의 죽으심을 통하여, 그분의 육신
의 몸으로 여러분과 화해하셔서, 여러분을 거룩하고 흠이 없고 책망할 것
이 없는 사람으로 자기 앞에 내세우셨습니다.
23 그러므로 여러분은 믿음에 튼튼히 터를 잡아 굳건히 서 있어야 하며,
여러분이 들은 복음의 소망에서 떠나지 말아야 합니다. 이 복음은 하늘
아래 있는 모든 피조물에게 전파되었으며, 나 바울은 이 복음의 일꾼이
되었습니다.
24 이제 나는 여러분을 위하여 고난을 받는 것을 기쁘게 여기고 있으며,
그리스도의 남은 고난을 그분의 몸 곧 교회를 위하여 내 육신으로 채워가
고 있습니다.

25 나는 하나님께서 여러분을 위하여 하나님의 말씀을 남김없이 전파하게 하시려고 내게 맡기신 사명을 따라, 교회의 일꾼이 되었습니다.
26 이 비밀은 영원 전부터 모든 세대에게 감추어져 있었는데, 지금은 그 성도들에게 드러났습니다.
27 하나님께서는 이방 사람 가운데 나타난 이 비밀의 영광이 얼마나 풍성한지를 성도들에게 알리려고 하셨습니다. 이 비밀은 여러분 안에 계신 그리스도요, 곧 영광의 소망입니다.

메리 크리스마스!
하나님의 사랑과 은혜가
온 세상에, 또한 새들녘교회의 모든 가족들에게
함께하시기를 기도합니다.

오늘 우리는 다시 예수를 나눕니다.
말씀으로 예수를 나누고
밥을 먹으며 예수의 몸을 나눕니다.
그분을 나눔이 끝이 없는 것은
그분이 바라보신 비전이 한없이 높아
우리가 그 끝에 다다르지 못하기 때문이기도 합니다.
그분은 오늘 말씀 20절에 있는 것처럼
온 세상을 자신과 화해시키셨으나
세상과 세상을 화해시키는 과제를
미래에 남겨 놓으셨습니다.

골1:20 그분의 십자가의 피로 평화를 이루셔서, 그분으로 말미암아 만물을, 곧 땅에 있는 것들이나 하늘에 있는 것들이나 다, 자기와 기꺼이 화해시켰습니다.

그 과업은 종말로 연기되었지만
이 땅에 남아있는 우리에게는
생존을 위한 현실적인 문제이기에

우리에게 과업이 되고 있습니다.
이 과업을 이루는 자들은 산상수훈의 축복처럼
'복 되도다, 화목케 하는 자들이여,
그들은 하나님의 아들이라 불릴 것'입니다.

이러한 생각 속에서
마이스터 에크하르트가 말한
하나님 아들의 탄생을 다시 생각해 보게 됩니다.
마이스터 에크하르트는
우리 내면의 깊은 곳에서
하나님의 아들이 탄생한다고 말했습니다.
이 표현의 신선함은
성령으로 우리 안에 함께하겠다고 하신
요한복음의 말씀과 사뭇 다릅니다.
요한복음에서는 아직도 예수가 제3자요
내 안으로 침입하여 들어오셔야 할
타인으로 규정되어 있습니다.
그러나 에크하르트의 하나님 아들의 탄생은
내 내면에 이미 존재하고 있는
아니, 우리의 존재 근거인
근본적인 신성에 터해 우리가 존재하고 있기 때문에
그 아들의 탄생이 우리의 내적 존재 안에서
흘러나오고 있습니다.

이러한 이미지와 표상은
나와 그리스도와의 관계를 더욱 밀접하게 만들어 줍니다.
특별히 2천여 년 전 예수의 탄생을
현재의 나의 사건으로,
내 안에서 벌어질 동방박사와 목자들의 사건으로
다시 만들어 주게 됩니다.
에크하르트의 '하나님 아들의 탄생'은

깊은 묵상의 시간을 통해
누구나 체험할 수 있을 것입니다.

오늘 말씀에는 또 신선한 표현이 나오는데
그것이 바로 설교 제목인
'사랑하는 아들의 나라'라는 표현입니다.

골1:13 아버지께서 우리를 암흑의 권세에서 건져내셔서, 자기의 사랑하는 아들의 나라로 옮기셨습니다.

예수님의 복음은 하나님 나라의 복음입니다.
우리가 그것을 바꿔 말할 권리가 있다면
그것은 아버지 나라의 복음입니다.
그런데 저자는 그것을 더 바꾸어 봅니다.
자기의, 즉 하나님의 '사랑하는 아들의 나라'.
하나님이 사랑하는 아들의 나라가
더 쉬운 표현일 것 같습니다.
그리고 저자는 하나님께서 우리를 이 나라로 옮기셨다는
현재적 표현을 사용하기를 주저하지 않고 있습니다.

이렇게 종말 사상이 현재화되는 것을
'현재적 종말론'이라고 부르기도 합니다.
이것은 특히 요한복음의 종말론을 말할 때 사용되는데
요한복음에서 예수께서는
자신이 다시 온다는 종말론적 표현을
성령의 현재적 임재에 사용하시기 때문에
요한복음의 종말론을 현재적 종말론이라고 부르는 것입니다.
그런데 오늘 골로새서 또한
신약 후기의 제2바울 서신답게
현재적 종말론에 다가서고 있습니다.

골로새서에서
자신이 바울이라고 주장하고 있는 이 저자는
우리가 이미 사랑하는 아들의 나라로 옮겨졌다고 주장합니다.
물론 이 표현은 종말의 미래를 함축하고 있는,
또한 종말의 구원이 확정되어 있음을
말하는 표현일 수도 있습니다.
그런데 골로새서의 저자는 계속되는 말씀에서도
자신의 복음의 사명을 말하는 데 있어
종말론적 표현을 사용하지 않고
인간의 내적인 면을 중요시한다는 점에서
현재적 종말론에 더 가깝다고 볼 수 있습니다.
즉, 그 비밀은
'우리 안에 있는 그리스도'라는 것입니다.

골1:25 나는 하나님께서 여러분을 위하여 하나님의 말씀을 남김없이 전파하게 하시려고 내게 맡기신 사명을 따라, 교회의 일꾼이 되었습니다.
26 이 비밀은 영원 전부터 모든 세대에게 감추어져 있었는데, 지금은 그 성도들에게 드러났습니다.
27 하나님께서는 이방 사람 가운데 나타난 이 비밀의 영광이 얼마나 풍성한지를 성도들에게 알리려고 하셨습니다. 이 비밀은 여러분 안에 계신 그리스도요, 곧 영광의 소망입니다.

보수적인 종말론자들과 복음증거자들이
'예수천당 불신지옥'을 외치듯이
골로새서의 저자가 그런 사람이었다면
복음의 비밀은 다분히 종말론적으로 표현되었을 것입니다.
마치 비슷한 성격의 에베소서에서
이 비밀을 다루듯이 말입니다.

엡3:6 그 비밀의 내용인즉 이방 사람들이 복음을 통하여 그리스도 예수 안에서 유대 사람들과 공동 상속자가 되고, 함께 한 몸이 되고, 약속을 함께 가지는 자가 되는 것입니다.

에베소서는 이 비밀을
유대 종말론적 비전에 따라 설명합니다.
종말에 유대인들은 하나님께서 아브라함에게 약속하신
유산을 상속받게 되는데,
이방인 그리스도인도 예수 안에서 그들과 공동 상속자가 되어
그들과 하나가 될 것이라는 것입니다.
여기에서 비밀은 이방인이 유대인과 공동상속자,
한 몸, 약속을 함께 가진 자가 되는 것입니다.

이는 로마서에서 바울이 보여준 사상과
맥을 같이하고 있습니다.

롬4:13 아브라함이나 그 자손에게 주신 하나님의 약속, 곧 그들이 세상을 물려받을 상속자가 되리라는 것은, 율법으로 말미암은 것이 아니라, 믿음의 의로 말미암은 것입니다.
14 율법을 의지하는 사람들이 상속자가 된다면, 믿음은 무의미한 것이 되고, 약속은 헛된 것이 됩니다.
15 율법은 진노를 불러옵니다. 율법이 없는 곳에는 범법도 없습니다.
16 이런 까닭에, 이 약속은 믿음에 근거한 것입니다. 그것은 하나님께서 아브라함에게 이 약속을 은혜로 주셔서 이것을 그의 모든 후손에게도, 곧 율법으로 사는 사람들에게만이 아니라 아브라함이 지닌 믿음으로 사는 사람들에게도 보장하시려는 것입니다. 아브라함은 우리 모두의 조상입니다.

그러나 오늘 우리가 읽은 골로새서의 비밀은
'우리 안에 있는 그리스도', 그 분 자신으로서
우리를 유대인이 되게 하시는 분이 아니라
그 분 자신이 영광의 소망이신
오직 한 분 그리스도 예수십니다.
골로새서 저자는 계속 말합니다.

골2:2 내가 이렇게 하는 것은 여러분 모두가 사랑으로 결속되어 마음에 격려를 받고, 깨달음에서 생기는 충만한 확신의 모든 풍요에 이르고, 하

나님의 비밀인 그리스도를 온전히 알게 하려는 것입니다.
3 그리스도 안에는 모든 지혜와 지식의 보화가 감추어져 있습니다.

그 지혜와 지식의 보화를 조금 꺼내 보겠습니다.

골2:12 여러분은 세례로 그리스도와 함께 묻혔고, 또한 그분을 죽은 사람들 가운데서 살리신 하나님의 능력을 믿는 믿음으로, 그리스도 안에서, 그리스도와 함께 살아났습니다.
13 또 여러분은 죄를 지은 것과 육신이 할례를 받지 않은 것 때문에 죽었으나, 하나님께서는 여러분을 그리스도와 함께 살리시고, 우리의 모든 죄를 용서하여 주셨습니다.

저자는 세례를 통하여 우리가 그리스도와 함께 죽었으며
그와 함께 살아났다고 주장하고 있습니다.
우리가 죽을 이유는 죄,
그리고 할례 받지 않은 것,
즉, 유대인이 아니라 이방인이라는 사실 때문이지만
하나님께서는 그리스도와 우리가
믿음 안에서 세례를 통해 하나가 되었기에
우리를 살려 주셨다는 것입니다.

다음 표현도 마찬가지입니다.

골3:3 여러분은 이미 죽었고, 여러분의 생명은 그리스도와 함께 하나님 안에 감추어져 있습니다.
4 여러분의 생명이신 그리스도께서 나타나실 때에, 여러분도 그분과 함께 영광에 싸여 나타날 것입니다.

우리는 이미 죽었습니다.
그러나 우리는 예수 그리스도와 하나이기에
우리의 생명이신 그리스도께서 나타나실 때에
우리 또한 함께 영광에 싸여 나타날 것입니다.

이 비전은 종말에 나타날 것을
말하는 것으로 보일 수 있습니다.
그러나 앞에서 말한
비밀이요, 영광의 소망이신 그리스도는
우리 안에 계신 그리스도였습니다.

골1:27 하나님께서는 이방 사람 가운데 나타난 이 비밀의 영광이 얼마나 풍성한지를 성도들에게 알리려고 하셨습니다. 이 비밀은 여러분 안에 계신 그리스도요, 곧 영광의 소망입니다.

따라서 이 말씀은
우리가 지금 죽었다가
종말에 다시 부활할 것이라는 게 아니라,
그리스도와 함께 죽은 우리의 과거와
우리의 생명을 가지고 다시 나타나실
'우리 안에 계신 그리스도'를 말하고 있는 것입니다.
그래서 저자는 다음 말씀을 통하여
새로운 삶으로 나타나는 예수,
그분의 형상을 따라 끊임없이 새로워지는
새 사람에 대하여 말을 이어갑니다.

골3:5 그러므로 땅에 속한 지체의 일들, 곧 음행과 더러움과 정욕과 악한 욕망과 탐욕을 죽이십시오. 탐욕은 우상숭배입니다.
6 이런 것들 때문에, 순종하지 않는 자들에게 하나님의 진노가 내립니다.
7 여러분도 전에 그런 것에 빠져서 살 때에는, 그렇게 행동하였습니다.
8 그러나 이제 여러분은 그 모든 것, 곧 분노와 격분과 악의와 훼방과 여러분의 입에서 나오는 부끄러운 말을 버리십시오.
9 서로 거짓말을 하지 마십시오. 여러분은 옛 사람을 그 행실과 함께 벗어버리고,
10 새 사람을 입으십시오. 이 새 사람은 자기를 창조하신 분의 형상을 따라 끊임없이 새로워져서, 참 지식에 이르게 됩니다.

이렇게 저자는 이러한 새 사람이 되는 것,
그것이 바로 비밀의 의미인
우리 안에 계신 그리스도라는 것을 말해 주고 있습니다.

골3:11 거기에는 그리스인과 유대인도, 할례 받은 자와 할례받지 않은 자도, 야만인도 스구디아인도, 종도 자유인도 없습니다. 오직 그리스도만이 모든 것이며, 모든 것 안에 계십니다.

그리고 골로새서의 저자는 이 말씀을 통해
복음의 비밀, 하나님의 비밀은
에베소서가 말하는 것처럼
이방인이 유대인이 되는 것이 아니라
이방인과 유대인이라는 민족적 구별조차 사라지고
오직 그리스도만이 모든 것 안에서
모든 것으로 존재하는 것이라고
말해 주고 있습니다.
저는 바로 이것이 저자가 처음 말했던
'하나님이 사랑하는 아들의 나라'의 의미라고 생각합니다.
즉 모든 인류가 그리스도 안으로 옮겨져
오직 그리스도만이 모든 것이며
모든 것 안에 그리스도가 계시는 것을 의미합니다.

이제 골로새서의 저자는
이 비밀을 전할 수 있는 능력을 위해
기도해 달라고 부탁을 합니다.

골4:2 기도에 힘을 쓰십시오. 감사하는 마음으로 기도하면서, 깨어 있으십시오.
3 또 하나님께서 전도의 문을 우리에게 열어 주셔서, 우리가 그리스도의 비밀을 말할 수 있도록, 우리를 위해서도 기도하여 주십시오. 나는 이 비밀을 전하는 일로 매여 있습니다.

오늘 현대를 살아가는 그리스도인들이
크리스마스를 맞아 나눌 수 있는 적당한 말씀이
골로새서에 있음을 절실하게 느끼게 됩니다.
예수 그리스도의 오심이
오늘날 우리에게 어떤 의미로 다가올 수 있는지,
고대의 유대 종말론적 하나님 나라를 뛰어넘어
현대와 미래를 열어줄 아들의 나라로서의
현재적이고 내적인 예수 그리스도 영성의 발현이
우리가 성취하고 또 전해야 할
복음의, 그리스도의 비밀임을
골로새서의 저자가 밝히 비춰주고 있습니다.

45. 너희가 기다리는 것은 이미 왔다

2017년 12월 31일

도마복음 51장
제자들이 예수께 물었다.
"언제 죽은 자들의 안식이 이루어지고,
언제 새로운 세상이 오겠습니까?"
예수께서 그들에게 말씀하셨다.
"너희가 기다리는 것은 이미 왔다.
다만 너희가 그것을 알아보지 못하고 있을 뿐이다."

2017년 마지막 날입니다.
돌아보면 2017년은 우리나라에
엄청난 변화를 일으킨
기념비적인 해가 된 것 같습니다.
작년 말부터 시작된 최순실 사태를 시작으로
정치적인 격동이 일어나 조기에 대통령을 바꾸면서
대한민국이 새로운 국면의 전환을 이루는
시험대에 올라 있기 때문입니다.
늦게나마 나라를 흔들어 이익을 챙기던
거대한 세력 하나가 무너진 것이
앞으로의 대한민국 발전에 크게 기여하리라 기대해 봅니다.

2017년은 또한 종교개혁 500주년 기념 해였지만
기독교계에서는 별다른 개혁적인 움직임이 일어나지 않았습니다.
여전히 교인들이 고령화되어가며
청년과 학생들은 줄어들고 있고
세습과 성추행, 횡령 등의 사건은 끊이지 않고 있습니다.
대다수 교회들의 정치적 보수화는 여전하며
신학적 보수화 또한 요지부동입니다.

하나의 특징적인 현상이 있다면
작은 교단들의 신학교 입학 정원에
미달이 발생하고 있다는 것입니다.
즉, 작은 교단들의 전도사, 목사 배출에
제동이 걸릴 것으로 보입니다.
이는 희망적이라기보다는
교회 생존 현장의 현실이
그나마 냉철하게 반영되기 시작했다는
의미로 받아들일 수 있겠습니다.

2017년에 새들녘교회에는
어떤 변화가 있었는지를 잠시 생각해 보았습니다.
외적인 변화가 거의 없는 상황에서
여러분들의 마음에 어떠한 변화들이 있었는지는
여러분 각자의 성찰에 맡겨 드려야 할 것 같습니다.
새들녘교회의 기본 목표인
현대 신학과 교회 신앙의 조화를 위한 고민은
이번 한 해에도 여전히 계속되었습니다.
새들녘교회의 필독서인
'성스러움의 의미'(Rudolf Otto)와
'구약신학'(B.W.Anderson)을 공부해 나가고
'도마복음'의 신앙을 포섭해 나갔다는 점이
금년에도 계속 현대신학과 접촉한 결과로
남는 것 같습니다.
그런 의미에서 오늘도 도마복음을 보며
한 해를 정리하며 새해를 맞이할까 합니다.

도마복음 51
제자들이 예수께 물었다.
"언제 죽은 자들의 안식이 이루어지고,
언제 새로운 세상이 오겠습니까?"

예수께서 그들에게 말씀하셨다.
"너희가 기다리는 것은 이미 왔다.
다만 너희가 그것을 알아보지 못하고 있을 뿐이다."

새해가 되면 모든 이들이
새로운 희망을 이야기하며 미래를 바라봅니다.
특히 성경의 신앙은 신구약 할 것 없이
모두가 미래의 종말을 향한 신앙으로 가득차 있습니다.
미래를 향한 신앙은
현실의 고난을 이길 수 있는 힘을 제공하는
기독교 신앙의 강력한 중심입니다.

그러나 도마복음의 예수께서는
미래에 도래할 천국에 대해 이야기하지 않습니다.
도리어 그것이 이미 온 줄을 모르는 제자들을 향해
답답한 심정만을 드러낼 뿐입니다.

"너희가 기다리는 것은 이미 왔다.
다만 너희가 그것을 알아보지 못하고 있을 뿐이다."

이로써 하나님의 나라라는
외적인 형태는 완전히 무너지고
개인의 내면적인 마음의 상태가 다루어지는
극적인 변화가 이루어집니다.
그럼으로써 다음의 말씀들이 비로소
빛을 얻게 됩니다.

눅11:20 그러나 내가 하나님의 능력을 힘입어 귀신들을 내쫓으면, 하나님 나라가 너희에게 이미 온 것이다.

귀신이 무엇이든 간에
귀신 현상과 귀신을 내어 쫓는 축귀 행위는

인간 안에서 억압하고 있는
어떤 세력의 억압을 끊는다는 점에서,
귀신을 실제적 존재로 믿던 예전이나
그것을 심리적으로 다루는 오늘날에 있어서도
그 의미는 동일하다 할 수 있습니다.
인간의 내면에 존재하는 악한 세력이 사라지는 것,
그것이 하나님 나라가 이미
우리에게 온 것이라고 예수께서 표현하실 때
하나님의 나라는 인간의 내적인 영역에 속하는 것으로서
도마복음과 동일한 말씀을 하시는 것이라
생각할 수 있습니다.

눅17:20 바리새파 사람들이 하나님의 나라가 언제 오느냐고 물으니, 예수께서 그들에게 대답을 하셨다. "하나님의 나라는 눈으로 볼 수 있는 모습으로 오지 않는다.
21 또 '보아라, 여기에 있다' 또는 '저기에 있다' 하고 말할 수도 없다. 보아라, 하나님의 나라는 너희 가운데에 있다."

이 말씀 속에서 보통 강조되는
"하나님 나라는 너희 가운데에 있다"라는 말씀의
내면적인 강조점은
미래적이고 외적인 하나님 나라의
하나의 보완 정도로 여겨지는 것이 보통이지만
그 전의 20절 말씀의 충격적인 형태는
외적인 하나님 나라를 완전히 부정하는 것임을
확실하게 느낄 수 있어야 합니다.

"하나님의 나라는 눈으로 볼 수 있는 모습으로 오지 않는다."

이는 요한복음을 제외하고는
예수님 사후 기록된 모든 서신들과 복음서들의

근간이 되고 있는 종말론과
첨예하게 대립되는 입장이며,
어쩌면 예수님을 죽음으로 몰아넣은 성전 난동은
그분을 죽이고자 한 하나의 핑계거리에 불과할 뿐
예수님을 죽인 진짜 원인은
이러한 종말론의 파괴 때문일 수도 있습니다.

재림 예수와 죽음 이후의 영혼과
내세 사상까지 더해서 갖추고 있는
지금의 그리스도교 신앙에는
이러한 말씀이 당시보다도 더 이단적인
극악무도한 사상일 수밖에 없습니다.
그럴수록 우리는 우리의 신앙을 지탱해 오던
그러한 사상에서 벗어나기 위해
누가복음의 말씀과 도마51장의 말씀을
백 번이고 천 번이고 다시 읽어
마음에 새겨야 할 필요가 있습니다.

도마복음 51장
제자들이 예수께 물었다.
"언제 죽은 자들의 안식이 이루어지고,
언제 새로운 세상이 오겠습니까?"
예수께서 그들에게 말씀하셨다.
"너희가 기다리는 것은 이미 왔다.
다만 너희가 그것을 알아보지 못하고 있을 뿐이다."

따라서 우리의 현재의 삶을
영속하는 영원성에 맡기기보다는
하나님 나라를 체험할 수 있는 가장 소중한 기회요
그 아름다움을 맛볼 수 있는
에덴동산 자체로 여겨야 할 것입니다.

그러나 그것은 내 마음을 편하게 하기 위해
나에게 스트레스를 주는 외적인 환경을 바꾸는 것과는
별개의 문제입니다.
부조리하고 억압된 환경을 바꾸는 것은
도덕과 정의의 실현이라는 측면에서
그 중요성이 간과되어서는 안 되지만
그것은 내적인 차원에서는 일시적인 것입니다.

예수께서 말하는 내면의 하나님 나라는
외적인 문제에 좌우되는 선에서
이루어지는 것이 아니라
근본적으로 모든 외적인 영향을 초월하고
외적인 환경에 좌우되지 않는
내면의 능력으로 나타나게 됩니다.

그것이 로마 군대의 귀신에 억압되어 있던
거라사의 귀신 들린 청년 이야기의
핵심일 수도 있겠습니다.
모두가 정치적인 억압에서 벗어나고 싶어하지만
예수께 더 중요한 문제는
정치적 속박에 괴로워하는
내면적인 억압의 문제라는 것입니다.

이렇게 극도로 내적인 문제로 해석될 때에
외적 투쟁과 정의의 싸움의 단서가
예수님의 복음 안에서 사라질 위험이 있습니다.
내 내면의 다스림이 중요시될 때에
타인의 어려움은 간과될 수도 있습니다.

그러나 예수께서는
가난하고 억눌린 자들에게

하나님 나라의 행복이 이미 그들에게 임해 있음을
달콤하게 속삭이며
그들이 현실의 고통을 잊도록
마약을 투여하지 않으셨습니다.
도리어 그들을 억압하던 권력을 지닌 자들에게
이 가르침을 알리시고,
이 가르침에 가장 반해 있는
거대한 세력들에 강력히 저항하시며
자신의 생명을 십자가에 못 박으심으로써
우리가 이 가르침에 따라
어떠한 삶을 살아야 할지
모범을 보여 주셨던 것입니다.

새해가 밝아 오고 있습니다.
새해를 맞아 우리는 못다 이룬 꿈을 다시 꾸곤 합니다.
그러나 오늘 말씀과 같이
"너희가 기다리는 것은 이미 왔다.
다만 너희가 그것을 알아보지 못하고 있을 뿐이다."

이미 우리에게 이루어진 것들을 깨닫고 감사하며
2017년을 보내기 바랍니다.